Dependência química na adolescência

DEPENDÊNCIA QUÍMICA NA ADOLESCÊNCIA

Tratar a dependência de substâncias no Brasil: seis anos de atuação do Centro Regional Integrado de Atendimento ao Adolescente – Universidade Federal Fluminense

ORGANIZADOR
Hélcio Fernandes Mattos

EDITOR
José Nazar

Companhia de Freud
editora

CAPA
Sobre La Buveuse d'asinthe, *de Picasso*

EDITORAÇÃO ELETRÔNICA
Victoria Rabello

REVISÃO
Sandra Regina Felgueiras

EDITOR RESPONSÁVEL
José Nazar

Prof. Dr. Hélcio Fernandes Mattos: Médico Psiquiatra, Mestre em Psiquiatria, UFRJ, Especialista em Dependência Química, UNIAD-UNIFESP, Doutor em Psicanálise Université Paris VII, Denis Diderot, Diretor do Instituto de Saúde da Comunidade, UFF

Profa. Dra. Vilma Aparecida da Silva: Médica Psiquiatra, Especialista em Dependência Química, UNIFESP, Doutora em Psicofarmacologia, UNIFESP, Pós-Doutorado em Pediatria, UNIFESP, Pós Doutorado, Toxicologia do desenvolvimento, University College London

André Raymundo de Souza Cardoso: Psicólogo Clínico, Especialista em clínica trans-disciplinar, UFF, Mestre em Psicologia, UFF

Renata Candido de Andrade: Médica Psiquiatra, Residência em psiquiatria da infância e adolescência, UFF, Doutoranda em psiquiatria pelo instituto de psiquiatria do Hospital das Clínicas, USP

Rio de Janeiro, 2004

FICHA CATALOGRÁFICA

D468

Dependência química na adolescência: tratar a dependência de substâncias no Brasil: seis anos de atuação do Centro Regional Integrado de Atendimento ao Adolescente – Universidade Federal Fluminense / organizador: Hélcio Fernandes Mattos; editor: José Nazar. – Rio de Janeiro: Companhia de Freud, 2004.

296 p.; 23cm.

ISBN 85-85717-90-4

1. Centro Regional Integrado de Atendimento ao Adolescente. 2. Drogas e juventude – Brasil. 3. Drogas – Abuso – Brasil.
I. Mattos, Hélcio Fernandes. II. Nazar, José.

CDD-362.29386

Companhia de Freud
editora

ENDEREÇO PARA CORRESPONDÊNCIA
Rua da Candelária, 86 – 6º andar
Tel.: (21) 2263-3960 • (21) 2263-3891
Centro – Rio de Janeiro
e-mail: ciadefreud@ism.com.br

Índice

Agradecimentos

O percurso do Centro Regional Integrado de Atendimento ao Adolescente vem sendo marcado pela particularidade de se constituir uma proposta pioneira que não tem encontrado, nos interstícios burocráticos, um caminho pronto. Até o presente momento, somos obrigados a adequar nossa característica de sermos um serviço universitário, que tenta se inserir na saúde pública, sem uma estrutura administrativa para sustentá-lo quer no âmbito do Estado quer no interior da própria universidade. Exatamente por isso tivemos que construir uma perspectiva de entendimento a partir do lugar da exclusão e adequar nossa metodologia às exigências da construção de parcerias sem que isso comprometesse a essência de nossa fundamentação ética. Jamais realizamos esse processo afirmando com arrogância as nossas idéias. Entretanto, em muito momentos, foi necessário lutar para impedir que a visão burocrática de alguns destruísse a possibilidade de cumprimos nosso compromisso de oferecer recuperação para os adolescentes através da qualidade e da força de um trabalho universitário empenhado, também, com a formação profissional de várias disciplinas e com a produção de pesquisas e textos.

Esse lugar de exclusão em que nos víamos era fruto de termos surgido como o estrangeiro, o que exige um exercício suplementar para integrar as necessidades de um tipo de clínica especial às exigências administrativas convencionais que se sustentam pela imposição de regras muito mais do que pela assimilação do novo, do outro.

Esse movimento produziu em nós a capacidade de resistir como única forma de evitar a destruição do nosso trabalho. Talvez isso tenha nos permitido alicerçar fortes elos de identidade com a população que queríamos tratar e criar um caminho cada vez mais original. Integramos essa questão a partir de David Riesman em *Multidão solitária*. Nesse livro, o autor mostra que determinados tipos de indivíduos não procuram saber como são os demais, simplesmente vigiam o que eles fazem para chegar na frente, criando um modelo social de muita competição e pouca solidariedade. O ideal é chegar na frente, não correr o risco de perder, transformando-se a solidariedade em uma prática em desuso nesse mundo em que imperam a violência e a repressão.

Como nosso ponto de sustentação depende de algum tipo de financiamento, os maiores embates têm ocorrido no espaço burocrático. Porque solicitamos algo que os que recebem a demanda não sabem solucionar, temos como resposta o uso da força do poder contra nós. A prisão de papéis, clipes e processo, representada pela burocracia, por um lado, fica mais rígida pela incapacidade dos que têm de definir prioridades e, por outro, é reforçada pela prática de uma maioria que, para se manter no poder, utiliza como principal recurso de sobrevivência a abstenção. Evita-se, assim, o conflito de idéias, o qual pode ameaçar alianças de interesses pessoais nesse espaço, que insistem em chamar de político. Vemos, desse modo, o debate de idéias ser substituído pela preservação dos cargos ou das esperanças eleitorais. Esse tipo de funcionamento foi descrito por Richard Sennett em *Respeito*, a formação do caráter num mundo desigual, e *A corrosão do caráter*, conseqüências pessoais do trabalho no novo capitalismo. Seguindo a filiação de Riesman, Sennett mostra que o importante, para a sobrevivência nos campos mais competitivos, é evitar se comprometer, sendo mais seguro ficar afastado dos conflitos e preservar a imagem.

Como estratégia de preservação de poder, sabemos que funciona, constituindo-se até mesmo numa regra de proteção, porém para vencer a exclusão é um desastre, pois nos coloca do lado do opressor. E, o mais grave, paralisa a execução das soluções – as quais, em se tratando de excluídos, precisam ser urgentes –, além de impedir um planejamento conseqüente para evitar novas urgências, pois essa paralisação imobiliza os envolvidos ao produzir a desmotivação. E sabemos muito bem que sem motivação não existe mudança de hábito, ao contrário, há a produção do conformismo e, com isso, a irreversibilidade das condições de exclusão ou a resposta desorganizada em forma de violência.

Por isso, para nós, é fundamental expressar nosso agradecimento a todos aqueles que, com despojamento e ousadia, nos apoiaram nessa travessia, ficando solidários na luta contra a exclusão, sem a preocupação com o lucro que poderiam obter. Nesse sentido, poderíamos mesmo dizer que foi mais como cidadãos do que pelo cargo ocupado que apoiaram, primordialmente, os meninos e suas famílias, ao viabilizarem nossas idéias.

Esses companheiros de luta, que faço questão de enumerar, me propiciaram um momento inesquecível com meu filho, na época com nove anos, e a todos nós da equipe, com aqueles outros meninos a quem pudemos devolver a condição de viver dignamente como o adolescente Rômulo, cujo caso foi relatado no livro.

Um ponto comum une essas diferentes situações. Impressionou-me a maneira como meu filho reagiu à inauguração do CRIAA-UFF. Quando eu lhe disse que haveria uma solenidade, sua resposta foi o exemplo da incorporação de um valor com o qual podia se identificar. Ele, naquele instante, era alguém que, como nós do serviço, também se realizava. Sentia-se parceiro da realização, cúmplice dela, compartilhando conosco uma história que havíamos vivido em diferentes momentos.

O primeiro momento se deu em um passeio de carro, quando eu lhe contava, entusiasmado, o projeto de um trabalho a se realizar. O segundo momento foi a sua resposta à notícia da inauguração, por coincidência também dentro do carro: "E dizer que, há alguns meses, isso não era mais do que uma idéia!".

Poder transformar a realidade a partir de idéias é uma benção divina, que jamais pode ser realizada por um só indivíduo. Nesse agradecimento, gostaria de integrar tanto os que ajudaram quanto os que receberam ajuda. Não é, portanto, uma obrigação burocrática e sim uma tentativa de dividir a conquista com todos aqueles que dela participaram.

No surgimento do CRIAA aqueles guerreiros que romperam barreiras: Rita Rivello, advogada, Prof. Dra. Vilma Aparecida da Silva, Reitor da UFF, na época, Prof. Pedro Antunes, Dr. Mario Biscaia, Prof. Cláudio

Tourinho Savaiva, Marco Antonio Monjardim, Dr Lauro Monteiro Filho, Pró-reitora de extensão Prof. Aydil de Carvalho Pres, Dr. Carlos Alberto da Cunha Laje, Leonardo Vargas da Silva, Lúcia Cristina Soares Constantini, Antonio Jorge Vargas de Alencar, Apolônio Gomes da Cunha, AEFE Prof. Dr. Wainer da Silveira, Prof. Dr. Carlos Alberto.

Amigos que apoiaram: Prof. Sonia Kelly, Prof. Dr. Luis Antonio Machado, Prof. Filippina Chineli, Dr. Renato Seidl, Prof. Eliane Romeu, Dr. Werner Zimmernn, Luiz Fernando Braga, Zezé Braga, Edda Petersen, João Batispta Petersen, in memoriam.

Profissionais que avaliaram nosso projeto no Bndes: Marcos Montagna, Kallas Roberto Kallas, Beatriz Azeredo, Marta Prochnik.

Aos colegas que iniciaram as atividades: Dra. Ana Cristina Saad, Dr. Marcos Sampaio Meireles, Psicólogas Marise de Leão Ramôa, Evelyze Garioli Louzada, Assistente Social Catia Porto Corrêa, Prof. Educação física Amauri Oliveira Cornélio, apoio Ângela Maria Barbosa Alves, Simone Camponez da Costa Ayçar e Silva, Programação Visual Anita Santoro Gomes, Carlos Duarte, alunos Yara Núbia Matos, Flávio Alves Ferafini, Sérgio Moraes Jatobá, Homero Pereira de Souza, Prof. Norma Villa Eboli, Ana Carla Breta Braz, Silvana Luiza Fonseca Barroso Pinheiro, Helen da Silva Brito, Psicólogos Ana Cristina Lacerda, Marcelo de Almeida Ferreri, Dr. André Francisco da Silva, Psicóloga Hélia Melilo Ziller, André Raymundo de Souza Cardoso, Revisora Márcia Valéria de Almeida Cavalcanti, estagiários Marcella de Oliveira, Geison de Sena Marins, Aline Silva de Aguiar, Prof. George Christo, Residente de medicina Renata Cândido de Andrade, estagiários Pedro Martins de Oliveira, Camila Alves Varela Galvão, Lia Toyoko Yamada, médico Gerardo Vicente Rosero de la Rosa, alunos Marina Coelho dos Santos, Tadeu de Paula Souza, Marcella Nolasco de Amorim, Teatro Francisco Gaspar, Cristiano Rodrigues de Freitas, Prof. educação Física Humberto André Rêdes Filho, estagiário Vinicius Goulart Pentagna, Sérgio Simões de Sant'Ana, Fábio Pinto dos Santos, Camila Alves Varela Galvão, Edimárcio William Vicente Medeiros, Prof. Dra. Silvia Helena Tedesco, Marcella Nolasco de Amorim, Américo Luiz Braga Lopes.

Pela continuidade do programa: Reitor Prof. Cícero Mauro Fialho, Vice-reitor Prof. Antonio José Peçanha, Pro-reitor Proex, Prof. Dr. Firmino Marsico Filho, Prof. Dr. Luiz Antônio Botelho Andrade, Henrique Celso

Ferreira da Silva, Prof. Antonio Fernando Lyra da Silva, Diretor do CCM Prof. Tarcísio Rivello, Prof. Geralda Freire Marques, Prof. Dr. Zilmar Teixeira Toste, Érika Hilda Willkomm de Farias, Ângela Maria Cavichini de Oliveira Gonçalves, Armando Barcelos Neto, Paulo Renato Duarte Ranquine, Maria da Conceição Lima Andrade, Sandra Teixeira da Silva, Miriam Assunção de Souza Lepsch, Prof. Dr. Gilberto Ney Ottoni de Brito, Prof. Dr. João Ferreira Filho (UFRJ), Prof. Dr. Edson Saggese (UFRJ), Márcio Ney Távares, jornalista Márcio Moreira Alves, Promotoras Leila Machado Costa e Helane Vieira Ramos, Psicóloga Rosangela Máximo Rodrigues, Dr. Jorge Miguel Netto, Prof. Dr. Adauto Dutra Moraes Barbosa (UFF), Dr. Benito Petraglia (UNIMED), Prof. Dr. Sergio Antônio Petrilli (UNIFESP), Prof. Dr. Reynaldo Jesus-Gracia Filho (UNIFESP), Prof. Dr. Walter Hamilton de Castro Targa (USP), Prof. Dr. Rames Mattar Junior (USP).

SENAI: Washington Luiz Alves da Cruz, Pedro Fonseca da Rocha, Leandro da Silva Terra Seca, Márcia Cabral de Mello, Mônica da Silva Cruz.

Ronaldo Laranjeira, Dartiu Silveira, Cláudio Jerônimo da Silva, Renata Jorge (CAPSad de Jundiaí), Paulo Macedo Aranha, Pedro Gabriel Godinho, Luigi Bataglia, Luiz Oscar, Fernando e Eliane Perrone, Dr. José Nazar, Prof. Dr. José Mauro, UFRJ, Prof. Joana Garcia, UFRJ, Rodrigo Neves, Heloisa Helena Mesquita Maciel, Psicólogo Lourenço de Araújo Marins, Prof. Dario Castello, Dr. Francisco D'Angelo, Prof. Dr. Marco Porto, Prof. Dr. Waldeck Carneiro, Prof. Dr. Humberto Fernandes Machado, Prof. Dr. Hugo Coelho Barbosa Tomassini, Prof. Gilson Saippa. Prof. Dr. Hiram Fernandes, Dr. Gilson Cantarino, Prof. RonaldoVicter, Prof. Dra Cristina Rauter.

Aos amigos que prefaciaram nosso livro: Prof. Dr. Cláudio Jerônimo da Silva, Prof. Dr. Ronaldo Laranjeira, Prof. Dra. Vera Malaguti Batista, Prof. Dr. Michel Misse.

A equipe que suportou 16 meses sem receber...: Vilma Aparecida da Silva, Humberto Rêdes, Ângela Ribeiro Cunha, Nilza Mendonça Leite, Hélia Melitto Ziller, Renata Candido de Andrade, Lúcia de Fátima Amaral da Silva, Palmira Conceição dos Santos, Silvana Luiza Fonseca Barroso Pinheiro, Tattyana Guimarães Aguiar, André Raymundo Souza Cardoso, Silvia Helena Tedesco.

Prefácios

Cláudio Jerônimo da Silva e Ronaldo Laranjeira

UNIAD – Depto. Psiquiatria
UNIFESP/EPM

A recuperação em dependência química nunca foi tarefa fácil. Não se trata única e exclusivamente de uma mudança de hábito; mais do que isso, devemos pensar em uma mudança de hábito que envolve alterações neuroquímicas provocadas pela droga. Envolve o indivíduo e suas vulnerabilidades psicológicas; envolve a família; envolve o ambiente social – a atitude, a mídia, as decisões de caráter político, as condições socioeconômicas, o acesso à droga e a disponibilidade dela, que tem como pano de fundo o tráfico. Sem falar nos aspectos relacionados à Prevenção.

É preciso ter uma visão do todo para não corrermos o risco de tratar a dependência dentro de nossos consultórios como se fosse apenas uma questão psicológica ou médica. Mas é preciso ter, ao mesmo tempo, uma visão muito próxima dos diferentes problemas envolvidos, capaz de indicar um tratamento com cobertura específica às necessidades de cada paciente, uma intervenção singularizada. Essa complexidade precisa estar, sempre, à mente daquele que se dispõe a trabalhar com dependência química. Edgard Morin nos mostrou que o complexo não precisa ser sinônimo de complicado. Daí a necessidade de se ter em mente o complexo para não sermos ingênuos, podendo, desse modo, sermos eficazes e efetivos, para organizarmos

Serviços na forma de uma rede que, ao mesmo tempo, atenda à complexidade envolvida, mas seja possível.

São estas as questões descortinadas no texto. Como lidar com a dependência nos adolescentes em conflito com a lei? Como remover as barreiras das disciplinas e envolver tantas áreas do conhecimento, passando da sociologia à medicina, do sistema judiciário às ciências políticas? O livro percorre essas questões ao mesmo tempo que relata a experiência do CRIAA-UFF. De forma despretensiosa, mas adequada; com a leveza de um romance, porém com o rigor de um "*paper*" acadêmico, que consegue guardar a sabedoria de um Ensaio.

O livro não trata apenas da experiência do CRIAA. Mais do que um relato, é uma reflexão. Porém não é uma reflexão simples. É uma reflexão sobre a complexidade que envolve o tema. É crítico. Rigoroso. Não fala apenas de como tratar dependência química, mas de como tratar *da* dependência química.

Um livro indispensável para quem pensa sobre dependência química e para quem efetivamente trabalha na ponta, com os casos mais graves. Sem dúvida, é tão útil para o clínico tanto quanto para aqueles que propõem as políticas públicas.

São Paulo, 29 de julho de 2004

Vera Malaguti Batista

Prof. Dra. em Saúde Coletiva IMS/UERJ, Coordenadora de Ciências Penais do Mestrado em Direito da UCAM, Secretária-Geral do Instituto Carioca de Criminologia

Um dos aspectos mais perversos da *questão drogas* é a máxima: o uso de drogas foi criminalizado porque "faz mal à saúde". No entanto, a defesa da saúde se construiu somente no ataque às drogas e, com isso, o nosso olhar sobre o assunto produziu um dispositivo, uma parafernália bélica, que consome milhões de recursos e milhares de mortes, eclipsando totalmente as ações e os investimentos dirigidos à atenção da dependência química. Já chamei nossas políticas públicas quanto às drogas de *Tigre de papel*: sua fraqueza provém da sua força. Sua forma e seu discurso de cruzada nada fazem contra o demônio que finge combater: a dependência química.

A profusão de discursos, a obsessão sobre o assunto produz uma mistura de informação, desinformação e até contra-informação, produzindo uma saturação funcional à ocultação de seus problemas, como nos ensinou Rosa del Olmo. O fato é que esse capitalismo desencantado produz um sujeito atirado ao desamparo, desentranhado dos seus laços comunitários, sem trabalho, sem garantias, lutando individualmente para ingressar no pesadelo refrigerado dos templos do consumo. Neste cenário de precarização e de barbárie, os humanos se confortam com os medicamentos do complexo fármaco-químico (nas mãos do poder central da metrópole) ou com as substâncias ilegais (produzidas na periferia do neoliberalismo). Neste eixo geopolítico, os Estados Unidos impõem suas políticas para as drogas, bem como a marca do seu fracasso: multiplicação das áreas de cultivo, organização do tráfico, corrupção de autoridades, aumento do consumo e incremento da violência e da criminalização.

É nesse contexto que se coloca o livro de Hélcio Fernandes Mattos; na trincheira do atendimento, na ponta mais sacrificada da institucionalização de nossas políticas públicas de drogas: a área de saúde. A equipe do Centro Regional Integrado de Atendimento ao Adolescente da Universidade Federal Fluminense produz aqui uma reflexão crítica acerca da sua experiência no tratamento da dependência de substâncias na periferia do capitalismo tardio.

Para além da fundamental discussão metodológica no eixo dos saberes psi, realizados em cima da práxis da equipe, este trabalho é valioso no seu sentido mais amplo. A análise aqui empreendida não aposta jamais nos surrados estereótipos desenvolvidos pelo discurso hegemônico. Ao romper com as categorizações massificadas (famílias desestruturadas, traficantes etc), que apenas conduzem à criminalização da pobreza, o texto trabalha as *zonas de exclusão*, a vulnerabilidade, a precariedade das redes sociais, a desfiliação de vínculos culturais.

O caso de Rômulo traz para o centro da discussão a história encarnada da falta de oportunidades, da violência das instituições de atendimento, do círculo vicioso de apartação e brutalização. O trabalho da equipe do CRIAA aposta na trajetória da vida pessoal de cada adolescente em oposição ao que Lucília Elias critica nos tratamentos disponíveis, que não passam de manuais de auto-classificação em que a história do sujeito não entra em cena, mas sim um apagamento da memória para a construção da nova identidade pós-moderna: o drogado[1].

Outra contribuição da reflexão militante do CRIAA é o afastamento da proposta moral na intervenção em si, situando as histórias e trajetórias individuais na construção de redes coletivas inseridas nas condições objetivas e nas contradições da nossa sociedade. Assim, o texto reconhece a violência a que foram submetidos os jovens criminalizados e aposta firmemente em não abrir mão de suas vidas, de incluí-los, aposta em algum futuro que não a prisão ou a vala que lhes reserva na periferia o capitalismo tardio. Trata-se aqui de intervir "integrando as ações individuais com as práticas coletivas", no salve-se quem puder dos nossos dias. Gisálio Cerqueira, também professor de Ciência Política da Universidade Federal Fluminense, lembrava uma metáfora de Leonel Brizola sobre o neoliberalismo: ele o comparava a um incêndio na floresta e perguntava "já viram um incêndio na floresta?": os animais saem em debandada, enlouquecidos, abandonando suas crias.

---

[1] Elias, Lucília, "Psicanálise e toxicomania". In *Discursos sediciosos – Crime, Direito e Sociedade*, ano 4, nº 9/10. Rio de Janeiro: Instituto Carioca de Criminologia / Freitas Bastos, 2000.

A equipe coordenada por Mattos insiste em não abandonar nossos meninos, apesar do *incêndio na floresta*. Resiste aos percalços, inventando alternativas, cooperativas, projetos de geração de empregos, oficinas, aposta nas utopias, no impossível, no desejo de um outro futuro. Isto tudo no meio da suspensão do repasse de verbas, na ausência de prioridades, de compromisso com políticas públicas.

Uma outra razão faz com que esse livro cumpra um papel importante na discussão de uma alternativa de atendimento à dependência química: a desconstrução da prevenção como conceito saturado e sua atualização como oferecimento de "oportunidades transformadoras aos adolescentes e apoio para que enfrentem as dificuldades pessoais na constituição do seu destino"!

Rio de Janeiro, 09 de julho de 2004

Michel Misse

Coordenador do núcleo de estudos da cidadania, conflito e violência urbana, Prof. de sociologia da UFRJ

Assim como Baudelaire tentou uma vez, nos "Paraísos Artificiais", pensar qual poderia ser a "moral do haxixe", é-se tentado a ver nas drogas, mais que um veneno à saúde física, um perigoso elixir que acomete a saúde moral. Não penso que a criminalização das drogas tenha ocorrido apenas ou principalmente pelos malefícios que estas possam causar à saúde; acho que sempre foi muito mais importante para a proibição o que se pensava que seriam seus males morais. A mesma coisa se passou com a bebida, nos Estados Unidos do início do século, mas não vingou por muito tempo. Temo que também não esteja mais vingando com as drogas atualmente ilícitas.

Antigamente no Brasil associava-se à bebida o banditismo: malfeitores eram tidos como cachaceiros contumazes. Esse estigma foi em grande parte responsável por relegar a cachaça – bebida nacional – à condição de uma bebida inferior, barata, popular. Ao patentear o nome "Cachaça do Brasil" para os rótulos de nossa bebida, o Governo Federal reconheceu recentemente a legitimidade nacional da bebida.

Nos anos 50, a alcunha de maconheiro foi substituindo o estigma do cachaceiro e servia para designar os freqüentadores das "bocas de fumo", consumidores ou vendedores, indiferentemente. Foi com a chegada da cocaína que o maconheiro foi substituído pelo "traficante" e pelo "viciado" (termo que antes já se aplicava aos poucos consumidores de cocaína e ópio do antigo Distrito Federal). Interessante também observar a passagem, no mesmo período, do uso popular do termo "tóxico" (dominante até o final dos anos 80) para o uso do termo "drogas". O consumidor foi se tornando menos bandido e malfeitor, foi se atenuando seja como doente mental, seja como fraco de caráter. Reservava-se ao traficante a exclusividade do mal moral e, portanto, a responsabilidade por fazer mal à saúde dos outros. Esse mesmo processo, que ocorrera nos Estados Unidos no período que transita da Lei Seca à sua abolição, acabou revelando o caráter conjuntural desse tipo de criminalização.

No entanto, era ao mal moral que poderia causar aos consumidores que a proibição sempre esteve referida. E isso não é conjuntural. A alteração da consciência, seja para entorpecê-la em prazeres seja para estimulá-la em delírios, sempre foi o foco principal do perigo moral. Não foi à-toa que Marx usou a metáfora do ópio para referir-se à alienação religiosa, como não é casual o uso por Baudelaire da noção de "paraíso artificial". É o individualismo moral, não a religião, que se insurge contra as drogas e seus efeitos perturbadores. Ou seria melhor dizer: é a religião civil, a religião moral do individualismo que pede a proibição das drogas que alteram o autocontrole consciente do indivíduo sobre si mesmo – o valor central das sociedades modernas. É contra o autocontrole que as drogas ilícitas atuam e o vício nada mais é que a caricatura moral da perda completa do autocontrole. Ao lado da loucura e do misticismo, da magia e do fanatismo, o vício – erro menor e potencialmente curável – assombrou como um espectro a racionalização crescente da vida social. Até que – pelos costumes, pelos *mores* – foi se tornando uma moda – inicialmente elegante e elitista, atualmente uma moda de consumo de massa. Entre o vício e a moda, os consumidores eventuais tornaram-se a maioria a alimentar os mercados ilícitos. Como eventuais de uma moda não lhes cabia a classificação como doentes ou fracos de caráter: hedonistas, orgiásticos, insaciáveis, consumistas – jamais alienados ou pusilânimes.

Daí segue-se finalmente uma metamorfose muito interessante, ainda em andamento: desencarcera-se o consumidor, mas exige-se-lhe que se trate, que se liberte do vício; aos consumidores não viciados, acusam-lhes de serem os verdadeiros responsáveis pelo tráfico maldito e, por conseqüência, os causadores da violência que toma conta da cidade. Acaba a cadeia, mas a uns, os que perderam o autocontrole no vício, exige-se a cura; aos outros, aos individualistas hedonistas, a conversão à responsabilidade social. Em qualquer caso é ainda o autocontrole o foco central da questão da droga. É por isso mesmo que o grande Canguilhem pôde afirmar, ainda em 1943, em seu magistral livro *O normal e o patológico*, que a cura outra coisa não é senão "a transformação existencial do sujeito".

Este livro de Hélcio Mattos não é um livro de filosofia nem de sociologia das drogas, nem mesmo uma narrativa literária sobre os paraísos artificiais. Sua importância reside no fato de que nasce de uma extraordinária e generosa experiência clínica com pacientes que buscaram ajuda por quererem livrar-se de seu apego a drogas. Uma experiência universitária, franca, por isso mesmo generosa. Duplamente generosa, na medida em que se oferece para além de seus resultados clínicos, como uma reflexão importante para quem quer que trabalhe nessa área.

A meu ver, a experiência de Hélcio se reveste também de uma crucial referência à questão social – e, portanto, à dimensão sociológica e não apenas clínica em que se mergulham seus pacientes. Nesse sentido, preocupa-se em equilibrar a dosagem da terapêutica com as questões existenciais desse sujeito social que o procura e que lhe pede ajuda. Afirma, então, que

> se não se consideram essas particularidades, correremos o risco de criar um fosso intransponível entre as abordagens terapêuticas por excelência e aquelas que exigem fortes incursões no espaço social, igualmente terapêuticas, embora requeiram uma ação mais difusa. Desse modo, tentamos assinalar uma distinção entre intervenções terapêuticas estritas e uma forma complementar de ampliação dessas ações terapêuticas que inclua uma atuação no espaço social, podendo, em alguns casos, ocupar o lugar central da recuperação.

Contra uma parte da opinião pública que insiste em acusar e exigir castigo, que quer levantar barricadas contra as drogas e desacredita que o uso de drogas ilícitas não segue uma lógica diferente do uso de drogas lícitas ou mesmo de outros "vícios" sociais – como a compulsão às compras, ao jogo, ao sexo –, a experiência desse livro insiste em mostrar toda a banalidade dessa lengalenga:

> Embora as ações meramente repressivas não propiciem melhoras significativas na recuperação do adolescente, elas são bastante visíveis e são mais empregadas pelos governantes, representando uma resposta de mais fácil execução, uma vez que não necessitam de qualquer tipo de treinamento da equipe e atenuam as críticas oriundas da percepção popular pelo crescimento da violência. A observação a longo prazo mostra, no entanto, que essa forma de intervenção tem pouca significação efetiva.

Que seja bem-vinda a extensão para muito mais gente da experiência e da reflexão propiciada neste livro.

Rio de janeiro, 02 de agosto de 2004

Introdução

Há pouco tempo, Juca Kfouri[1] comentava o espanto de saber que David Beckham é considerado atualmente o maior jogador do mundo em função de receber o mais alto salário do futebol mundial. Ele ocupa um lugar de destaque, sobrepujando Zinédine Zidane e outros jogadores brasileiros. Comparando o futebol de Beckham com o de seus companheiros de profissão, Juca Kfouri deu uma explicação para isso. Lembrou que, nos tempos modernos, o *marketing*, que deveria ser um meio, um instrumento de divulgação de qualidades, passou a ser um fim em si próprio, capaz de promover alguém bem acima de suas qualidades. Beckham tem ao seu lado uma esplêndida máquina de promoção, que o faz superar outros astros. Evidentemente, ele não é uma fraude. Apenas não tem toda essa excepcionalidade que lhe é atribuída pelo salário recebido. É necessário entender, no entanto, que o seu ganho pessoal não se estabelece de forma isolada. Ele traz dinheiro, muito dinheiro, para aqueles que lhe pagam o mais alto salário e os que realizam a sua promoção.

Esse é um exemplo da forma atual de avaliação, que desloca para o resultado final, o dinheiro, a quantidade de sucesso, não considerando as distorções que o uso do dinheiro é capaz de produzir. Para os amantes do futebol, é lamentável prevalecer esse tipo de avaliação, pois, na medida em que passa a existir o reconhecimento, primordialmente, através do sucesso da

---

[1] No programa CBN Esporte Clube.

promoção da habilidade, e não da habilidade em si, os mais jovens irão buscar o sucesso através do mesmo caminho. Forma-se, a partir daí, na busca de realização, uma cadeia de desejos individuais associados aos meios de promoção no espaço social, produzindo cada vez mais uma distorção ou, na melhor das hipóteses, uma dificuldade na percepção dos valores primordiais. No caso em foco, o talento como jogador é superado pela capacidade de promoção dessa habilidade. Essa segunda pode realçar as qualidades como melhor lhe aprouver, encobrir as falhas e ampliar a divulgação das particularidades positivas, criando uma nova forma de reconhecimento das habilidades específicas.

De um lado, teríamos uma qualidade individual capaz de se fazer reconhecer por si própria e, ao mesmo tempo, de ser reconhecida por sua correção, empenho e talento. De outro, teríamos um conjunto de forças exterior às qualidades individuais específicas, produzindo uma forma de reconhecimento independentemente da qualidade em si. Esse reconhecimento destaca apenas os resultados imediatos percebidos de forma direta pela maioria da população. Ter dinheiro é visto indubitavelmente como uma forma de reconhecimento pela condição associada às soluções imediatas propiciadas pelo poder de compra do dinheiro e, também, à própria capacidade de ganhá-lo.

Entretanto, há uma diferença entre valorizar uma capacidade em si própria e receber o reconhecimento social por essa mesma qualidade. O reconhecimento individual estará na dependência das características psicológicas pessoais, nem sempre correlacionadas à habilidade em si. Assim, em função do nível de exigência, do estado da auto-estima, da vaidade, pode haver variação em uma mesma pessoa no reconhecimento das suas habilidades. É uma valorização oscilante, que precisa constantemente de confirmação.

Já o renome originado do conjunto social segue parâmetros mais estáveis se comparados ao reconhecimento próprio. Esses parâmetros são comuns a todos os indivíduos pertencentes ao mesmo grupo social. Temos, desse modo, em um pólo uma força intermitente, que em momentos acentua determinados valores e em outros ataca essas mesmas qualidades. Em outro pólo, uma força constante que se preserva por décadas, sofrendo uma modificação de forma mais progressiva, sem que necessariamente os indivíduos que sofrem as suas influências se dêem conta das modificações que vão ocorrendo, principalmente os jovens, que não têm elementos de comparação, pois não conheceram os valores anteriores, que estão sendo substituídos. Para eles só existe o novo valor, que é aceito como o natural.

Se considerarmos esse raciocínio, poderemos compreender que os valores sociais são constantes, manifestam-se de diferentes formas por múltiplas fontes, das mais próximas às mais distantes, tendo, portanto, uma intensidade de ação mais abrangente e mais duradoura. Por isso, a sua influência tem maior repercussão do que a dos valores individuais, os quais, por sua vez, são inconstantes, passíveis de dúvidas, exercendo influência por períodos menores e necessitando de um reconhecimento externo para se manter. A conclusão imediata nos faz pensar que a valorização social, diferentemente da individual, é mais sólida. Assim, a valorização pessoal, vivida com incertezas e dúvidas, pode ser substituída pelo reconhecimento indicado pelas exigências sociais, em função do caráter afirmativo desta última. Portanto, aquilo que acreditamos sobre nós mesmos tende a se modificar pela pressão emanada das construções sociais.

O trabalho de *marketing* tem a capacidade de utilizar os recursos do espaço social e conseguir que uma determinada opinião seja mais aceita do que outra, enfim que uma conduta específica seja reconhecida como mais apropriada. Esse poder do *marketing* é mais acentuado para destacar o homogêneo, fazendo com que as particularidades do heterogêneo, presentes no mesmo conjunto, sejam apagadas, deixando de serem percebidas por muitos. Devemos lembrar, no entanto, que o *marketing* só atingiu o alcance atual em função de algumas características da nossa sociedade, dentre elas o espaço da mídia.

Um artigo muito bem construído, publicado em um suplemento dominical, traz mais uma evidência desse raciocínio. Em "O imperialismo da hora, tá ligado?", Arnaldo Bloch não apenas nos relata as constatações de uma mudança de hábitos, a expansão da cultura e das gírias paulistas, mas também investiga o lado invisível do acesso às construções das mídias. Tem sido espontânea a comunicação com o público e tem funcionado de uma mesma forma no transcurso das diferentes épocas?

Ao justificar o porquê do crescimento de expressões paulistas, um diretor da Globosat informou que, de fato, "a política (da emissora) continua sendo tirar gás do carioquês" e aumentar a ênfase nas expressões paulistas. O fator determinante para esse fenômeno é a constatação de que "a base das assinaturas na TV a cabo é São Paulo, e que a base do público telespectador da TV aberta também é. E todos sabemos onde está o mercado publicitário". De forma clara o diretor está afirmando que a direção da programação valoriza de forma inequívoca o retorno econômico para a emissora no processo de seleção daquilo que deve ser apresentado.

Se nos permitíssemos pensar no plano da ficção, poderíamos imaginar que, na lógica da direção de programação da TV, o determinante para a escolha de um número ou a ênfase em uma notícia seria o conhecimento da aceitação prévia do público, que não poderia, nem em sonho, ser desagradado, pois, nesse caso, poderia trocar de canal. O surgimento de um programa diferente, novo, só poderia ocorrer depois de já ter sido aceito e conhecido pelo público alvo. Não existem possibilidades de surpresas ou de escolhas pessoais e afetivas para aquilo que vai ser apresentado. O critério da política de programação predomina em relação à escolha individual. Desse modo, só deverá ser apresentado o que a maioria pagante quer ver, a fim de não se correr o risco de perder os insatisfeitos para outro canal. Essa lógica domina todos os momentos da programação, pois, a cada número, o descontentamento pode permitir uma escapada para outro canal. Para se preservar um público fiel, um elemento complementar e indispensável é conhecer o seu interesse. Assim, o sucesso dos novos lançamentos e a garantia de manter a satisfação com os programas em curso vêm das sondagens de opinião, que ouvem a voz do público. A regra de ouro é: não podemos desagradar à maioria, garantindo, assim, um rendimento maior.

No caso de esse raciocínio ser verdadeiro, teríamos uma tendência à apresentação de números muito semelhantes, de uma forma bastante parecida e, a fim de evitar a repetição inevitável, veríamos, aparentemente, uma grande variedade de uma mesma coisa, ou seja, teríamos uma grade de programação com vários profissionais apresentando fórmulas repetidas e muitos programas copiando o mesmo esquema de sucesso, dia após dia. O rompimento dessa barreira cultural, produzida pela busca de rendimentos, seria raro e, tão logo uma nova expressão surgisse, escapando ao controle, e fosse bem aceita, seria exaustivamente reproduzida por muitos outros artistas. De um certo modo, poderíamos considerar que haveria a construção de um padrão cultural sem vanguardas, ou, para ser mais preciso, sem estímulo aos movimentos de vanguarda. Esse padrão se expandiria, avançando sobre os mais tradicionais regionalismos, homogeneizando os mais distantes rincões. O enfraquecimento das vanguardas significa, ao mesmo tempo, a limitação do que poderia ser apresentado e a inexistência de pesquisas sobre novas concepções, pois não existe esse tipo de necessidade, na medida em que esses caminhos alternativos representam uma ameaça à audiência e, portanto, uma perda de público. E perda de público, nesse caso, é sinônimo de perda de dinheiro, de perda de poder.

De forma bastante espontânea, a resposta do diretor define que dirigir é seguir a eficiência de resultado e a busca de rendimentos, traduzidos na audiência alcançada: o maior interesse da propaganda para garantir o retorno do investimento. Nesse sentido, é a audiência que, por sua vez, garante o emprego e, conseqüentemente, o espaço de poder de todos na emissora. Desse modo, torna-se possível pensar a transição de uma época em que o programa em si era soberano e em que os patrocinadores disputavam o direito de aparecer como suporte de um programa para outra em que os patrocinadores, antes acessórios, passaram a ser essenciais e os programas, antes soberanos, transformaram-se em acessórios, sendo condicionados pelo patrocinador que, em função da imagem da empresa, define a forma do programa. É um processo desse tipo que ocorre com Beckham, que chegou a ser considerado por muitos o melhor jogador em função de receber o maior salário do futebol mundial.

Ao considerarmos essa possibilidade, deveremos, da mesma forma, admitir que essa modificação, nascida das atuais determinações do espaço social, também interfere no surgimento de preferências e percepções naturais. É ela, ao mesmo tempo, um ato de violência e uma prática de domínio, que se pode traduzir em outras conseqüências mais sutis, porém não menos violentas. Trata-se de um tipo de violência atual, na qual o conflito não chega a se evidenciar. Na expressão de Michel Viewiorka, um novo paradigma da violência, sem que haja, ou seja percebido, o conflito de base.

Essa situação, que tentamos abordar sumariamente, já foi descrita como o sistema PPII (planetário, permanente, imediato e imaterial) por Ignácio Ramonet no livro *Novos poderes, novos donos do mundo*[2], no qual

---

2 Ramonet, Ignácio, *Nouveaux pouvoirs, nouveaux maîtres du monde*. Ed. Fides Montréal, Québec, 1996.

caracteriza os dois paradigmas do mundo moderno. Um deles é a comunicação, que "tem a tendência a substituir, pouco a pouco, a função de um dos paradigmas maiores dos últimos dois séculos: o progresso". O outro é o mercado: "Ele substitui o paradigma de máquina, de organização nos quais os mecanismos e o funcionamento asseguravam a evolução de um sistema". A conseqüência é a substituição das leis naturais, ou da história, "por 'leis' do mercado, como explicação geral do movimento das sociedades".

A compreensão de Ramonet explica, por exemplo, qual raciocínio define aquilo que deverá ir para o ar, que, por sua vez, vai influenciar a forma de percepção de uma parcela significativa do público, estabelecendo padrões a serem seguidos. Assim, as leis do mercado se sobrepõem às leis da história com que estávamos habituados. Para ele, esse tipo de funcionamento está presente nas diferentes atividades do mundo moderno. Passamos, desse modo, na sociedade atual, a ser preparados para trabalhar com conjuntos que se apresentam de forma homogênea. A construção desses conjuntos considera os aspectos gerais capazes de unificar, a partir de determinados critérios, a heterogeneidade presente nos elementos que compõem o conjunto. Esse procedimento é, antes de tudo, um artifício que visa a facilitar uma forma de divulgação e de entendimento para um grupo que precisa simplificar suas intervenções utilizando aspectos comuns. Mas, ao mesmo tempo, esse artifício, necessário, dificulta a clareza de como proceder com as particularidades do que é heterogêneo e que, portanto, não tem a mesma natureza e não oferece o tipo de resposta esperada. Quando falamos da busca do interesse da maioria, essas singularidades não fazem a menor importância, pois não interferirão no resultado do conjunto. Entretanto, quando estamos diante de um paciente, devemos considerar, para preservar o bom raciocínio clínico, as singularidades e decidir a intervenção utilizando as informações do conjunto homogêneo, o conceito de dependência química, incluindo as particularidades do paciente – o heterogêneo –, sem o que poderíamos incorrer na escolha de intervenções menos apropriadas na medida em que fossem predeterminadas por critérios de sondagens expressando, apenas, a opinião da maioria e não as diferentes possibilidades de conhecimento sobre o tema em foco.

A associação das leis do mercado e da comunicação cria um poder onipresente capaz de invadir todos os espaços para garantir essa homogeneidade traduzida em interesses da expansão do mercado. Nesse novo mundo, o Estado, que tinha como uma de suas funções usar legitimamente da violência para resolver conflitos, não tem mais a mesma força do passado e, em função dessa mudança, fica dependente dos interesses dos grandes conglomerados multinacionais, que dominam o mercado e utilizam com propriedade a comunicação, influenciando o raciocínio de muitos.

Essas novas regras podem transformar antigos produtos em novas mercadorias, as quais têm o sentido do seu uso totalmente convertido em algo novo e sedutor. Esse foi, para Gilberto Velho[3], o caso das drogas que, usadas fora dos antigos rituais e sem as contenções religiosas, se transformaram em um produto comercial como qualquer outro, sujeito às mesmas leis do *marketing*. Desse modo, podemos considerar que a facilidade de acesso e o preço baixo serão sempre, pela visão de venda, um incentivo ao uso, necessitando, portanto, pelo prisma da prevenção, de ações de controle para evitar o aumento do consumo.

Dentro desse novo paradigma, a produção de uma nova imagem da droga, sustentada pelo prazer imediato dos seus efeitos, pelo ganho fácil de dinheiro – para os traficantes – e pela fidelidade do cliente ao produto, permite o crescimento da organização do tráfico como nunca havia sido visto anteriormente.

A nossa intenção não é discutir se essa construção moderna é melhor ou pior do que as anteriores. Ela tem as suas vantagens e, evidentemente, as suas desvantagens. Apenas gostaríamos de lembrar que as mesmas regras em uso tanto permitem as descobertas do código do genoma, o qual, por sua vez, modifica a relação com as enfermidades, quanto possibilitam a produção de recursos bélicos e de informática, como os que vimos na guerra contra o Iraque, afirmando um poder jamais visto na história da humanidade.

Nesse sentido, a fim de podermos buscar o mais seguro para o desempenho de nossas tarefas precisamos identificar como funcionam as vantagens que essa construção nos oferece e os riscos presentes nas desvantagens e, principalmente, ter o cuidado de não impor soluções que foram construídas considerando como homogêneo um conjunto que se constitui

---

3 Velho, Gilberto, "Drogas, níveis de realidade e diversidade cultural", in *Drogas, hegemonia do cinismo*. Ed. Fundação Memorial da América Latina, São Paulo, 1997.

como heterogêneo, porque dessa forma estaríamos incorrendo no erro de tomar uma parte da problemática como sendo um todo e essa concepção necessariamente romperá com os critérios de diferenciação.

A tarefa de identificar o heterogêneo sem destruir a homogeneidade que o sustenta é sempre delicada quando trata de questões que trabalham basicamente com situações singulares que necessitam, para sua solução, de decisões das esferas de poder para obter o reconhecimento das propostas gerais, seja esse poder político ou administrativo. Entretanto, na medida em que ele se caracteriza como um tipo de poder que precisa do apoio da maioria para se manter, tende a trabalhar com conjuntos homogêneos que satisfaçam a essas maiorias. Esse é o caso, por exemplo, de serviços que trabalham na prevenção e recuperação da dependência química.

Assim, é difícil publicar um texto crítico abordando esse tema que não defenda dogmaticamente uma posição, mas que tente pensar as dificuldades encontradas – por todos – na prática da organização de um serviço clínico público. O embaraço surge na medida em que o nosso texto corre o risco de não ser percebido como uma reflexão, podendo se reduzir a uma mera crítica a posições defendidas por representantes de algumas das áreas de conhecimento envolvidas nessa temática. Nosso trabalho não se faz pela negação de outras concepções, e sim pela afirmação daquilo que temos desenvolvido no CRIAA-UFF, como, aliás, tem sido a postura ética de nossa conduta profissional.

No texto que se segue, nosso intuito é defender um método de intervenção com procedimentos que entendemos necessários à clínica da dependência química e adequados à situação específica e ao momento atual. Esse método tem como objetivo trabalhar com a heterogeneidade presente no universo definido como dependente químico, caracterizando segmentos diferenciados, os quais devem receber um tipo de intervenção mais apropriado a sua situação, visando à melhora da qualidade assistencial oferecida aos pacientes, principalmente, na rede pública.

Levando em conta as particularidades da população que discutimos, tentamos estabelecer uma reflexão em torno das ações meramente repressivas, as que dominam as práticas existentes, em detrimento das ações preventivas e de recuperação. Nossa posição não é contrária às ações repressivas, que são necessárias, mas insuficientes na medida em mostram-se parciais, não respondendo à totalidade dos problemas, incompletas, porque não atingem as diferentes origens das questões envolvidas e, por isso, ao terem o seu alcance restrito ao imediato, uma vez que são meramente repressivas, tendem à arbitrariedade, quando usadas da mesma forma para resolver situações diferentes – e, finalmente, injustas, porque acabam atingindo com a mesma intensidade pessoas não comprometidas com a transgressão. Desse modo, julgamos necessário acrescentarem-se, ao lado das ações repressivas, que apresentam respostas imediatas para a população, as ações preventivas que, embora ofereçam resultados não tão visíveis em um primeiro momento, se fazem necessárias se esperamos transformar, nos adolescentes, o código aprendido através das leis do tráfico e da violência, com as quais convivem nas áreas de risco durante longos períodos do seu desenvolvimento.

Podemos pensar, por exemplo, que a noção de tolerância zero, de tanto sucesso em Nova York, se transposta para o uso de drogas, não deixa de ser bastante razoável enquanto uma meta a ser alcançada no plano sócio-legal. Entretanto, devemos lembrar que a sua implantação merece um cuidado especial, pois pode permitir que adolescentes em situação de risco, com alguma possibilidade de recuperação, possam ser condenados pelo seu sintoma, uma manifestação de ordem singular, em obediência a uma ordem geral, como a sócio-legal, que considera o conjunto dos dependentes como um todo homogêneo. Se a noção de tolerância zero for aplicada através de procedimentos que desconsiderem as singularidades dos pacientes, poderemos criar, sem percebermos, um critério de exclusão que não leva em conta o paciente na sua globalidade e põe em evidência, como o ponto central, o uso da droga. Esse critério de exclusão precisa ser percebido e avaliado na resposta clínica das intervenções realizadas. No caso de ser usado com intolerância, seguirá preceitos mais afins à prática sócio-legal do que a prática médico-psicológica. Isso pode representar que alguns pacientes, ainda sem uma motivação suficiente, sejam excluídos de fases iniciais do tratamento e possam ter alguns lapsos, transformados em fracasso do tratamento. Esse fato é lembrado como um elemento problemático quando se faz uma exigência imediata de abstinência a adolescentes que ainda não se encontram motivados para tal[4].

4 Sampl, Susan, Kadden, Ronald, CYT Cannabis Youth Treatement series. U.S. Department Health and Human Services. University Connecticut, p. 17.

Nós, como cada membro da nossa população, tememos o crescimento da violência e sempre quisemos contribuir para alcançar uma situação de paz[5]. Entretanto, no momento atual, devemos valorizar o uso da força legítima da repressão. Mas, para que se tenha uma resposta favorável, é necessário identificaram-se corretamente os inimigos, sejam eles traficantes ou representantes do Estado, o qual não cumpre a sua tarefa, e apoiar os raciocínios clínicos capazes de acolher os dependentes ou aqueles que fazem uso abusivo e precisam de aliados para a construção de uma realidade sem violência. Afinal, eles não podem ser alijados, pois, se, de um lado, constituem uma parte do problema, por outro, eles representam uma parte da solução. Para isso, um dos caminhos possíveis é oferecer um código alternativo capaz de substituir o código da violência e do tráfico. Usar os mesmos métodos do tráfico e deixar que os atos de transgressão dominem e invadam um espaço em que se deveria combatê-los, é perder a oportunidade de oferecer aos técnicos e aos adolescentes um modelo simultâneo de funcionamento que pode incutir o valor do respeito às necessidades do coletivo, transformando a própria maneira de agir.

No decorrer do texto, expomos porque entendemos que não se vence a violência usando como arma a mesma violência. Os jovens esperam outra solução, com a qual possam se identificar. Será necessário encontrarmos uma forma de reconhecimento e valorização que não considere apenas os resultados imediatos, como o salário de David Beckham, e ajude a suportar as dificuldades de um processo mais longo. Para isso, é básica a distinção entre os segmentos envolvidos e o oferecimento, a cada um deles, de um tipo de intervenção diferenciada, o qual valorize as reais habilidades que cada adolescente possa ter em si ou consiga desenvolver participando de um modelo que não busque apenas reprimir, de forma indiferenciada, toda e qualquer transgressão, mas que primordialmente reprima os atos de violência e apóie as possibilidades de recuperação dessa população excluída e sempre abandonada pelas forças do Estado.

Mesmo nos momentos de extrema urgência, quando é necessário realizarem-se ações repressivas, será sempre um risco apenas reprimir se, ao

[5] Em anexo artigo "Tá tudo dominado", escrito a partir da experiência clínico-administrativa vivida em nosso serviço, bem antes da explosão dos atuais níveis de violência.

mesmo tempo, não melhorarmos os serviços de recuperação existentes. Enviar um adolescente para uma unidade de restrição da liberdade com as atuais condições de funcionamento é uma condenação das mais violentas. Cabe ao Estado, ao Poder Judiciário, assumir essa responsabilidade na falta de qualquer outra opção. Precisamos deixar de trabalhar apenas nas urgências e criar condições de oferecer outras soluções que vão exigir de todos empenho, quer na construção de novos modelos, quer na avaliação de cada tentativa, ou ainda na tolerância de não impedir que formas alternativas de intervenção sejam desenvolvidas e apoiadas, sem represálias, pelos representantes do Estado.

Procuramos discutir no texto a experiência da construção de um serviço que completa seis anos de produção e enfrenta, juntamente com inúmeros outros serviços, o abandono de não conseguir interlocutores que ajudem a implantar o programa ou nos ofereçam alternativas de intervenção. Temos, nesse ano de 2003, visto vários serviços abandonados pelo Estado, que deveria apoiá-los nessa luta contra o crescimento do uso de drogas. Lemos, numa reportagem, o NEPAD sendo obrigado a reduzir sua atuação por falta de obras no prédio, que sofreu um incêndio, e, com isso, deixando de assistir a 80% da população antes atendida. O mesmo ocorre com a CEAD. Vemos a Casa do Lins fechar por deixar de receber um repasse de verbas contratual por seis meses consecutivos, depois de um bom período recebendo irregularmente. Esse tipo de procedimento transforma em cinzas a experiência de muito anos, interrompendo o treinamento de equipes e, mais do que isso, abalando a confiança da própria equipe. Nós só não paralisamos nossas atividades porque pertencemos a uma universidade federal, que tem ideais maiores do que o lucro imediato e por contarmos com uma equipe que suporta ficar 11 meses sem receber do Estado qualquer espécie de reconhecimento, seja em repasse de verba, seja em interlocução. Nesse período, a população que atendemos regularmente deixou de ser acompanhada, tal como se deu com a população do NEPAD, da Casa do Lins e de muitas outras que lutam sozinhas. Essa população, antes atendida e afastada do mundo das drogas, ficou desamparada diante das situações de risco que a ameaçavam e totalmente entregue aos seus sintomas. Considerando que a dependência de substâncias é uma situação crônica, esse abandono significa uma provável volta ao uso e, até mesmo, um retorno ao tráfico ou às prisões. No caso, estamos assinalando causas do incremento do uso de drogas que são evitáveis, na medida em que são identificáveis.

É uma população difícil, sem qualquer dúvida, mas ela existe, e não se consegue qualquer ganho para reduzir a violência ou a disseminação do uso de drogas abandonando-a, não dando continuidade aos serviços existentes, não avaliando os resultados das intervenções realizadas. Ao contrário, com isso, estamos contribuindo, ao mesmo tempo, para aumentar a violência e a população carcerária. E o pior, vemos morrer parte desses adolescentes, porque essa atitude de apenas reprimir atinge todas as origens envolvidas no processo de difusão das drogas. Embora alguns elementos apareçam como controlados e, por momentos, se tenha a impressão de ter resolvido o problema, com um pouco mais de atenção constatamos que nada foi transformado[6].

Trata-se de um trabalho árduo com diferentes frentes a serem seguidas. Ações que devem ser executadas de forma isolada, mas que necessitam serem conduzidas por um mesmo principio diretor. Para isso, precisamos, então, de critérios de identificação dos segmentos envolvidos, de condições de avaliação do sucesso com cada tipo de paciente em função de determinados procedimentos utilizados, de condições de debater e desenvolver a implantação de trabalhos que possam ser avaliados em suas diversas fases e nos seus resultados. De toda forma, é imprescindível um apoio político-administrativo que garanta critérios claros de intervenção e permita a continuidade de diferentes serviços, discutindo os seus resultados e construindo uma rede assistencial a fim de evitar o agravamento dos casos recuperáveis. É imprescindível haver o treinamento de equipes e a consolidação de um sentimento de confiança nos profissionais que trabalham com situações que, por sua natureza, exigem grandes esforços e produzem extremo sofrimento, pela tentativa de salvar adolescentes que sempre apresentam um prognóstico reservado em função dos parcos recursos pessoais, atrofiados pelas condições de exclusão social.

Todos os raciocínios que não defendem com veemência as práticas repressivas, mesmo que apontem aspectos positivos e considerem a impor-

---

6 "Tá tudo dominado", artigo em anexo.

tância da sua realização, desde que associada a outros procedimentos, são percebidos como excessivamente condescendentes ou defensores da liberação das drogas. Para tirar as dúvidas dos leitores e não exigir que leiam o livro apenas para obter esse esclarecimento, tentaremos já neste prefácio deixar nosso entendimento sobre o assunto.

Se observarmos com atenção os argumentos a favor de e os contra a liberação das drogas, poderemos verificar que, dentro da ótica adotada, cada um deles tem a sua coerência, embora estejam em pólos opostos. Dependendo da base de construção do raciocínio, veremos que existem razões do mesmo porte para defender ou se opor à liberação das drogas. Podemos mesmo afirmar que, com os recursos conceituais e os conhecimentos práticos de que dispomos, no momento atual, essa questão é "indecidível". Será necessário avançar no estabelecimento de recursos assistenciais e no desenvolvimento de pesquisas para alcançar um estágio de conhecimento no qual seja possível uma decisão mais segura, capaz de proteger os adolescentes que ainda não completaram o seu desenvolvimento.

Entretanto, uma contradição da nossa sociedade, apontada por Alain Renaut, deve ser lembrada para enriquecer esse debate. Se o grande lema da nossa civilização, a qual luta pela implantação da modernidade democrática, é permitir ao Homem atingir a condição de sujeito, capaz de se autodeterminar, deixando de ficar assujeitado às leis divinas ou reais, não podemos esquecer que as novas leis são produto de um acordo social, sendo esse último indispensável para sustentar a liberdade individual. Nesse sentido, a concepção de liberdade absoluta deve ser substituída pela noção de autonomia, segundo a qual podemos realizar nossos desejos, com a condição de sabermos preservar os valores coletivos. A liberdade individual é uma conquista recente, sendo tributária e dependendo, para sua existência, do equilíbrio das forças do Estado. Um Estado muito autoritário ou um Estado ausente anulam a liberdade individual. No primeiro caso, é o próprio Estado que subjuga os direitos individuais. No segundo, ele deixa o indivíduo sem a sua proteção diante dos interesses dos demais. É o caso da violência dos grupos organizados, que têm os seus métodos de imposição e se apóiam na força da violência.

Dessa forma, a separação entre lícito e ilícito é um critério necessário para definir campos distintos que exigem ações diferenciadas, constituindo também o estabelecimento de limites para a liberdade individual. Portanto, manter esse limite baseado em critérios de rendimentos significa reduzir a dimensão do problema, tal como interroga Renaut:

> A questão do critério ou do limite reaparece aqui muito mais deslocada do que resolvida. Entretanto, será possível resolvê-la tomando por fio condutor a perspectiva segundo a qual uma sociedade fundada sobre os valores do humanismo não pode em nenhuma circunstância aceitar a livre circulação de substância da qual o consumo, por si próprio, despoja o homem da sua dignidade: o humanismo moderno repousa sobre a valorização do homem como sujeito, como fundamento (ou como autor) de seus atos e de suas representações; a fronteira que separa lícito de ilícito não deve ser transposta, de acordo com a lógica de nossos valores, desde que o abuso ou o simples consumo de um produto seja capaz de suscitar efeitos tais que nós não mais possamos representar os comportamentos decorrentes sob a idéia de sujeito, de autor, ou, o que retorna ao mesmo, sob a idéia de liberdade entendida como autonomia?[7].

Desse modo, a condição de sujeito é a possibilidade de conservar o direito de expressar suas idéias, prática que desenvolvemos na vida universitária, debatendo idéias e construindo melhores serviços para a população.

Para finalizar gostaria de prestar uma homenagem a uma situação especial vivida no mundo acadêmico. Lembro-me de dois momentos dos seminários de pesquisa de Maurice Dayan[8], nos quais presenciei com admiração a defesa de ideais que gostaria de ver transmitidos como uma contribuição dos códigos de aprendizado ao desenvolvimento da prática clínica da dependência química. Foram duas situações opostas que exigiram do orientador de pesquisas a capacidade de discernimento para manter a mesma postura de respeito e incentivo à liberdade de pensar.

---

7 Renaut, Alain, "Individu, dépendence et automomie", p. 233, in *Individus sous influence. Drogues, alcools, médicaments psychotropes*, sous la direction de Alain Ehrenberg. Ed. Esprit, Paris, 1991.

8 Professor da Universidade Paris 7; Denis Diderot, autor de vários livros e artigos, dentre eles "Inconscient et réalité", PUF, Paris, 1985.

Na primeira, logo no início dos seminários, vi um professor simpático, acolhedor, valorizando os esforços de uma aluna na exposição da pesquisa em que trabalhava e incentivando a apresentação dos detalhes mais inexpressivos, que eram, aos poucos, articulados com novas idéias sugeridas por ele, como se fossem dela e não suas. Essa foi a saída encontrada diante do pânico que dominou uma aluna, impedindo-a de pronunciar uma só palavra. Ele foi delicadamente fazendo-lhe perguntas importantes, mas simples, as quais facilitavam o rompimento da muralha de silêncio que a aprisionava. Dessa forma, ele impedia que o constrangimento dominasse a cena e, pergunta a pergunta, ia substituindo-o pelas explanações que mostravam o conhecimento da aluna acumulado nos estudos. O professor funcionou, portanto, como um guia, limitando, com as suas perguntas, a fala da aluna e dando um contorno ao vazio que se apoderou dela, como se colocasse pontos de apoio para ela pisar e atravessar o indefinido que, como água, invadia os seus pensamentos. Ele lhe pedia para ler as anotações e responder com o que havia escrito. Em nenhum momento deixou que a aluna se sentisse humilhada com a súbita inibição. Ao final do tempo, havíamos participado de um ótimo seminário, rico em discussões, que, a princípio, parecia fadado ao fracasso.

Na segunda situação, ele foi colocado em uma situação mais constrangedora para os que acreditam na importância do debate. Nem assim deixou de ser firme nos questionamentos que fazia e delicado na sua forma de argumentar. Os profissionais das áreas humanas freqüentemente estão identificados com a tarefa de fazer o bem, de serem generosos na ajuda que podem dar ao próximo. Por isso, vivem com muito mais embaraço uma posição de desacordo. No caso do ensino, existe ainda o perigo de o aluno se sentir podado nas suas elaborações e desestimulado na busca de maior autonomia.

O aluno responsável pela apresentação já era professor de uma universidade no interior da França e se mostrava bem articulado para a exposição que pretendia fazer, havia mesmo confeccionado uma encadernação de um artigo de Freud, que servia como origem de suas elaborações e fora distribuído a todos os presentes. Feitas as primeiras considerações, ouviu-se a intervenção de Dayan, discordando do entendimento apresentado pelo aluno e trazendo argumentos dele, e de outros autores, contrários à fundamentação do expositor. No caso, o aluno havia se preparado para falar o tempo todo, fazendo afirmações que fundamentavam a sua pesquisa, mas a generosidade do professor foi marcante. Sempre de forma elegante, ele mostrava pensar diferente e existirem outras formas de compreensão além das expostas, deixando claro que a sistemática dos seminários transformava esse momento no espaço apropriado para expressar as divergências.

O seminário foi enriquecedor para todos, seja pelo conteúdo discutido, seja pela metodologia da discussão, seja pela erudição dos encadeamentos dos autores; enfim significou um momento especial que apenas a liberdade de expressão e o respeito às diferenças podem permitir. As duas horas se esgotaram e o aluno, que não havia chegado ao meio da sua exposição, lamentou não ter podido apresentar a sua pesquisa completa, pois tinha a intenção de publicá-la e precisava da concordância do professor, o qual divergia do raciocínio desenvolvido. Ele manifestava o sentimento de ter perdido uma grande oportunidade. Nesse instante, em um gesto final de respeito e desprendimento, Dayan disse que, para ele, as idéias apresentadas, apesar de ele considerar equivocadas, eram idéias claras e constituíam uma hipótese a ser discutida de maneira mais ampla por outros autores e outros grupos. E finalmente, por suscitar divergências, o trabalho deveria ser publicado para não ficar restrito à opinião de apenas um professor, que, afinal, poderia estar equivocado.

As idéias, as construções teóricas não devem ficar prisioneiras de um poder exterior ao campo do raciocínio, que possa censurá-las ou excluí-las. Esse é um aprendizado que devemos renovar a cada instante. A força das idéias deve surgir apenas de sua coerência intrínseca e da sua capacidade de transformação da realidade que tentam modificar. A maneira mais positiva de contestar uma idéia é permitir que ela se multiplique e avaliar os resultados da sua aplicação a uma dada realidade. Caso a resposta seja favorável, sempre haverá algum tipo de ganho. No caso de intervenções terapêuticas, se houver algum tipo de sucesso constatável, será a sociedade como um todo que obterá benefícios, com a possibilidade da formação de profissionais capazes de intervir de forma mais sistemática, melhorando as condições dos que precisam de apoio terapêutico.

A publicação desse livro, discutindo a forma como trabalhamos, visa a poder contribuir com nossa reflexão e experiência para a prática clínica, no intuito de contribuir para a organização da rede de apoio aos dependentes químicos, oferecendo aquilo que a vida acadêmica tem de mais positivo: o espaço do debate.

A partir dos anos 60, passaram a ser comuns as críticas ao mundo acadêmico, tomado como o lugar onde as idéias antigas subjugavam as novas, não havendo transformação. Era considerado o espaço da teoria, distante da prática. Porém, nesse período, a organização social se modificou e, com ela, a própria universidade. A crítica que antes se dirigia à universidade hoje deve ser direcionada a outras práticas. A organização social ganhou outras formas e o discurso de dominação, outrora identificado na universidade, pode ser reconhecido em outros espaços de poder. O enfraquecimento da presença do Estado, criando um vazio na operacionalização de suas tarefas, em função dos "novos poderes" deixou o interstício social desorganizado e dependente apenas das decisões políticas que se estruturam em um tipo de lógica bem diversa da acadêmica, não sendo essa última exclusiva da universidade. Entretanto, o processo de gerenciamento estabelece uma nítida distinção entre o modo de funcionamento das relações nas universidades e no espaço político dos governos, até mesmo em função da precariedade de recursos.

No espaço político do Estado, a precariedade de recursos intensificou as alianças em torno da preservação do poder. Como conseqüência, vemos um procedimento gerencial[9] que não admite dissidências, logo punidas com exclusões, transferências e afastamento do poder. Devemos lembrar uma correlação importante no processo hierárquico do Estado, que oferece valores adicionais aos cargos comissionados. Já na universidade, a precariedade de recursos e os baixos salários influenciam no desinteresse das atividades a serem empreendidas. Essa estrutura, também integrante do funcionamento do Estado, determina um outro procedimento na formação de alianças. Nela não existe um ganho suplementar pela nova atividade e, a principal diferença, não há a possibilidade de excluir o colega professor, transferindo-o ou destituindo-o de seu lugar de ensino. Essa falta de "poder" político deixa como alternativa para as alianças a associação em torno

---

[9] Texto em anexo "Germinar".

de idéias. A maneira de incorporar um outro professor a um determinado trabalho é a busca de ideais comuns, fundados em defesas de idéias e no exercício de uma ética comum. Quando um determinado programa se instala, são as idéias que sustentam, independentemente do poder político dominante. Esse aspecto pode consolidar um determinado tipo de trabalho, mais independente das exigências comuns aos ocupantes ocasionais de cargos políticos, nem sempre conhecedores das fundamentações teóricas da prática a ser instaurada, a qual tentam impor, sem discussão ou avaliação de resultados, para atender uma determinação superior. Esse hábito benéfico de exercitar a liberdade de discussão certamente será importante no momento atual, quando deveremos implantar as políticas de orientação para o trabalho assistencial e preventivo da dependência química. Essa prática de avaliar resultados poderá influenciar na alocação de verbas para programas universitários, independentemente de favores políticos, que podem distorcer o uso dos valores coletivos em proveito de interesses particulares transitórios, com grande prejuízo para a coletividade.

Os programas universitários não devem ficar excluídos desse momento de instauração de práticas assistenciais apenas por se organizarem de forma diferente do funcionamento do espaço político clientelístico. Os valores pelos quais lutamos através do voto, esperando que pudessem prevalecer no momento atual do Brasil, são os da liberdade de debater idéias e de incorporar o cidadão comum à tarefa de fazer um país mais justo. E não devemos esquecer que justiça na saúde significa criar e dar acesso a serviços mais eficientes e formar profissionais mais qualificados. Essas metas, porém, não serão alcançadas sem a liberdade de discussão e a utilização de critérios claros de avaliação de programas. Eis uma contribuição que a vida acadêmica pode oferecer na construção de uma prática terapêutica. É exatamente esse o nosso objetivo ao apresentar o nosso programa de tratamento para dependentes químicos e as nossas reflexões sobre o tema.

I
Modelos de tratamento em dependência química

Vilma Aparecida da Silva
Hélcio Fernandes Mattos

Considerações gerais

Ao comemorar os seus primeiros seis anos de funcionamento, o Centro Regional Integrado de Atendimento ao Adolescente da Universidade Federal Fluminense participa de um momento especial da história do tratamento da dependência química no Brasil. O Ministério da Saúde reconhece a importância da dependência de substâncias enquanto transtorno mental de alta prevalência, altamente incapacitante, assumindo, desse modo, a responsabilidade de organizar e financiar o seu tratamento, através das portarias 816/GM de 30 de abril de 2002, a qual regulamenta a criação dos CAPSad – Centros de Atendimento Psico-social para Álcool e Drogas, e 816/GM 29 de agosto de 2002, que cria os Centros de Referência para o Tratamento da Dependência Tabágica.

Nesse sentido, vemos-nos diante da reflexão sobre as práticas de tratamento vigentes em nosso país e, simultaneamente, da busca, à luz do conhecimento científico internacional, dos parâmetros necessários aos modelos que serão oficialmente implantados e apoiados pelos órgãos públicos.

No caso da dependência tabágica, a situação é bem mais nítida, o modelo de tratamento proposto na portaria vem solidamente embasado em anos de pesquisa e atendimento, conduzidos pelo Instituto Nacional de Câncer (INCA), condicionando a capacitação nos Centros de Referência a treinamento específico, oferecido e coordenado pelo próprio INCA. No caso, trata-se da implantação de um método e, para tal, serão treinadas as equipes que vão executá-lo. As taxas de sucesso, bem como as dificuldades do método proposto, já são conhecidas, com caminhos claros, pelos quais deve seguir a investigação na busca de aprimoramento. A portaria determina as condições para o uso dos repositores de nicotina, o período necessário, as doses utilizadas, trazendo os protocolos de consentimento, informando sobre os riscos da terapia farmacológica, que devem ser discutidos com os pacientes. Define ainda os requisitos para a realização da abordagem cognitiva comportamental.

O tratamento da dependência de álcool e de outras drogas ilícitas enfrentará um processo bem diferente para sua implantação, pois, sem dúvida, ficará mais difícil estabelecer um modelo padronizado que seja consensual e, ao mesmo tempo, possa garantir o êxito nas diferentes situações classificadas como dependência química. E isso por diferentes razões.

Em primeiro lugar, pela própria diversidade contida na categoria Dependência Química. Tratar a dependência do álcool etílico, uma droga lícita, por exemplo, é muito diferente do tratamento da dependência de drogas ilícitas. O estado de dependência por ingestão de álcool leva em torno de uma década para ser determinado, enquanto o mesmo estado decorrente da utilização de cocaína – utilização essa que ocorre, em geral, após o uso de álcool – pode ser caracterizado em um tempo bem menor. É importante assinalar que o tempo transcorrido até a determinação do estado de dependência influenciará o raciocínio clínico na escolha das formas de tratamento.

Uma outra diferença, no caso do álcool, se revela através de uma ótima ilustração de um dos primeiros princípios da toxicologia: toda substância potencialmente pode funcionar como um veneno, dependendo da dose, ou seja, os efeitos adversos das drogas aparecem em função da dose. No ensino desse princípio, torna-se didático citar os casos de intoxicação pela água, que poderá ser tóxica[1] se ingerida em excesso. Assim, o álcool, diferentemente de outras drogas, evidencia a contradição de poder trazer benefícios à saúde, em dose e freqüência moderadas, mostrando-se eficien-

---

[1] A ingestão excessiva de água pode ocorrer em psicóticos, levando a perturbações eletrolíticas que podem ser graves.

te na prevenção da doença cardíaca, e, quando passados os limites de segurança, que nem sempre são fáceis de estabelecer (21 unidades alcoólicas por semana para homens e 14 unidades por semana para mulheres), ser o causador de um dos maiores problemas atuais de saúde pública: o alcoolismo, associado a problemas decorrentes do uso de álcool, como várias perturbações orgânicas, que podem levar à morte e outros de ordem social, que interferem nas possibilidades de recuperação.

Já no caso das drogas ilícitas, não há o que discutir sobre suas ações benéficas à saúde, se é que elas existem, pois, no conjunto dos seus efeitos, as mesmas ficam em desvantagem em relação a medicamentos já disponíveis, testados e controlados, que podem ser consumidos sem os prejuízos decorrentes do uso das drogas ilícitas. De toda forma, não se apregoa o auto-consumo com a mesma facilidade e finalidade, como se faz com o álcool. Se, por um lado, a maconha pode ser útil para pacientes aidéticos, aumentando-lhes o peso e melhorando suas condições nutricionais e, conseqüentemente, a sobrevida, ou mesmo no caso dos indiscutíveis efeitos analgésicos dos opióides, por outro, essas prescrições significam um uso exclusivo, reservadas a doenças específicas e sob controle médico. Não existe, portanto, a discussão sobre a dose e a freqüência de um consumo seguro. Qualquer quantidade, ainda que seja apenas pela condição da ilegalidade, configura um uso abusivo, dado o risco a que se expõe o usuário, podendo este sofrer as conseqüências legais do ato ilícito. No caso das drogas ilícitas, as questões clínicas mais urgentes envolvem o tráfico de drogas e a repressão da criminalidade a ele associada, pois a repressão e o tráfico são responsáveis por um número representativo de mortes, consumindo recursos econômicos consideráveis, além de funcionarem como um elemento de pressão social adicional para a entrada e a permanência de crianças e adolescentes no mundo das drogas. Esse par, tráfico e repressão, apresenta-se como um divisor de águas para a compreensão conceitual da clínica da dependência química e, por conseguinte, para a implantação dos programas de tratamento, merecendo, por isso, uma detida reflexão no transcorrer da nossa apresentação.

Desse modo, a princípio, percebemos que falar de álcool e de outras drogas tem como primeiro problema pensar em função de um conceito homogêneo dependência química, que engloba desenvolvimentos totalmente heterogêneos, a droga de escolha e os dependentes. Essa construção, necessária para a evolução dos estudos, pode induzir a grandes problemas clínicos, quando, por exemplo, tomamos um aspecto específico de uma droga, portanto um conhecimento parcial, e o transportamos integralmente como uma verdade para todas as demais drogas. Uma conduta dessa natureza traz extremas dificuldades. De um lado, influencia a prática clínica das drogas como um todo, criando tendências para a difusão de modelos de tratamento, quando, muitas vezes, o entendimento adquirido sobre uma droga é específico para um tipo de drogas, devendo ser restrito ao tratamento da mesma. Por outro lado, pode, ainda na prática clínica, entorpecer a percepção dos técnicos, os quais passam a considerar uma determinada recomendação, especifica a um tipo de situação, como uma regra válida para todas as situações, principalmente no âmbito das normas de conduta a serem seguidas. Esse problema, porém, não ocorre nas pesquisas, na medida em que, a cada estudo, os critérios utilizados selecionam o material a ser pesquisado, não havendo, portanto, uma deturpação maior com a homogeneização dos conceitos. Desse modo, no campo das pesquisas, esse fator de lidar com aspectos heterogêneos sob uma designação comum não representa prejuízos, uma vez que os critérios da organização das bases de um trabalho científico procuram fazer discriminações precisas para evitar erros metodológicos.

De toda forma, no conceito de Dependência Química haverá uma ênfase diferente caso a acentuação recaia no termo dependência, caracterizando-a como um problema do comportamento, um erro no aprendizado, que poderá ser estendido para outros tipos de dependência, como a dependência do jogo ou do sexo, ou incida sobre os dois termos, quando a tônica passará a ser a presença de uma substância atuando no organismo.

O aspecto comum às dependências é o fato de o indivíduo consumir uma substância apesar dos problemas que ela lhe traz. No caso das drogas ilícitas, há um segundo aspecto particular, que promove uma unificação das substâncias extremamente díspares. No espaço social, é comum o caráter ilícito homogeneizar as drogas, sobrepondo-se aos próprios efeitos diferenciadores das mesmas, já que elas são extremamente distintas em relação a mecanismos de ação, poder de induzir à dependência, características clínicas e evolução do quadro clínico. As imbricações entre as precisões conceituais e as particularidades individuais dos pacientes aparecem ainda mais se detalharmos o conceito a partir da definição do DSM IV. Podemos encontrar tipos diferentes de dependentes químicos e, de forma semelhante, estender essa visão para o conceito de uso abusivo. Assim, temos o indivíduo que apresenta sintomas de tolerância e dependência física, compartilhando o mesmo diagnóstico de dependente de substâncias com outro que não apresenta esses sintomas.

O tratamento deve ser entendido como um processo ativo, que distingue os fatores envolvidos. Assim, a existência de características farmacológicas diferenciadas, a aceitação social variável entre as diversas drogas e, principalmente, o fato de que os dependentes químicos são muito diferentes entre si dificultam estabelecer um modelo único de tratamento para atender a todas essas condições. Por outro lado, o entendimento de que o processo terapêutico deve ser individualizado constitui[2] , já há algum tempo, um preceito teórico reconhecido pelos clínicos e pesquisadores desse tema. Para otimizar o resultado, portanto, faz-se necessário, a partir desse raciocínio, pensar na possibilidade de se definir o tratamento ideal, ao início da abordagem de cada indivíduo. Essa busca tornou-se uma ambição dos profissionais da área. O projeto Match representou esse esforço, procurando esclarecer a questão. Com 1726 pacientes, ele se transformou no maior estudo controlado sobre a eficácia das psicoterapias conduzido até o momento.Três métodos de tratamento foram comparados: 1) 12 sessões baseadas nos doze passos desenvolvidos pelos Alcoólicos Anônimos, 2) 12 sessões de Terapia Cognitivo-comportamental, 3) Entrevista Motivacional, 4 sessões agendadas ao longo de doze semanas. Foram estudados apenas os

---

2 Dentre os princípios do tratamento eficaz, NIDA, encontramos: um único tratamento não é apropriado para todos os indivíduos. É recomendável combinar locais de tratamento, intervenção e serviços para os problemas e necessidades de cada indivíduo em particular para o sucesso final ao retornar para o funcionamento produtivo na família, local de trabalho e sociedade. Também nas melhores práticas de tratamento (Serviço nacional de saúde do Canadá) é assinalado: embora as pesquisas ainda não possam afirmar qual tipo de tratamento é mais indicado para tal tipo de indivíduo, isso não significa que todos os tratamentos sejam convenientes para todos os pacientes. É necessário que se ofereçam serviços flexíveis e personalizados e se estabeleçam diretrizes para escolher os serviços apropriados a cada caso.

dependentes de álcool etílico. Os três modelos de tratamento mostraram-se eficientes tanto para ingestão quanto para outros domínios da vida do paciente. Entretanto, apesar dos bons resultados que foram obtidos, não foi possível precisar características para o prognóstico da eficácia do tratamento a ser oferecido.

As publicações já nos vêm mostrando um pouco a respeito da individualização do tratamento. É consensual, por exemplo, que alcoolistas organicamente comprometidos não tenham outra opção senão parar completamente de beber. Esses casos mais graves têm nos Alcoólicos Anônimos e em outros grupos de mútua-ajuda um grande aliado terapêutico, uma vez que o método utilizado alcança um bom número de recuperação dos casos mais graves[3]. Esses dependentes, caso continuem a beber, caminharão inevitavelmente para a morte, por insuficiência hepática, considerando que qualquer dose é potencialmente fatal para um fígado comprometido.

Por outro lado, é possível detectar um consumo disfuncional de álcool em uma pessoa jovem, com um estilo de vida pouco saudável e, nesse caso, a melhor abordagem não é centralizar o tratamento no consumo de álcool e sim procurar corrigir o estilo de vida, reduzindo as fontes de estresse e aumentando situações prazerosas. O consumo de álcool pode, nesse caso, tornar-se aceitável, já que apenas recomendar abstinência seria negligenciar as circunstâncias em que o consumo ocorre, aumentando a probabilidade de fracasso na recuperação do paciente. Por outro lado, não impor a abstinência exige um desprendimento de concepções morais em relação à dependência e à monitorização do cliente.

Na terapêutica farmacológica da dependência química, também encontramos uma grande diversidade de progressão dos tratamentos. Por exemplo, um paciente pode se beneficiar de dissulfiram[4], embora estudos con-

---

3 Vaillant, G. E., "Alcoólicos anônimos: culto ou pílula mágica?", conferência na ABED, 8/12/1999, Brasil.

4 A prática clínica, por se estruturar em parâmetros diversos dos estudos clínicos controlados, apresenta características próprias que, embora dentro do espectro do estudo, não é capaz de identificar, no caso particular, as expectativas probabilísticas. Assim, pode ocorrer que a probabilidade de êxito com o dissulfiram seja menor do que com outro medicamento. Porém aquele caso específico pode ser um dos que respon-

trolados venham desencorajando essa abordagem, enquanto outro paciente poderá se beneficiar de naltrexone ou acamprosato. No campo do tratamento, não existem regras rígidas, válidas para todas as circunstâncias. Cada regra tem a sua vantagem e os seus inconvenientes e, na maioria das situações, não é possível saber, com certeza absoluta, na avaliação inicial do paciente, qual a melhor indicação para ele dentre todas as possíveis; afinal, trabalhamos com probabilidades. Um outro aspecto também relacionado ao campo farmacológico são as comorbidades psiquiátricas, que devem ser individualmente abordadas para o sucesso do tratamento da dependência química.

Um último tópico de relevância concerne aos critérios que influenciam o bom êxito no tratamento. Os instrumentos de avaliação a nossa disposição, validados internacionalmente, alertam para o fato de que, embora se mostre desejável a interrupção do uso da droga, pelas complicações não só de saúde mas também pelos problemas psicossociais associados, principalmente no uso de drogas ilícitas, essa condição não é considerada suficiente. O tratamento bem-sucedido[5] deve incluir a reinserção social, a reestruturação familiar, levando em conta o ambiente onde o paciente vive, além de sua saúde geral e psicológica, para evitar que, diante de novas dificuldades, ele recorra ao uso de drogas. Muitas vezes, esses resultados não são atingidos simultaneamente, mas sim de forma consecutiva, seguindo as etapas de um processo de tratamento, que pode se iniciar apenas na adesão do paciente e progredir mesmo quando a abstinência total ainda não foi atingida. É evidente que estamos considerando um curto tempo de espera, sendo apenas, em alguns casos, uma etapa necessária para implementação do tratamento. De qualquer forma, o sucesso no transcorrer do tempo pa-

---

derão favoravelmente ao uso do medicamento em função da etapa do tratamento, já que a sua ação não é considerada inócua, apenas não é avaliada como a melhor opção dentre os medicamentos e os recursos existentes para interromper o uso de álcool.

5 As terapias que melhor convêm aos adolescentes são aquelas que prevêem adaptação às necessidades individuais. Os principais elementos do tratamento compreendem a terapia familiar, aconselhamento comportamental, apoio da família e dos pares e cuidados contínuos. São importantes os serviços auxiliares de escola, aconselhamento profissional, atividades de lazer, o desenvolvimento psicológico, administração de crises e orientação sexual. *Melhores práticas*, Serviço Nacional de Saúde do Canadá.

rece depender desse cuidado global, que deverá ser oferecido ao dependente químico[6]. Enfim, a alta prevalência da associação abuso de drogas em adolescente com situação de precariedade sócio-econômica[7] é um fator que traz variáveis importantes na progressão do tratamento. Desse modo, por todas essas particularidades, tratar o uso abusivo de drogas é uma tarefa de grande porte, principalmente para um país que tenta, com dificuldade, oferecer condições de inserção para pessoas que nunca sequer usaram drogas, mas se viram, desde o berço, igualmente excluídas dos processos de produção.

Os dependentes adultos de drogas ilícitas, quando procuram os serviços, estão, na maioria das vezes, excluídos, não só pelo uso das drogas, mas também pelo fato de estarem dependentes financeiramente dos familiares ou de benefícios, pois, mesmo abstinentes, continuam a viver essa exclusão. A situação se agrava quando consideramos que a dependência química é uma doença crônica, sujeita a freqüentes recaídas, as quais vêm abalar a confiança e a disponibilidade dos familiares e amigos, ao longo dos anos. A falta de uma estrutura por parte dos serviços públicos, além de tornar o processo do tratamento extremamente dispendioso, transforma-o num longo martírio para o cliente e seus familiares, aumentando ainda mais o sentimento de exclusão.

No caso do álcool, por exemplo, por demorar alguns anos para se estabelecer enquanto dependência, há o acometimento de indivíduos inseridos no mercado de trabalho, os quais, em função do uso excessivo do álcool, serão dele excluídos por absenteísmo e mau desempenho profissional. Infelizmente, recolocá-los torna-se caro e difícil, embora necessário para aumentar as chances de êxito dos tratamentos. Nesse sentido, devemos

---

6 Um tratamento eficaz é aquele que atende às diversas necessidades dos indivíduos e não apenas ao uso de drogas. Para ser eficaz, um tratamento deve abordar o uso de drogas do indivíduo e quaisquer outros problemas associados: médico, psicológico, social, vocacional e legal (NIDA).

7 Obtêm-se melhores resultados com aqueles que têm menores problemas e maiores recursos econômicos. Esse entendimento confirma a necessidade de identificar e desenvolver as intervenções mais eficazes para os pacientes que, em um dado momento, apresentem um diagnóstico mais reservado. (*Melhores práticas*, Santé Canadá).

nos perguntar como profissionais de saúde: serão nossos recém-criados CAPSad capacitados e mantidos financeiramente com estabilidade, de forma a atingirem o objetivo proposto? Existirão recursos para manter a avaliação das fases de implantação e dos resultados conseguidos, identificando os aspectos positivos dos métodos? Serão as mudanças político-administrativas capazes de abalar a estabilidade do funcionamento desses serviços? Todo um delicado processo de tratamento, de treinamento de equipe, de avaliação de modelos, que consumiu muito tempo e energia, pode se perder dolorosamente se não se garantir uma continuidade a essa proposta, em fase de implantação. Em função das características dessa clínica, é fundamental que o treinamento seja constante. Assim, em face dessa particularidade, o treinamento da equipe é indispensável para o desenvolvimento das práticas institucionais na medida em que ainda não temos um modelo de intervenção que seja indicado para todas as situações e devemos oferecer não somente um tratamento, mas também pensarmos na estruturação do mesmo em termos dinâmicos, com a construção de plano terapêutico, o qual exige constante modificação para acompanhar as menores transformações ocorridas nos diferentes domínios da vida do adolescente[8].

Devemos perceber que enfrentaremos uma imbricação de questões políticas, administrativas e clínicas, por isso precisamos pensar em soluções que atendam, ao mesmo tempo, aos diferentes campos envolvidos. Por exemplo, como lidar com as etapas iniciais das dependências de substâncias, sabendo que elas se iniciam na adolescência e os adolescentes apenas chegam ao sistema assistencial bem mais tarde depois de iniciado o uso? Além disso, como enfrentar a disseminação do uso de drogas quando sabemos que nem sempre essa prática na adolescência significa uma dependência futura?

---

[8] O tratamento de um indivíduo e o plano do serviço devem ser continuamente avaliados e modificados quando necessário para garantir que o plano atenda às necessidades mutantes da pessoa. Um paciente pode precisar de combinações variadas de serviços e componentes de tratamento durante o curso da terapia e recuperação. Além de aconselhamento ou psicoterapia, um paciente às vezes pode requerer medicação, outros serviços médicos, terapia familiar, instruções aos pais, reabilitação vocacional, serviços legais e sociais. É fundamental que a abordagem do tratamento seja apropriada à idade, gênero, etnia e cultura do indivíduo (NIDA).

Logicamente, um mesmo princípio válido para todos os quadros clínicos também deve ser aplicado em dependência química: prevenir é mais barato do que tratar. Campanhas inteligentes e constantes de esclarecimento sobre os efeitos das drogas, ou mesmo mais agressivas, como as que se fazem atualmente em relação ao tabagismo, atreladas à educação e ao preparo para uma vida mais saudável, melhores relacionamentos entre adultos, pais e educadores, com crianças e adolescentes, redução das expectativas positivas sobre o uso de drogas são atitudes que podem se mostrar benéficas e devem ser encampadas pelo Estado. Mas muitas crianças e adolescentes escaparão de seus efeitos e experimentarão drogas, e, desses, uma certa porcentagem, ainda de difícil previsão, se tornará dependente química. Estratégias de prevenção universal veiculadas pelas mídias fazem-se necessárias, mas não atingem da mesma forma todos os adolescentes. Há uma diferença no impacto causado entre os expostos à situação de risco e outros que vivem amparados por importantes fatores de proteção quer na quantidade de fatores quer na qualidade dos mesmos. Devemos chamar a atenção para o fato de que, na prevenção, além da quantidade e da qualidade dos fatores de proteção e de risco, a continuidade da exposição (a duração) à presença desses fatores é um elemento da maior significação no desencadeamento das conseqüências[9]. Por isso, pensar também em programas de prevenção seletiva e indicada[10] é fundamental para alcançar os adolescentes em situação de risco, buscando minimizar esses fatores e, ao mesmo tempo, ampliar

---

9 Laroche, I., "Les composantes psychologiques et comportementales parentales associées à la psychopatie de jeunes contravenants violents". Thèse présentée à la Faculté des études supérieures, Montréal, 1998.

10 Os termos prevenção universal, seletiva e indicada substituem prevenção primária, secundária e terciária. O modelo foi inicialmente descrito por R. Gordon em 1987 e adaptado pelo US Institute of Medecine Commitee sobre a prevenção de doenças mentais em 1994. Teve aplicação no consumo de álcool e de outras drogas pelo NIDA (National Institute on Drug Abuse) em uma publicação, de 1997, intitulada "Preventing Drug Use Among and Adolescents: a Research-based Guide". Apud Prevention des problèmes attribuables à la consommation d'alcool et d'autres drogues chez les jeunes. Un compendium des meilleures pratiques. Bureau de la strategie canadienne antidrogue – National Institute on Drug abuse. Drug abuse prevention for at-risk inidividuals, Rockville MD: U.S. National Institute of Health, 1997.

a presença de fatores de proteção, permitindo que haja uma redução dos riscos que acompanham esse tipo de adolescente.

Em relação à amplitude dos fatores de risco e à duração necessária das intervenções, pode ser tirada uma regra geral: quanto maior o risco para um grupo ou um setor da população, maior e mais intenso deve ser o esforço da prevenção[11]. Isso significa que, nas situações de alto risco, como no caso de populações sob a influência do tráfico, a prevenção deve utilizar recursos capazes de cobrir as mais diversas situações e ter uma duração suficiente para representar algum impacto sobre a população alvo.

Os que experimentam drogas ilícitas apenas acidentalmente, quando surpreendidos nesse ato, poderão ser encaminhados a um atendimento médico especializado. Porém, com maior probabilidade, buscarão ajuda aqueles que já apresentam certa gravidade no comprometimento psíquico. Essa gravidade é de mais difícil reversão quando se mostra associada ao envolvimento com o tráfico e com atos criminosos. Nessas situações, por suas peculiaridades, há a necessidade de uma intervenção embasada em outras áreas, além da médica. Nessas circunstâncias, deve-se manter o cuidado indispensável de dosar bem esses conhecimentos. Pois sempre corremos o risco de fazer com que uma área se sobreponha às demais e possa excluí-las. É indispensável a sistematização e avaliação de um método capaz de integrar os conhecimentos disponíveis de forma a agregar valores ao tratamento como um todo e, fundamentalmente, evitar as compreensões parciais, que excluem a multiplicidade causal a favor de alguns fatores, tornando o raciocínio incompleto.

Existe uma forte tendência de que os transtornos anti-sociais associados com abuso de drogas venham a se constituir na clientela predominante de uma clínica destinada a adolescentes, principalmente se se tratar de uma clientela de baixa renda. Considerando essa possibilidade, deve-se oferecer uma estratégia de tratamento adequada para superar os fatores predisponentes, os de manutenção da criminalidade e do uso de drogas, e buscar formas que se mostrem eficientes na situação específica. Em síntese, essa população exige um programa diferenciado.

---

11 Dowdney, L., *Crianças do tráfico. Um estudo de caso de crianças em violência armada organizada no Rio de Janeiro*. 7 letras editores, Rio de Janeiro, 2003, p. 139.

Muito embora diferenciar abuso de drogas da dependência química, de acordo com o DSM IV, seja impossível e incorreto em adolescentes, vale lembrar que os adolescentes fumantes já utilizam nicotina em padrões semelhantes aos dos adultos. Tal fato não nos surpreende, pois é nessa idade que se instala a maioria dos quadros de dependência tabágica.

É um dilema científico o que fazer nessas etapas iniciais, quando tanto a dependência alcoólica quanto a tabágica e a ilícita têm início. Assim como prevenir é mais racional do que curar, tratar uma doença logo no seu início é também consensualmente mais inteligente do que deixar para tratá-la quando esta já produziu muitas devastações e se instalou em outras áreas, resultando em danos e problemas de difícil recuperação.

Comemoramos seis anos oferecendo tratamento público, principalmente para esse segmento de pacientes com maior quantidade de problemas decorrentes do uso de drogas. Construímos uma prática, sobre a qual gostaríamos de refletir, apresentando o atendimento oferecido e debatendo essa experiência e as soluções que desenvolvemos, a partir dos conhecimentos que têm sido veiculados pela literatura internacional para enfrentar as dificuldades encontradas.

Em função dos aspectos assinalados, os autores de forma geral se perguntam como identificar os adolescentes que, na experimentação, podem se colocar em risco de produzir um estado de dependência, quais são as situações de maior risco e o que pode proteger um adolescente de forma mais eficaz. Como depende, em grande parte, do potencial farmacológico da droga de reforçar centros cerebrais relacionados ao prazer, o que provavelmente ocorre com o padrão da nicotina não é o mesmo para todas as substâncias. A dependência alcoólica e a de cannabis podem demorar a se estabelecer, fato que cria diferenças entre as intervenções para essas drogas e outras cujo poder de provocar dependência é maior.

Sabemos, através do estudo dos fatores de risco, que comorbidades psiquiátricas favorecerão um desenvolvimento psíquico com comprometimentos, sendo os adolescentes ansiosos e deprimidos os mais vulneráveis. Sabemos, outrossim, da contribuição genética, aumentando a vulnerabilidade, da importância do aprendizado social e da interferência das expectativas positivas sobre o abuso de drogas. Porém não existe uma determinação absoluta, pois, mesmo quando está presente uma vulnerabilidade genética, esta se manifesta em função das condições do meio ambiente. Se existir um meio altamente protetor, o surgimento de um quadro clínico pode ser inibido. Por outro lado, uma exposição maciça e constante a fatores de risco pode determinar o aparecimento de quadros clínicos apesar da pequena vulnerabilidade genética. É possível que, nesse último caso, o comprometimento psicopatológico seja mais brando e a chance de recuperação, maior. O problema principal diante dessas possibilidades é desenvolver meios de identificar tais situações de maneira rápida, de forma a permitir que essa percepção interfira na decisão terapêutica a ser seguida.

Assim, chegarão aos serviços adolescentes expostos a uma intensidade maior de fatores de risco, com a exceção dos poucos casos que, pelo acaso, foram surpreendidos num ato de experimentação ainda sem maior gravidade. Além desses fatores de riscos conhecidos da literatura internacional, encontraremos outros fatores com tempero bem brasileiro, pelo menos na sua extensão, intensidade e duração, como baixa renda familiar, educação precária dos pais, ausência de responsáveis, carência de moradia adequada, desamparo social extremo e influência do código do tráfico.

O que diz a literatura? Em primeiro lugar, que essa parcela de adolescentes é a de pior prognóstico. O que podemos propor diante da falta de investimento e de serviços organizados, como é o caso do Brasil, que começa agora a buscar uma estrutura mais sistemática? Ignorar a existência dessas dificuldades é concordar em pagar o preço das conseqüências sociais, com aumento da violência e da desorganização social. Se pensarmos apenas nas impossibilidades e usarmos, somente, um raciocínio pragmático, estaremos esquecendo a amplitude da questão e nos acomodando, deixando cada um entregue a sua própria sorte, responsabilizando o Estado pela falta de recursos e nos omitindo de participar com seriedade deste momento, em que devemos discutir os limites e os alcances do nosso trabalho.

A literatura também informa que, na dependência química, principalmente nos casos mais graves, as abordagens eficazes são aquelas mais abrangentes, que intervenham em todos os domínios da vida do adolescente. Um tipo de abordagem integral ou de atenção global. Não difere aqui do princípio de tratamento do dependente adulto, mas os domínios tornam-se mais amplos até mesmo pelas características da adolescência. O sentido de re-inserção social significa bem mais do que colocação, representando o preparo e a inserção no mercado de trabalho, a educação no seu sentido mais amplo, incluindo a sexual, significando prevenir a gravidez adolescente e o contágio com doenças sexualmente transmissíveis. Significa também despertar e alimentar vocações para a vida profissional, criando uma motivação para o tratamento antes inexistente. O adulto pode estar motivado, pois percebe, pelo sofrimento e pela decadência, o que já teve e perdeu. O adolescente, ao contrário, não imagina conseqüências negativas, pois ainda não perdeu nada de concreto e, para tornar mais intensas as complicações, ele sofre a tentação do dinheiro aparentemente fácil, oferecido pelo tráfico de drogas.

O cuidado com esses diferentes fatores tem repercussões clínicas em diferentes planos. De uma maneira mais objetiva, vemos a força de atração do tráfico principalmente sobre os adolescentes que, sem dinheiro e sem outra alternativa para realizar os seus sonhos de se destacar, encontrando uma diferenciação da comunidade em que vivem, aproximam-se do tráfico, admirando as conquistas dos traficantes, que alcançaram status, dinheiro e acesso aos bens de consumo, pertencem à subcultura das facções (uma identidade grupal restrita), têm uma ascensão social através de sistema de recompensa à lealdade e à capacidade, conseguindo também emoção e adrenalina para alegrar o dia-a-dia[12]. De forma nem sempre visível, esses fatores de atração alimentam o imaginário das conquistas possíveis do grupo social, seduzindo os adolescentes ainda não envolvidos diretamente com o tráfico que já vêem com simpatia o poder dos traficantes em detrimento do Estado, poder que desprezam. Eles, no entanto, não conseguem perceber a grande perda: a esperança de dirigir as suas vidas, que lhes foi retirada, inicialmente, determinada pela exclusão social e, posteriormente, pela dependência das drogas e ao poder do tráfico. Embora a maioria até perceba a insegurança e a brevidade da vida no tráfico, esses jovens não vêem outro caminho possível e mais estável, capaz de substituir os ganhos obtidos à margem da lei.

Assim, esses adolescentes se justificam, quando confrontados com os fracassos que enfrentam, apontando os amigos "caídos" como sendo culpa-

[12] Elias, N., *A sociedade dos indivíduos*. Jorge Zahar Editor, Rio de Janeiro, 1996.

dos por não se comportarem de maneira adequada, de acordo com as regras a eles impostas. E quando eles próprios "caem" costumam culpar os companheiros, que os delataram. A questão é pessoalizada, não havendo um entendimento mais amplo de uma determinação originária do espaço social[13]. Logicamente, existirão outros adolescentes menos comprometidos, casos mais positivos. Entretanto, se os serviços não tiverem recursos e métodos para tratar as diferentes situações, verão que os casos mais simples sofrem a influência dessa cultura do tráfico e, para preservar o seu próprio funcionamento, excluirão liminarmente as situações de maior gravidade na tentativa de evitar a presença da clientela envolvida com a criminalidade. Essa atitude fará com que, cada vez mais, os métodos de tratamentos repressivos, que excluem os pacientes mais graves, se tornem os dominantes e provoquem um desvio na formação dos profissionais. Estes últimos, por sua vez, ficarão incapazes de adquirir experiência e fundamentação teórica para as situações de maior gravidade, dominantes na população de adolescentes, principalmente os de baixa renda.

Desconhecemos estudos controlados no nosso meio que tenham abordado as percepções dos adolescentes presos. A limitada experiência clínica com esse tipo de paciente sugere o predomínio de uma visão distorcida sobre essa situação especifica que, em função da falta de fundamentos mais seguros, terá como resultado um prejuízo na percepção das origens da violência. Existem, sim, estudos controlados mostrando a alta prevalência de transtornos psiquiátricos entre os adolescentes submetidos às medidas sócio-educativas. Esses transtornos, quando não recebem tratamento, dificultam a abordagem clínica do abuso de drogas e, conseqüentemente, da violência, que pode se mostrar sob uma mesma forma, embora apresente duas origens distintas. Uma origem derivada de uma produção subjetiva, ligada às questões do código do tráfico em relação à maneira de exercer a justiça[14], e outra relacionada com os sintomas do transtorno psíquico. Esta última necessita de tratamento específico e imediato, na maioria das vezes medica-

---

13 Idem.

14 A justiça nesse caso será a justiça do soberano que, na sua intensidade, dependerá das características dos chefes na medida em que não é fundamentada em nenhuma lei escrita, sendo uma interpretação pessoal do chefe o tipo de punição a ser imposto.

mentoso, pela sua origem biopsíquica, já a primeira requer principalmente intervenções contínuas e sistematizadas, por sua origem basicamente social com repercussões psíquicas, produzindo um tipo característico de subjetividade a partir de seus padrões de comportamento e normas de funcionamento. De toda forma, essas origens se inter-influenciam no cotidiano, não devendo ser abordadas de forma isolada, pois mesmo no caso de haver necessidade de uma intervenção psiquiátrica específica esta ação não deve ser realizada sem considerar as necessidades de enfrentar as causas sociais.

Na prática clínica, entretanto, não podemos separar essas origens de forma tão precisa, pois um fator não exclui a presença do outro, havendo uma sobreposição de fatores que intensifica a gravidade da situação. Esse fato justifica o porquê da necessidade de se estruturar o tratamento atendendo à globalidade dos fatores envolvidos, pois será indispensável abordar cada uma das causas com os recursos apropriados. Sem esse cuidado, a probabilidade de sucesso é extremamente reduzida. No caso da prática judiciária, em razão da gravidade da situação (um grande número de adolescentes em conflito com a lei) e dos parcos recursos disponíveis, pode ocorrer um apagamento da origem individual, passando a violência a ser considerada apenas no seu sentido de transgressão das regras sociais, visando a ampliar o controle social. Essa abordagem justifica as medidas exclusivamente repressivas e, ao mesmo tempo, reduz, de maneira drástica, as possibilidades de recuperação devido a um tipo de intervenção parcial que exclui do tratamento um fator que é determinante no processo causal[15].

Dentro dessa mesma linha de raciocínio, que considera a necessidade de tratar os elementos envolvidos na constituição etiológica de um processo com múltiplas causas, deveremos encontrar um tipo de resposta terapêutica para os casos de uso de drogas associado a transtornos da conduta em presença ou não de hiper-atividade e de déficit da atenção. Existem fortes evidências em estudos longitudinais de que a concomitância desses dois aspectos (transtorno da conduta e hiper-atividade) apresenta riscos de evo-

---

[15] Tem sido bastante comum na população atendida a constatação de déficit intelectual em adolescentes que, no tráfico, realizam as ações mais ousadas, talvez pela maior incapacidade de avaliar as conseqüências.

luir para atitudes anti-sociais crônicas, já na juventude[16] e com conseqüente cristalização de um quadro de psicopatia na fase adulta. A importância de se pensar nessa perspectiva decorre, de um lado, da freqüente associação entre dependência química e transtorno da conduta (TC) e, de outro, do grande insucesso no tratamento dos anti-sociais. Em função dessas respostas insatisfatórias, tem-se tentado identificar certas condições, subjacentes ao conceito de psicopatia, utilizadas para distinguir subgrupos de crianças com transtornos da conduta que apresentam perfis diferentes. Cada subgrupo poderá receber uma intervenção diferenciada no plano terapêutico e, com isso, avaliar os resultados dela, ampliando o entendimento clínico da evolução desses subgrupos. Encontraremos, principalmente nos adolescentes de famílias desfavorecidas, uma forte presença de TC, sendo que os adolescentes tanto podem ter sido classificados em função do comportamento anti-social ou de traços de personalidade. Devemos lembrar que essa distinção é extremamente importante, pois, de acordo com a origem, haverá uma grande diferença no prognóstico e, conseqüentemente, nos cuidados terapêuticos a serem tomados. No caso de TC relacionados com traços de personalidade, teremos uma baixa resposta terapêutica, o que provocará marcantes repercussões no espaço clínico. Devido à fraca adesão ao tratamento, esses pacientes freqüentemente não se mantêm em regime ambulatorial, necessitando da organização de serviços mais específicos, com maior intensidade de atenção. Nesse caso, precisaremos de uma estratégia especial, não somente para tratar esses pacientes como também para impedir que a evolução clínica destes dificulte a manifestação das respostas favoráveis dos casos de melhor prognóstico, os transtornos de comportamento sem traços de personalidade psicopática, atrapalhando assim o treinamento da equipe. São situações clínicas distintas que devem receber tratamentos diferentes quando investigadas em um ambiente institucional.

Podemos tomar, como exemplo, a influência da presença de alguns itens da escala de psicopatia de Hare, PCL-R, como o distanciamento emocional (traço de personalidade), que, ao mesmo tempo, determina o desen-

---

[16] Pham, T. H., "Le traitement psychologique des psychopathes", in *Psychopathie: théorie et recherche*, Pham, T. H.; Côté, G., Septentrion Presse Universitaire, Paris, 2000, p. 195.

volvimento de atitudes violentas, expressão desse distanciamento no campo comportamental (conduta anti-social), e também a dificuldade da formação de vínculo terapêutico, portanto, de adesão ao tratamento. Essas situações são de mais difícil manejo clínico. Já em uma segunda situação, na qual predomine a presença de condutas anti-sociais, tendo, porém, como causa determinante a influência do meio em que vive o adolescente, podemos encontrar uma resposta terapêutica favorável, dependendo das condutas a serem adotadas nas intervenções técnicas. A aplicação destas últimas dependerá de uma prévia diferenciação clínica das duas situações, sem o que o acerto vai depender do acaso e, com isso, a intervenção perderá toda sua eficiência. Uma outra situação concerne às exteriorizações comportamentais que tenham, na verdade, como causa subjacente síndromes depressivas ou transtornos de déficit de atenção, as quais, obviamente, se beneficiarão de tratamento medicamentoso.

Não há, evidentemente, um paralelismo entre dependência química e transtornos anti-sociais[17], mas deve-se pensar em uma estratégia para enfrentar uma grande prevalência da presença dos dois quadros no mesmo paciente por suas implicações na evolução do plano terapêutico. Nesse sentido, essa é mais uma das razões subsidiárias para organização dos serviços com condições de resolver os casos mais graves, evitando, por um lado, a recusa sistemática de vários pacientes com quadros de prognóstico reservado, ou, ao contrário, receber esses casos e por falta de recursos permitir que os mesmos dificultem o desenvolvimento da proposta terapêutica do serviço. Voltaremos a discutir essas repercussões no capítulo seguinte.

Será tarefa dos serviços de atendimento encontrar respostas para as questões assinaladas acima, considerando o momento atual do nosso país, que, por um lado, vive um aumento dos problemas relacionados com a disseminação das drogas, o que levou alguns segmentos a organizar uma rede assistencial e, por outro, atravessa uma situação de insegurança em relação ao futuro do projeto nacional, deixando os técnicos das equipes desesperançados com a situação econômica e os baixos salários. É, portan-

[17] Embora alguns autores façam essa correlação, esse aspecto não é confirmado nos relatos clínico e de pesquisas, devendo ser melhor investigado.

to, uma situação que vai lhes exigir um grande empenho e desprendimento para compreender a extensão do problema e lutar, concomitantemente, em várias frentes. Um empreendimento, portanto, que requer uma alta dose de determinação idealística, de fé em promover mudanças e de dedicação à causa pública.

Ao longo dos seis anos, nós do CRIAA trabalhamos com a clientela descrita em condições de extrema dificuldade devido às freqüentes mudanças político-administrativas das quais dependemos. Apesar disso, conseguimos um resultado satisfatório e, o mais importante, continuamos, além do trabalho assistencial, encontrando soluções e produzindo artigos e textos sobre o tema "dependência química".

Em termos estatísticos, comparando a população que precisa de atendimento à que chegou ao nosso serviço, talvez a nossa intervenção não tenha causado um impacto populacional. Entretanto, os trabalhos publicados e em fase de publicação quantificam resultados auspiciosos das intervenções realizadas. Mas, acima de tudo, o trabalho realizado permite trazer elementos para subsidiar a decisão que a sociedade deverá tomar em relação a esse problema, o qual já não passa despercebido, pois, teimosamente, insiste em freqüentar as manchetes dos nossos jornais. A criança delinqüente e drogada passou a determinar novas condutas na população em geral como, por exemplo, o uso de aparelhos de ar condicionado nos carros, mesmo em dias frios, pois os vidros devem andar sempre lacrados. A sociedade teme as crianças que deveria proteger. Triste condição a nossa! Uma conferencista americana observou uma tribo indígena que, ao saudar os amigos, pergunta: como estão as crianças? O bem-estar das crianças é um sinal de que a vida transcorre em um sentido positivo. Nossa resposta seria constrangedora e revelaria o quanto as crianças brasileiras sofrem, chegando, até mesmo, a nos ameaçarem, quando deveriam receber nossa proteção.

O tratamento no CRIAA, com atenção total, conforme sugere a literatura, tem um custo adicional de R$ 200,00 por mês por cada criança, suprido pelo Estado, as demais despesas de custeio são garantidas pela UFF. Recebemos do BNDES um repasse de verbas para obras de reforma do prédio. É um investimento caro? O valor de qualquer investimento deve ser considerado não apenas em relação aos gastos, mas principalmente em relação aos lucros diretos que garantam a sustentabilidade do projeto, e aos ganhos indiretos, aos quais devem ser agregadas as despesas não realizadas e os ganhos sociais. Esse tipo de avaliação é um trabalho por fazer.

Recentemente foi publicada pelo Dr. Marcos Bessa[18] a resenha de uma pesquisa de custos que os Estados brasileiros despenderam com a internação de jovens infratores. Em média, eram gastos R$ 4.000,00/mês por adolescente, chegando algum estado ao valor de R$ 7.000,00. Se for considerada a proposta de recuperação da internação centrada apenas no cerceamento da liberdade em função dos atos transgressivos, deixando de realizar uma intervenção global, sem qualquer avaliação de efeitos, veremos que os resultados são pífios e levam a um impasse. De um lado, não temos relato de recuperação e, por outro, não existe um método de intervenção fundamentado em uma proposta capaz de integrar os diferentes elementos que devem receber uma atenção especial. A ausência de programas sistematizados é um poderoso entrave para o treinamento de equipes e a qualificação de pessoal. Sem capacitação de equipes estaremos entregues a improvisações constantes e, privados de uma base conceitual para as discussões, ficaremos desprovidos de instrumentos de transformação. Gastar quatro mil reais e não ter a perspectiva de um resultado diferente do conhecido pelas freqüentes rebeliões dos menores e do prosseguimento da trajetória desses adolescentes pelas prisões de adultos é um investimento sem retorno de qualquer espécie. Qual o motivo de tal opção por parte de governos que se queixam de carência de recursos? Que segmentos se beneficiam com a manutenção dessa escolha administrativa? Falta de alternativas? Seguramente, ainda não existem opções que se ofereçam com margem de segurança confiável, mas jamais chegaremos a criar alternativas de intervenções se não houver a sensatez de apoiar investimentos para a construção de métodos que precisam ser testados, avaliados, a fim de servirem de referência para a implantação de novos serviços ou a elaboração de outros mais aperfeiçoados.

A outra opção, devido aos custos elevados e à ausência de novas propostas teóricas, seria não tratar os adolescentes, abandonando-os de vez. Essa escolha oferece poucos caminhos: um deles é entregar esses adolescentes à própria sorte e deixá-los morrer ou ser presos, indiscriminadamente,

[18] Boletim da ABEAD de nº 47 de 28/01/03.

como sugerem alguns setores. Nesse caso, sabemos que os custos sociais são elevados, embora de difícil contabilização. Podemos prever ainda como conseqüência uma grande desorganização social. Representaria, de certa forma, abolir uma função que cabe ao Estado. Alguns defendem essa via e, em certa extensão, tememos que isso já ocorra de fato. Entretanto, lembramos que esse caminho levará a resultados imprevisíveis. É totalmente diferente constatar, nas sociedades modernas[19], um enfraquecimento do Estado em seu papel de operacionalizar suas estratégias e declarar a incapacidade de o mesmo realizar sua função, abandonando a população excluída ao Deus dará. Na prática, essa opção se torna impensável de ser instituída de forma consciente por uma sociedade.

Resta ainda o inverso, intensificar a presença das forças do Estado e, de forma mais racional, realizar ações capazes de reduzir o poder dos traficantes, não apenas no que diz respeito às ações imediatas, mas também nas representações desse poder, que se estruturam de forma mediata, como, por exemplo, a atração que ele exerce sobre as crianças e os adolescentes. Nessa linha, além da atividade repressiva focada na redução da criminalidade e da violência, outras medidas de ordem social devem ser executadas, pois a pura repressão não será suficiente para superar a criminalidade. E se apenas reprimirmos estaremos usando as mesmas armas dos criminosos, e não métodos diferenciados que sirvam de modelos alternativos de identificação. Nas propostas que conhecemos, muitos desses aspectos já aparecem, como a importância de se combater a corrupção, a necessidade de uma intervenção global e contínua do Estado, levando, além de policiamento, outros ganhos sociais para a comunidade, os quais deverão substituir as ações pontuais e intermitentes da polícia, que comete abusos e injustiças contra a população como um todo[20]. Essa concepção se fundamenta no reconhecimento de que existe um domínio dos traficantes, aos quais fica submetida toda a comunidade, e de que esta última não tem uma aliança absoluta com eles e, por isso, poderia escapar de seu poder caso tivesse

19 Que se fundamentam na auto-determinação dos cidadãos, busca de liberdade individual e afirmação do sujeito.

20 Grupo de Policiamento em Áreas Especiais.

outra escolha. Todavia, enquanto ela estiver no território defendido pelos traficantes, será beneficiada pela defesa do próprio território, e não em função de um apoio dirigido a esta ou aquela pessoa. Entre as determinações do tráfico e os vínculos com amigos e conhecidos, para preservar a própria vida, acaba seguindo as primeiras.

Um aspecto normalmente desconsiderado nesse processo de enfrentamento do Estado com o poder simultâneo do tráfico são os programas de recuperação e prevenção do uso de drogas e da violência, os quais não têm sido atendidos com a mesma urgência e prioridade dispensadas aos aspectos repressivos. Assim, esses programas ficam dependentes de critérios díspares e contraditórios impostos pelas coordenações dos programas estaduais que repassam verbas, isolados, portanto, de uma política de ação conjunta, funcionando cada um deles de acordo com o tipo de apoio que consegue para sobreviver. Uma possível razão para isso é o crescimento ameaçador da criminalidade, fugindo aos controles suportáveis pela sociedade. Esta clama por medidas mais urgentes e de maior impacto, capazes de deter esse avanço sem precedentes, levando os governantes a optarem por ações mais espetaculares e imediatistas e a rejeitarem os serviços que só apresentarão resultados a longo prazo.

Necessitaríamos, então, de uma resposta estratégica, que priorizaria criar condições de segurança para, a partir delas, implantar outras medidas de caráter social cujo efeito viria de forma mais lenta. Essas ações já existem, com relativo êxito, no trabalho desenvolvido por muitas ONGS que recebem suporte de órgãos do Estado. Entretanto, a vertente relacionada aos programas de prevenção e recuperação de jovens dependentes não vem sendo abordada por uma ótica global, incluindo a importância das implicações médicas. As razões para isso podem estar relacionadas às rupturas entre domínios conceituais, as quais freqüentemente dificultam encontrar o equilíbrio necessário para o desenvolvimento de programas que agreguem os diferentes domínios teóricos e práticos, exigindo que os programas, por um lado, ofereçam intervenções imediatas e urgentes e, por outro, não deixem de responder às questões conexas, porém sem o caráter de urgência, podendo organizar intervenções contínuas e esperar resultados a longo prazo. O fato de existirem vertentes expressamente sociais no desenvolvimento da violência e da dependência química, incorporadas ao campo clínico como fatores de risco, não significa que não possa existir um teor de especificidade do problema dependência química que surja nessas condições e mereça um tipo de intervenção específica. No caso, a questão mais difícil a ser enfrentada refere-se basicamente à operacionalização dessa intervenção: será mais criterioso tratar as duas questões de forma isolada, realizando os programas sociais e médicos separadamente, como são realizados em muitos países desenvolvidos, ou dever-se-ia organizar um tipo de intervenção que enfrentasse esses dois aspectos conjuntamente, contando com recursos específicos para a área da dependência química e outros voltados para os estímulos ao desenvolvimento psíquico com base em ações sociais, apenas diferenciando a ênfase em cada área de acordo com as características clínicas individuais?

No caso de escolhermos trabalhos integrados, teríamos ainda uma opção: desenvolver o trabalho em um mesmo espaço físico, onde se tornaria mais eficiente o treinamento de equipes, ou organizar programas que integrassem as diferentes funções em espaços físicos distintos. Nessa última situação, o trabalho poderia alcançar um impacto maior sobre a população caso atingisse um nível mínimo de eficiência. Teríamos, assim, num território, o funcionamento de um código específico que seria transmitido aos adolescentes e aos seus familiares.

Vimos que tratar não é caro em função do retorno possível que pode ser obtido. Parece ser dispendioso, no início, em função da total falta de investimento organizado a partir de critérios claros, por parte do Estado, nessa área que focamos: a prática clínica com jovens infratores. Por outro lado, o esforço despendido pode ser pensado de forma mais romântica, considerando o ganho do potencial contido em cada ser humano. A partir da contribuição que cada um pode dar para a orquestra social, como dizia Camus, todos apreciarão a produção individual de possíveis mozarts, contidos em seres humanos que, muitas vezes, nos demos ao luxo de jogar fora, como diria Saint Exupéry.

O tratamento que realizamos no CRIAA tem se mostrado eficaz em reduzir a gravidade do quadro clínico em pacientes que participam por, pelo menos, seis meses do plano terapêutico. Porém conseguir que um número maior de adolescentes continue se tratando depende, nos primeiros meses, das técnicas de motivação e, posteriormente, das condições de eficiência do tratamento como um todo. Para isso, é necessária a manutenção de uma estrutura direcionada ao desenvolvimento global. Uma abordagem dirigida de apenas um mês já tem impacto na redução do risco, embora seu caráter seja incipiente. Para os aspectos positivos serem preservados, no entanto, é necessária a continuação de algum tipo de atenção. Mas esses números ainda falam pouco do método que desenvolvemos e talvez possam ser ilustrados de forma mais precisa com o relato de como tratamos e dos fundamentos que utilizamos para construir a nossa prática clínica[21] .

O valor de estudos qualitativos decorre, no momento atual, da importância de poder multiplicar as intervenções pontuais, tornando conhecidos, pela publicação, os diferentes procedimentos como um subsídio para avaliar as intervenções existentes. Esse cuidado poderia, no plano discursivo, permitir a avaliação de alguns elementos possíveis de serem incorporados aos programas e, mesmo que sem impacto estatístico, discutidos de forma mais ampla. Essa reflexão sobre os programas e métodos em curso será um elemento de destaque na organização do atendimento nos futuros CAPSad e, quem sabe, após viabilizar a implantação de programas pontuais, como o nosso, esses casos individuais descritos poderão passar ao registro quantitativo, sendo apresentados em uma amostragem significativa.

O esforço de oferecer nosso trabalho ao debate é representativo de uma esperança social, da qual participamos no momento em que o país aposta na mudança, e do desejo de refletir sobre a possível recuperação de pacientes considerados de difícil tratamento, mostrando um caminho terapêutico viável e positivo. Se consolidada, essa via pode trazer otimismo aos profissionais que, com idealismo, se dedicam a essa tarefa. Lutar contra o crescimento dos prejuízos provocados pelas drogas não deve ser equiparado a uma cruzada contra o mal, na qual se exclui tudo aquilo que é contrário à posição adotada. Ao contrário, devemos incorporar as divergências existentes entre os diferentes modelos e tentar responder às exigências terapêuticas necessárias aos pacientes, reservando as técnicas reconhecidas e enfrentando com maior isenção as dificuldades desse campo de estudo.

---

21 Pélicier, Y. et Thuillier, G., "La drogue", Chap. III – Les príncipes d'actions, pp. 76-81, PUF, Paris, 1997.

Tomamos como ponto de convergência as reflexões de Edwards[22]: "no difícil campo em que trabalhamos, o caminho para um futuro melhor está em um relacionamento sólido e continuado entre os mundos clínico e da pesquisa, na admissão da dúvida e no comprometimento de ouvir aquilo que nossos pacientes têm a dizer".

Referências utilizadas:

Addiction, volume 94, Number 1, January 1999.

Andrade, R. C.; Silva, V. A. & Assumpção J. R. Prevalence of Psychiatry Disorders in Sample of Juvenile Delinquents: a Study, in *Brazil, Brazilian Journal of Medical and Biological Research in press.*

Assis, S.G. *Traçando caminhos numa sociedade violenta: a vida de jovens infratores e de seus irmãos não infratores.* Rio de Janeiro: FIOCRUZ-CLAVES/UNESCO, 1999.

Christo, G., Da-Silva, V. A. A Portuguese version of the Christo Inventory for Substance – misuse services (CISS): a simple outcome evaluation tool. *Brazilian Journal of Medical and Biological Research*, 35, 2002.

Catalano R. F.; Hawkins J. D.; Wells, E. A.; Miller, J.; Brewer, D. Evaluation of the effectiveness of adolescent drug abuse treatment, assessment of risks for relapse, and promissing appraches for relapse prevention. *International Journal of Addictions*, 1991; 25 (9/10): 1085-140.

Dependência Química: dos conceitos à prática, Unidade de Pesquisa em Álcool e Drogas, UNIFESP, Compact Disc, Laboratório de Ensino à Distância, Departamento de Informática em Saúde, UNIFESP/EPM.

Edwards, G. *O tratamento do alcoolismo*. Editora Artes Médicas, 1996.

Fulkersen, J. A.; Harrison, P. A.; Beebe, T. J. DSM-IV substance abuse and dependence: are there really two dimensions of substance use disorders in adolescents? *Addiction* 1999; 94: 495-506.

[22] Edwards, G., "Comportamento aditivo: o próximo desafio clínico", p. 99, in *Psicoterapia e tratamento de adições*, Edwards, G. & Dare, C., Artes Médicas, Porto Alegre, 1997.

Hardman, J. G. & Limbird, L.E. Goodman & Gilman's. *The Pharmacological Basis of Therapeutics*, McGraw Hill, New York, 1996.

Hesselbrock, M. N.; Hesselbrock, V.M.; Epstein, E.E. Theories of Etiology of Alcohol and other Drug Use Disorders. In: McCrady, B.S.; Epstein, E,E,, editors. Addictions. New York: Oxford University Press; 1999. pp. 50- 72.

Laranjeira, R.; Pinsky, I. *O alcoolismo. mitos e verdades*. Editora Contexto, São Paulo, 1997.

Lira, F. G. Principles of Drug Addiction Treatment: A research –based guide, National Institute on Drug Abuse, National Institute of Health. Conferência Nacional de Tratamento de Dependência em Drogas: da Pesquisa à Prática, 1999.

Manual Diagnóstico e Estatístico de Transtornos mentais, Quarta Edição, DSM-IV, Artes Médicas, 1994.

Marlattt & Gordon. *Prevenção da recaída*, Artes Médicas,1993.

McLellan, A.T. Have we evaluated addiction treatment correctly? Implications from a chronic care perspective. *Addiction* 2002, 97: 249-52.

McCrady, B.S. & Epstein, E.E: *Addictions*, Oxford University Press, 1999.

Sanjuan P.M.; Langenbucher, J.W. Age-Limited Populations: Youth, Adolescents, and Older Adults. In: McCrady, B. S.; Epstein, E.E. editors. *Addictions*. New York: Oxford University Press; 1999, pp. 477-498.

Swadi, H. Substance Misuse in Adolescents. *Advances in Psychiatric Treatment* 2000; 6: 201-10.

Samet, J. H.; O'Connor P.G.; Stein, M. D. Abuso de álcool e de outras drogas, *Clínicas Médicas da América do Norte*, volume 4, 1997.

Silva,V. A.; Aguiar, A. S.; Felix, F.; Rebello, G. P., Andrade, R.C. & Mattos, H. F. Brazilian Study on substance misuse in adolescents: associated factors and adherence to treatment. *Revista Brasileira de Psiquiatria*, pp. 133-38, vol. 25, número 3, setembro, 2003.

Silva, V. A.; Mattos, H. F.; Aguiar, A. S.; Carvalho, A. B.; Brunn, L. R. V. Uso de Substâncias por adolescentes: características que podem interferir com o sucesso do tratamento avaliadas pelo MMPI. Infanto, no prelo.

II
Prática clínica e fundamentos conceituais

Hélcio Fernandes Mattos

Introdução

A perspectiva da recuperação em dependência química implica a modificação de um padrão de consumo. No caso do álcool, uma droga lícita, há muito tempo, elaboram-se discussões em torno da possibilidade de se alcançar uma cura, mantendo-se um uso moderado ou se, ao contrário, é absolutamente necessário o estado de abstinência como condição para a reabilitação.

No que concerne aos estudos de acompanhamento prospectivos, como o trabalho de Vaillant[1], chegou-se a uma compreensão, atualmente, consensual, ou seja, um segmento representativo dos clínicos conta com uma referência de pesquisa para orientar as condutas que servem de base ao tratamento. Embora essa orientação no campo teórico seja considerada um aspecto de consenso, na prática a discussão ainda se mostra atual, pois a questão não está resolvida para todos os profissionais envolvidos no tratamento das dependências químicas. Ao contrário, existem, entre eles, formações heterogêneas e compreensões bastante diversificadas desse assunto. E cada maneira de compreendê-lo determina uma forma de intervenção que influencia o alcance dos resultados dos trabalhos de recuperação.

---

1 Vaillant, G. E., *A história natural do alcoolismo revisitada*, Ed. Artmed, Porto Alegre, 1999.

O nosso intuito, aqui, é discutir as origens de algumas práticas padrão nas suas relações com a exigência ou não da abstinência como o único equivalente[2] da recuperação e correlacioná-las com as implicações no alcance e nos limites do sucesso do tratamento.

Como as conclusões de Vaillant são bastante precisas e abrangentes, vamos tomá-las como ponto de partida para nossas discussões. Ele se propõe a responder sete perguntas em relação ao alcoolismo, realizando o acompanhamento longitudinal de um segmento da população de uma cidade durante quarenta anos. Na medida em que entende o alcoolismo como uma enfermidade crônica que, muitas vezes, perdura por uma vida inteira, Vaillant defende a importância dos estudos longitudinais de longa duração, cujo alcance seria mais específico do que o dos estudos de cortes transversais, por demais incompletos. Quinze anos depois de publicado o resultado do estudo com 660 homens, de 1940 a 1980, "os dados sobre as vidas destes homens são suplementados por dados de um terceiro grupo de sujeitos bem diferente, a amostra clínica: 100 homens e mulheres dependentes do álcool acompanhados pelo período de oito anos após terem sido admitidos em uma clínica para desintoxicação[3]".

Das sete perguntas formuladas por Vaillant a que nos interessa no momento é: a abstinência é um objetivo necessário ao tratamento, ou a insistência nela pode, algumas vezes, ser contraproducente[4]?

Para Vaillant[5], chegou-se a respostas, agora consensuais, a partir de constatações baseadas em três elementos, que substituem os controvertidos debates.

---

2 Gossop, M., "Tratamentos cognitivos e comportamentais para o uso inadequado de substâncias", in Edwards, G. & Dare, C., *Psicoterapia e tratamento de adições*, Artes Médicas, p. 147. Alguns exemplos de objetivo do tratamento: redução de problemas psicológicos, sociais ou outros problemas não diretamente relacionados ao problema droga; redução de problemas psicológicos, sociais ou outros problemas que estão diretamente relacionados ao problema droga; redução do comportamento de risco associado ao uso de drogas; obtenção de um uso de drogas controlado ou não dependente; obtenção da abstinência da droga problema; obtenção da abstinência de todas as drogas.

3 Vaillant, (1999), ibidem, idem, p. 14.

4 Os trabalhos com adolescentes têm características que, na maioria das vezes, contraindicam posições extremamente rígidas.

5 Vaillant, (1999), ibidem, idem.

Em primeiro lugar, o treinamento para os indivíduos dependentes alcançarem um retorno estável ao beber controlado revelou-se uma ilusão. Nos acompanhamentos, não se descobriram efeitos observáveis decorrentes do treinamento comportamental, permitindo que os indivíduos voltassem a beber de forma controlada.

Em segundo lugar, em tese ninguém mais contesta que indivíduos severamente dependentes do álcool podem, ocasionalmente, retornar à bebida. Sabe-se, porém, que essa possibilidade é uma ocorrência incomum. Por isso, a maioria dos pesquisadores, hoje em dia, reconhece o fato de o beber controlado ir-se tornando menos provável à medida que aumenta a severidade da doença[6].

Em terceiro lugar, para os que abusam do álcool há pouco tempo, o retorno ao beber controlado é possível, sendo um objetivo mais aceitável do que a abstinência desnecessária. Quanto mais curto o período de abuso, menor o número de problemas relacionados ao álcool, menos dependente será o indivíduo, a sua estabilidade social não será atingida e, conseqüentemente, melhores resultados dos tratamentos. Desse modo, investigadores demonstram que resultados impressionantes podem ser obtidos, nesses casos, até mesmo pelas intervenções mais breves, as quais defendem o beber moderado.

As conclusões dessa pesquisa se aproximam das postulações teóricas de Edwards[7] para a Síndrome de Dependência Alcoólica (SDA) e se confirmam no acompanhamento clínico. Os casos em que há um grau menos intenso da dependência química acompanhado de uma quantidade menor de problemas decorrentes do uso de álcool apresentam um prognóstico melhor. Por outro lado, aqueles nos quais a dependência já se tornou muito grave, com um período longo de evolução e muitos problemas, principalmente de ordem física, revelam um prognóstico mais reservado, apresentando uma probabilidade menor de o paciente poder voltar a fazer uso de álcool, embora isso não seja impossível. O risco de agravamento da doença é muito grande e as chances de êxito do tratamento tornam-se bastante

---

6 A instabilidade da dependência de drogas a longo prazo resulta do fato de que a dependência severa normalmente leva à abstinência ou à morte. *Psicoterapia e tratamento das adições*, Vaillant, (1999), p. 14. O comprometimento físico pode ser tão grave que continuar a usar droga é caminhar para a morte de forma inexorável.

7 Griffith, E. & Dare, C., Artes Médicas, Porto Alegre, 1997, p. 14.

reduzidas para se concordar com o retorno à bebida. Nesses casos, o beber moderado é até mesmo possível, mas não recomendável.

E, finalmente, apenas o treinamento comportamental não se mostrou suficiente para permitir um beber controlado. O uso de bebidas aumenta as probabilidades da reinstalação da SDA. Estamos utilizando informações originárias de estudos com uma população. Por isso, falamos em probabilidade. A grande dificuldade na clínica, porém, é decidir, com segurança, diante de um indivíduo, qual será a evolução do seu caso específico.

Alguns pacientes mostram uma grande oposição em aceitar a abstinência, não aderindo ao tratamento. Outros já são capazes de aceitá-la no decorrer dele, mas não como exigência para o seu começo. Nesse sentido, devemos considerar a decisão de incluir, no plano terapêutico, a recusa do paciente em aceitar ficar ser beber. Freqüentemente, no início do tratamento, este tipo de expectativa está presente na maioria dos dependentes químicos: poder se livrar dos problemas decorrentes do uso da droga e continuar desfrutando do prazer que ela lhe proporciona. Parece ser mais seguro e, até mesmo, mais coerente ter a abstinência como meta definitiva, mas devemos dispor de recursos para criar a motivação necessária nos pacientes que ainda não aceitam interromper o uso para iniciar o tratamento. Pois, ao pensarmos no modelo de tratamento, devemos nos preocupar com a maior quantidade de pacientes a serem beneficiados pela abrangência do mesmo. Por isso, no caso das drogas, é importante procurar explicações para a função da abstinência e conhecer as condições nas quais, mesmo sem a exigência absoluta dela, o tratamento pode ter sucesso. Existem alguns trabalhos que justificam a importância de se preservar a abstinência e tentam explicar o sucesso desses métodos.Vamos começar a discuti-los para nos ajudar a pensar as situações em que pode haver recuperação com a imposição da abstinência e as possíveis conseqüências dessa condição.

Por que se acredita que apenas a prescrição da abstinência permite a recuperação?

Na medida em que a recuperação clínica não ocorre de forma espontânea[8] e não depende apenas da vontade do paciente, sendo preciso muito

---

[8] As amostras clínicas são extremamente tendenciosas. 1- é mais provável que incluam aditos com outros transtornos; 2- tendem a re-incluir o adito que reincide cronicamente; os aditos que conseguiram abstinência não vão mais às clínicas. As amostras

esforço e o transcorrer de algum tempo para ele chegar a manifestar essa decisão e conseguir mantê-la, tornou-se fundamental a compreensão dos fatores necessários para se alcançar a abstinência a fim de evitar novas recaídas. Para Vaillant, Orford e Edwards, as pesquisas do tratamento deverão considerar as forças naturais de recuperação[9].

No trabalho clínico, podemos observar que, quando se obtém a adesão do paciente ao tratamento, torna-se importante, em função da ambivalência dele, decorrente do *craving* – fissura para voltar a usar –, estabelecer um esquema de monitoramento e supervisão do uso e da vontade de usar para evitar o retorno às bebidas, principalmente nas situações de maior risco. Esse tipo de procedimento, ao dificultar o acesso à bebida, com a aquiescência do próprio paciente, permite que o afastamento do álcool se prolongue e se organizem novas condições de preservação do estado de abstinência.

Da mesma forma, é da maior importância que o prazer, antes encontrado apenas com as bebidas, seja substituído por novos prazeres capazes de aumentar a auto-estima do cliente. Assim, também o estabelecimento de novos compromissos morais e de vínculos de pertencimento a ideais de grupos funciona como guia de orientação exterior ao sujeito, interferindo no estilo de funcionamento, que antes tinha como único centro o seu prazer isolado.

Um outro elemento que contribui para o abandono do uso de álcool se origina no campo afetivo. É o surgimento de uma nova relação amorosa, revigorando, de forma contínua, a esperança e a valorização de seus aspectos pessoais. Essa experiência funciona como um eixo de referência para garantir as mudanças necessárias ao afastamento do uso de álcool.

Tais fatores contribuem para o dependente alcançar uma vida sem álcool[10]. Porém essa situação torna-se bastante instável, se não houver al-

---

clínicas tendem a focalizar a atenção nos fracassos de tratamento e nos mentalmente enfermos, e não nos processos naturais de cura encontrados na média, em termos psiquiátricos.Vaillant, ibidem, idem, p. 11.

9 Vaillant, G., *A história natural do alcoolismo revisitada*, p. 19; Edwards, G.. *Psicoterapia e tratamento de adições*, ArtMed, p. 201.

10 Vaillant, G., As adições ao longo da vida: implicações terapêuticas, in *Psicoterapia e tratamento das adições*, Edwards e Dare, pp. 13-15.
São observados três fatores: ter vivido um abuso de drogas muito leve; desenvolver uma dependência muito grave; algumas experiências de vida (encontrar comporta-

terações no estado psicológico e clínico, principalmente se houver a aceitação do uso moderado de bebida, que sempre representa uma ameaça à reinstalação da dependência química. Dessa forma, uma postura pragmática indica a preservação do estado de abstinência como o meio mais seguro, pois, além de evitar o risco determinado pela ingestão alcoólica, ela renova, a cada momento de exposição ao uso de bebidas alcoólicas, o compromisso com a decisão de abandonar o vício. Assim, a abstinência é a certeza de que o estado de recuperação não está nem mesmo sendo ameaçado, pois, sem o uso de bebidas alcoólicas, não existe progressão da dependência química.

Logo, quando Vaillant justifica o sucesso dos AA, lembra a condição do método, que considera o alcoolista, mesmo em abstinência por anos, um dependente em recuperação. Por isso, conclui que os AA, "ao contrário da desintoxicação e do tratamento clínico, podem durar para sempre[11, 12]". Na prática a preservação do vínculo, que pode durar para sempre, é a confirmação do compromisso, mantido através da continuidade da vinda às reuniões, a qual permite a constante vigilância em relação aos riscos de vir a usar a droga e, mais do que isso, visa a mudanças de hábitos de uma forma geral, até mesmo com os próprios sentimentos e a forma de se relacionar com os demais. O fato de continuar presente às reuniões expressa a internalização dos valores do grupo, que substituem os interesses pessoais e são continuamente manifestados na construção de novos hábitos capazes de ocupar o lugar dos existentes na época das bebedeiras. Trata-se de uma luta contínua da instituição para oferecer ao alcoolista, em todos os momentos,

---

mento reforçador que venha a competir com o uso da droga, supervisão compulsória ou experimentar um programa de modificação comportamental, pertencer a grupo de apoio; formação de novo relacionamento estável com uma pessoa fora da família).

11 A fundamentação conceitual do alcoolismo como uma doença incurável justifica a noção do dependente em recuperação, que, portanto, pode ter uma recaída a qualquer momento. Nesse sentido, uma formulação teórica determina uma prática de conduta, indicando a necessidade de um acompanhamento constante. Se a doença não tem cura o tratamento deve ser contínuo. Não se lança mão do raciocínio de enfermidade crônica que justifica em algumas circunstâncias a continuidade do tratamento, porém de forma diferenciada do realizado nas fases agudas ou nas fases iniciais.

12 Alcoholics Anonymous World Services. Os 12 passos, p. 14. São Paulo, 1993. (1ª edição 1953).

os recursos com os quais ele enfrentará as diferentes situações de ameaça que lhe possam surgir. Uma representação dessa particularidade do método, por exemplo, é a figura do padrinho, um dependente em recuperação disposto a apoiá-lo no que fôr necessário. O padrinho, alguém que continua no processo de recuperação e, por já ter vivido uma experiência análoga ao do alcoolista que chega, pode ficar ao seu lado sem ressentimentos ou ambivalências anteriores. Esse lugar seria difícil de ser ocupado pelos seus próximos, que sofreram muito com as bebedeiras e carregam muitas dúvidas e ressentimentos causados pelos momentos de embriaguez.

Há um processo de identificação entre os dois membros e um apoio mútuo pelos papéis que ocupam. Cada um permite ao outro viver o novo papel, de que precisa para se manter no processo de recuperação, mirando-se na vivência transmitida pelo companheiro. O padrinho, aquele que já conseguiu o estado de abstinência, serve, para o novo membro, como um ideal identificatório a ser alcançado, pois já esteve na mesma situação em que esse último se encontra no momento. Ele, como membro recuperado, é uma prova concreta de que é possível deixar de beber. De certa forma, podemos dizer que o padrinho é o que o novo membro poderá ser no futuro, da mesma maneira que este representa para o padrinho o que ele foi no passado. Cria-se entre ambos um jogo de identificações que sustenta a relação, construída pelos ideais grupais e, desse modo, dirigida por regras pré-determinadas, exteriores aos dois indivíduos. É a presença simbólica de um terceiro elemento (os ideais do grupo) que inclui a alteridade, a existência do outro, na mediação da busca do prazer. Esse procedimento se realiza continuamente, ao vivo, entre os membros que pertencem ao grupo e interagem, mudando um destino inexorável de destruição produzido pela dependência. Além disso, o conjunto das ações oferece uma diversidade de modelagens de papéis, nos quais o novo membro pode se ver em diferentes situações e com as quais pode se identificar: um que iniciou a queda social, outro que conseguiu superar as dificuldades. O discurso relatando as grandes vitórias, parar de beber, mas também as pequenas, conseguir caminhar passo a passo sem a certeza se poderá ter êxito ou não, é estimulado pelos que já conseguiram.

Essa presença de um valor exterior ao indivíduo constrói-se de forma sistemática em diferentes momentos nos doze passos – "Passamos a acreditar que um Poder Superior a nós mesmos poderia devolver-nos a sanidade" –, ou nas evocações de se manter trabalhando para outros, não para si mesmo. "Tenho experimentado o despertar espiritual, procuramos transmitir a mensagem dos doze passos aos alcoólicos e praticar esse princípio em todas as nossas atividades". A religiosidade integra, nos seus rituais, a presença de alguém mais poderoso, que pode oferecer ajuda se tiver os seus preceitos respeitados.

De fato, as transformações conseguidas com o pertencimento aos AAs e a aceitação das suas propostas deixam evidentes os bons resultados alcançados por esse método, que apresenta a particularidade de conseguir esse efeito com pacientes mais seriamente comprometidos.

Os estudos longitudinais de Vaillant demonstram que "a única variável consistente que distingue os alcoólicos dos AA dos que não pertencem aos AA é que os membros dos AA tendem a ter maior gravidade de sintomatologia alcoólica". Uma outra evidência, nesse sentido, foi relatada num estudo de 30 anos com 100 pacientes tratados "que, com base em suas características na admissão, teriam recebido um prognóstico de não-recuperação"[13]. Esses achados aparecem em estudos estatísticos de acompanhamento da carreira de alcoólicos, justificando, pela presença de sintomas mais graves, a abstinência como requisito para entrar e permanecer no grupo.

Existe uma importante variação da conduta a ser seguida se a tônica for colocada na exigência da abstinência para entrar ou como condição para permanecer no grupo. Vaillant, na tentativa de diferenciar a prática dos AA de um culto, delimita bem como, mais do que intolerância, a imposição de condições para iniciar a participação regular no grupo representa o reconhecimento dos seus limites de ação. Os AA não fazem um trabalho de proselitismo e de convencimento para conquistar novos participantes, mas esperam dos seus membros um trabalho de militância para a recuperação de alcoólicos (o décimo segundo passo), usando um método que define antecipadamente o que se pode fazer e aguarda os interessados aceitarem esses limites. Nas palavras de Vaillant: "É pegar ou largar". O método não

[13] Vaillant, G. E., "Alcoólicos anônimos: culto ou pílula mágica?", conferência na ABED, 8/12/1999, Brasil.

pode ser alterado no que concerne à abstinência, pois o papel dela é, ao mesmo tempo, o de produzir uma série de atitudes e de confirmar objetivamente a aceitação das condições do grupo.

Não restam dúvidas de que os procedimentos utilizados são bastante eficazes para manter o estado de abstinência, apresentando sucesso mesmo nos casos considerados de difícil recuperação.

Entretanto, gostaríamos de pensar as repercussões da situação em que a abstinência venha a ser considerada como condição para o início do tratamento e avaliar se as conseqüências dessa conduta influenciam a evolução clínica.

No caso de clínicas de internação que seguem o método dos doze passos, essa exigência está presente, aparecendo como requisito para a aceitação do paciente que o mesmo esteja sem usar álcool pelo período mínimo de 48 horas. Ficar sem beber por esforço próprio é demonstrar a motivação indispensável para começar o tratamento. Outros fatores de ordem prática estão envolvidos nesse critério utilizado pelas clínicas, como o fato de existir, nos serviços públicos, uma procura maior do que o número de vagas disponíveis para a internação. Nesse caso, aquele que consegue interromper o uso 48 horas antes de se apresentar para internação demonstra, por um lado, melhor condição de suportar a falta de álcool durante esse período, o que pode significar, no mínimo, um melhor prognóstico para suportar a SAA, sem o apoio de medicamentos, freqüentemente dispensados nesses serviços. Por outro lado, se o candidato não consegue interromper o uso conforme a exigência da clínica, apresenta maior risco de beber no interior da mesma e, desse modo, desorganizar totalmente o funcionamento da internação, sendo, portanto, passível de desligamento. Logo, se ele não consegue ficar abstinente por 48 horas, é mais produtivo recusá-lo como paciente, evitando problemas decorrentes dessa impossibilidade.

Por outro lado, as justificativas para essa exigência não são apenas de ordem prática, decorrem antes do próprio método e aparecem expressas no primeiro passo pelo reconhecimento da impotência diante do álcool. Dependendo da ênfase na aceitação desse passo, pode haver uma variante nas condições de início do processo de recuperação. Essa impotência é o reconhecimento de que não há outra possibilidade de cura que não a abstinência. Existe, porém, uma diferença entre entendê-la como uma meta indispensável a ser alcançada ou simplesmente considerá-la uma exigência para iniciar o tratamento. Neste último caso, ocorrerá, no início, uma seleção prévia em função da resposta que o alcoolista for capaz de oferecer às situações experimentadas. Assim, conseguir suspender o uso representa ter atingido um nível de motivação suficiente para aceitar que não se conhece nenhuma outra alternativa. Nesse sentido, a aceitação da "derrota completa", a necessidade de "chegar ao fundo do poço", aparece como uma fase indispensável à abstinência. Esse raciocínio pode ser observado nos desdobramentos da explicação do primeiro passo. "Por que insistir tanto em que todo AA precisa, antes de mais nada, chegar ao fundo do poço? A resposta é que poucas pessoas praticarão sinceramente o programa de AA a não ser que tenham atingido o fundo, pois praticar os restantes onze passos de AA requer a adoção de atitudes e ações que quase nenhum alcoólico que ainda esteja bebendo sonharia adotar"[14].

Na verdade, o tratamento só começa quando o alcoolista reconhece a sua condição de impotência diante do álcool. A diferença se constrói na amplitude do sentido que é atribuído a esse entendimento. A abstinência é uma meta a ser alcançada ou uma condição para iniciar o tratamento? A transformação da abstinência em pré-requisito para a aceitação do alcoolista no grupo vai prolongar o início da recuperação para aqueles que ainda não se encontram suficientemente motivados, expondo-os ao agravamento dos problemas decorrentes da progressão da dependência. Entretanto esse agravamento, a ida ao fundo do poço, é considerado positivo, pois torna-se fundamental para o indivíduo suportar as demais exigências do método.

Por outro lado, essa exigência representa um limite ao alcance do método, sem que a idéia de limite signifique um demérito ao esplêndido trabalho que o grupo desenvolve, ao contrário, os resultados obtidos o fazem merecedor de todo o nosso respeito e admiração. Certamente aprenderíamos muito se pudéssemos entender as razões que garantem o êxito alcançado, como tem sido proposto por Edwards[15]. Ele descreve uma natureza

---

[14] Idem, ibidem, p. 14.

[15] Edwards, G., "Os Alcoólicos Anônimos como um espelho colocado diante da Natureza", in *Psicoterapia e tratamento das adições.* Ed. Artes Médicas, Porto Alegre, 1997, p. 214.

do processo de recuperação através da experiência dos AAs, com o cuidado de manter um respeito pelo importante trabalho, mas evita sacralizá-lo, visando, com isso, a encontrar elementos que possam contribuir para a elaboração de propostas de tratamento. São várias as fontes que valorizam os trabalhos de grupos de mútua ajuda.

Vaillant e outros autores assinalam um outro ponto de relevância no funcionamento e no sucesso dos grupos de mútua ajuda: a experiência como ex-alcoólicos. Fainzang cita um conselho de um ex-alcoolista, que diz: "se vejo pegadas em terreno minado, o mais seguro é seguir o mesmo caminho e pisar nas pegadas"[16], para ressaltar a importância de seguir os passos de quem havia conseguido parar de beber. O elemento de convencimento no processo de recuperação do alcoolismo é a própria vivência.

Alguns aspectos se associam na construção intelectual do conceito de alcoolismo, no processo de recuperação e no papel da experiência. Existe, nos grupos de mútua ajuda, AA e Vida Livre, uma representação do alcoolismo como doença, a qual não corresponde necessariamente aos conhecimentos que se têm atualmente. O alcoolismo, nos AA, é tomado como uma doença incurável, sendo entendido, metaforicamente, como uma alergia ao álcool, para a qual a abstinência torna-se a única possibilidade de recuperação, independentemente do grau de severidade da dependência e da quantidade de problemas provocados pela droga. A essa concepção soma-se a experiência vivida por cada membro que seguiu o processo e se recuperou. Desse modo, o participante passa a ter grande confiança no método que segue, tomando a sua experiência como a mais forte referência. Nesse sentido, a experiência pessoal constitui-se em um suporte fundamental para que o membro antigo do AA confie e realize o preconizado pelo método, pois ele está abstinente. Existe uma representação que explica todo o processo. E o membro recuperado, que seguiu os passos preconizados, confirma, com a sua experiência, a validade do método. É "uma vivência bem-sucedida". "Os vencedores – os que estão sóbrios há mais tempo – são mais valorizados do que os professores de Havard, como eu, com teorias de como

[16] Fainzang, S., *Ethnologie des anciens alcooliques. La liberté ou la mort.* PUF, Paris, 1996.

permanecer sóbrio[17]". O valor da experiência ocupa o mesmo lugar de importância tanto para os AAs como para outros grupos de mútua ajuda.

Entre as referências dos vencedores, que conseguiram a façanha de parar de beber através de um determinado método, e as teorias dos que preconizam outros procedimentos para a recuperação, cria-se uma incomunicabilidade. São dois métodos de aprendizado: a experiência pessoal, que lida com dados vivenciais, tomados como verdades palpáveis, e o conhecimento científico, que utiliza dados emprestados do relato de outros, tomados como hipóteses, sem a natureza de uma verdade.

A experiência pessoal, por um lado, é a grande força propulsora do método, mas, por outro, é um elemento de limitação ao alcance do mesmo, na medida em que se transforma no único instrumento de orientação e, desse modo, no marco determinante para o acolhimento do novo membro. A abstinência, portanto, se constitui como a única condição. Embora ela não seja colocada como uma imposição direta, é preciso que o novo membro aceite essa condição.

A experiência pessoal, referendada por uma prática coletiva, ocupa o lugar de uma verdade absoluta que, no caso, não corresponde aos conhecimentos consensuais nos estudos de segmento, conforme citamos nos trabalhos de Vaillant. Entretanto, para aqueles que atingiram, através de um método, a difícil recuperação, considerar outras possibilidades que não a determinada pela experiência pessoal equivale a usar um elemento de natureza diferente da daqueles utilizados no processo em curso. A aceitação de outros modelos provocaria a ruptura dos elos que sustentam a estrutura do método já conhecido, baseada na confiança nascida da própria experiência. Edwards interroga, de uma perspectiva terapêutica, o que mais ajudará o dependente perturbado: a ausência de ambigüidades, oferecida na opção de abstinência total, ou a honesta expressão das dúvidas do pesquisador[18]? Não existe uma solução única, logo, a decisão é clinicamente difícil. Nesse sentido, pensando na conduta a ser seguida na prática clínica, poderíamos repetir Vaillant, lembrando que é muito mais prudente instituir o estado de

---

17 Vaillant, G., (1999), op. cit., p. 9.

18 Edwards, G. & Dare, C., (1997), p. 211.

abstinência. Mas, ao mesmo tempo, deveríamos considerar que também é possível a recuperação sem que ela seja exigida, embora não tenhamos como saber de antemão em que situações a abstinência não se fará necessária. Por um lado, no campo dos estudos, estamos trabalhando com probabilidades e, por outro, no atendimento, lidamos com o indivíduo.

Vida Livre

Não pretendemos estabelecer uma oposição entre os fundamentos que sustentam os trabalhos leigos e o raciocínio científico, que deve orientar os especializados, pois esse tipo de discussão fica circunscrito a uma tática de exclusão dos elementos antagônicos, sem o poder de avaliar o alcance dos mesmos e de buscar entender as razões do funcionamento de cada um dos métodos. A nossa intenção é exatamente o oposto: procurar entender nos grupos de mútua ajuda alguns fatores que influenciam na recuperação e as repercussões desses fatores na prática desenvolvida com o tratamento dos alcoolistas.

Vamos continuar nosso raciocínio usando como referência uma pesquisa etnográfica realizada com a metodologia de observação participativa, por um período de cinco anos, com um grupo de antigos bebedores que, de modo semelhante aos AA, adotam a abstinência como "a única garantia da eficiência da recuperação". No caso, o interesse da autora não é estudar o consumo de álcool como um traço patológico, que caberia mais aos trabalhos médicos, e sim "descrever um universo cultural, gerador de condutas sociais e produtor de identidade"[19]. Nesse sentido, a escolha do grupo Vida Livre é tomada, pela autora, para estudar a luta contra o álcool através de "uma nova cultura e um novo modo de vida portadora de seus ritos e de seus valores próprios".

Para Fainzang, a abstinência deve ser entendida "como fundamento de uma verdadeira cultura, enquanto um elemento inseparável de um sistema simbólico no qual ela toma, ao mesmo tempo, seu sentido e sua fun-

[19] Fainzang, S., op. cit., p. 7.

ção"[20]. As práticas dessa cultura são tributárias da representação construída teoricamente para as causas do alcoolismo. A representação[21] do grupo vê o alcoolismo como uma doença de determinação social, ou seja, provocada pela sociedade. "O alcoolismo não é um mal moral, e sim social 'porque é a sociedade que faz beber'"[22]. Essa é a explicação para o alcoolismo. Vemos mais uma vez que, para se alcançar êxito na recuperação, não é fundamental que a representação orientadora corresponda aos conhecimentos científicos, mas sim que ela seja seguida pelo grupo. O Vida Livre, diferentemente dos AA, acredita que o alcoolismo pode ser curado, adquirindo a cura o sentido de libertação das imposições sociais sobre a classe operária. O fato de ser ele curável, no entanto, não garante ao indivíduo a possibilidade de voltar a beber normalmente, mas, sem dúvida, modificará a relação com a bebida e com as exigências do tratamento.

A compreensão intelectual, mantida pelo grupo do alcoolismo enquanto doença, em vários momentos, não coincide com os conhecimentos apresentados por seus membros individualmente e pelos de outros grupos de recuperação. Mas essa discordância, manifestada no discurso de alguns participantes, não chegará a interferir na eficiência do trabalho se os que expressam uma teoria pessoal mantiverem o seu comprometimento com os procedimentos exigidos pela doutrina do grupo e os realizarem. Assim, nesse caso, mais do que a correção conceitual, quer com o conhecimento científico quer entre os membros do grupo, o elemento mais importante foi a preservação do compromisso simbólico que une o grupo e dá sentido à abstinência.

As contradições entre a compreensão intelectual e as produções de condutas sociais associadas ao processo de causalidade acabam permitindo um alcance especial ao plano da cura. Desse modo, observa-se que, mesmo quando a representação intelectual é incorreta ou ambígua, as condutas

---

20 Idem, ibidem, p. 151.

21 Considerada por Fainzang no sentido que lhe dá Durkheim: a noção de representação designa não somente as idéias sobre as coisas, mas as crenças e os julgamentos que apóiam as práticas efetivas.

22 Idem, ibidem, p. 30.

recomendadas no plano social mostram-se eficientes na realização dos objetivos, havendo, em função da ambigüidade, uma margem de tolerância entre terapêutica coletiva e individual: "para doença individual, solução individual; para doença coletiva solução coletiva". Essa menor rigidez, permitindo o surgimento de aspectos pessoais, produz, segundo o relato de Fainzang, um recobrimento da indicação terapêutica pela norma cultural.

A ambigüidade atribuída à etiologia do alcoolismo confere ao beber uma diversificação de papéis, sendo, ao mesmo tempo, causa, sintoma e conseqüência da doença e, em função da causa adotada, ocorre uma transposição do papel atribuído à abstinência tomada, ao mesmo tempo, como causa, sinal e conseqüência da cura[23].

A concepção de ver o alcoolismo como uma doença que é passível de cura, adotada por Vida Livre, é bem diversa da admitida por outros grupos que têm o alcoolismo como incurável e, a partir desse ponto, estruturam as intervenções possíveis, dando lugar especial à abstinência. No caso dos AA, a compreensão do alcoolismo como uma doença genética incurável permite que se conceba a existência de uma enfermidade alcoólica, sem haver necessariamente uso de bebidas. Assim, o indivíduo tem uma enfermidade e o contato com o álcool irá ativá-la, ocupando este último o lugar do agente produtor de todo o sofrimento, pois, sem ele, a doença não se manifestaria. Independentemente do conteúdo da concepção intelectual, sempre haverá nos grupos a produção de normas e condutas sociais capazes de manter uma coerência intrínseca com as formulações que lhes dão origem. A representação do alcoolismo como incurável leva à interdição absoluta do uso de álcool e, conseqüentemente, à exigência da suspensão total de beber para o paciente se filiar ao grupo. Por isso, a interrupção do uso do álcool é um requisito para o dependente ser aceito.

Nos grupos de Vida Livre, como a causa é social e pode haver cura da enfermidade, a exigência primeira recai sobre outro aspecto: "a adesão aos objetivos do movimento". Essa aceitação é marcada pela entrega da carta verde, quando é agraciado com o status de simpatizante[24]. Somente depois

---

23 Idem, ibidem, p. 46.

24 Idem, ibidem, p. 22.

de passados seis meses sem beber o participante recebe uma carta rosa e, com ela, o status de um membro ativo. Essa condição deve ser renovada a cada seis meses sem beber. O álcool tem, então, nesse grupo, causalidades diferentes no plano individual e no coletivo. Desse modo, "no plano estritamente individual, o álcool torna-se a causa primeira, mesmo se no nível coletivo é a sociedade que é considerada como a origem do alcoolismo". É interessante a observação da autora para esse fato, entendendo a inversão de termos na relação causal em momentos distintos, coletivo e individual, não apenas como uma operação intelectual, mas também como uma estratégia de tratamento construída pelo grupo. A modificação pode ser lida como uma forma de acolher os aspectos individuais, sem destruir as exigências coletivas, garantindo a continuidade do novo membro no grupo até que possa aderir integralmente aos valores e práticas da doutrina.

"A natureza estratégica da elaboração e da manipulação dos esquemas de causalidade reside na sua aptidão para induzir, de maneira legítima e coerente para os indivíduos, algumas condutas com características terapêuticas. Um mecanismo análogo se observa com os indivíduos, no sentido de que o discurso causal elaborado pelos sujeitos concernente ao seu alcoolismo (no caso específico, a posição atribuída ao álcool na rede de causalidade) tem uma certa incidência nas suas condutas terapêuticas e suas práticas sociais[25]". Dessa forma, a participação no grupo necessita de uma aceitação mínima dos elementos da teoria causal, sem que isso implique a exclusão de uma compreensão individual, que pode até mesmo estar em contradição com a teoria grupal. É, portanto, a partir dessa construção teórica que a abstinência ganhará relevância e justificativas para sua aplicação. "O respeito à abstinência é, então, tributário, senão de uma adesão ao discurso etiológico da doutrina de Vida Livre, ao menos, de um acordo sobre a responsabilidade do álcool, a partir da qual o bebedor construirá etiologias conexas e subseqüentes, realizando escolhas no que concerne às condutas em relação as suas companhias"[26].

---

[25] Idem, ibidem, p. 51.

[26] Idem, ibidem, p. 52.

Muito embora, o trabalho de Fainzang seja extremante rico e útil para aprimorar o conhecimento sobre o tema, nosso interesse nesse artigo limita-se a destacar alguns pontos comuns no funcionamento de grupos que possam nos auxiliar na compreensão do tratamento do alcoolismo. Nesse sentido, concluiremos nossas observações focalizando mais um ponto que julgamos de enorme relevância para a reflexão que queremos assinalar, indicando o livro àqueles que buscam não ficar prisioneiros da própria experiência.

Existe uma correlação entre aquilo que é proposto como compreensão intelectual e a produção de uma norma cultural diretora das condutas do grupo. Esses elementos podem ser caracterizados como parte de um imaginário cultural que funciona como uma crença do grupo, sem o qual ocorreria uma ruptura do próprio grupo, pois os aspectos identificatórios que garantiriam a sua coesão deixariam de existir. Daí a importância capital desses elementos imaginários, que não precisam corresponder ao conhecimento científico.

Assim, a maneira como é inscrito o papel da abstinência produz uma função distinta nos diferentes grupos. No grupo Vida Livre, ela não ocupa o lugar de um ideal de vida, embora seja um componente da maior importância na luta contra uma patologia definida em termos de alienação e de perda da liberdade[27]. O ideal procurado nas condutas é a busca da libertação, sendo, evidentemente, a abstinência um elemento dessa luta. A interdição do uso de álcool, portanto, não tem o caráter absoluto, podendo ser tolerado esse uso em algumas circunstâncias, embora não seja incentivado. Logo, a abstinência é uma interdição contextual, ou seja, uma proibição expressa para situações específicas, sendo indicada para alguns, aqueles que dividem a experiência de uma enfermidade, e não para todos, já que outros podem beber e manter a sobriedade. "A abstinência não é um ideal de vida: ela é praticada em um contexto de luta contra uma patologia definida em termos de alienação e de perda da liberdade[28]". Aparece, desse modo, uma sutileza no encadeamento do raciocínio que, por sua vez, influencia a prá-

---

[27] Idem, ibidem, p. 156.

[28] Idem.

tica dos seus filiados, justificando algumas das diferenças encontradas nas suas estratégias. Um indivíduo não pode, ao mesmo tempo, pertencer ao movimento e não praticar a abstinência, porque o álcool é um mal para ele. Assume-se um compromisso com os princípios de luta, que devem ser comuns. Já as exigências podem ser gradativas e as estratégias de intervenção acabam se tornando individualizadas em função de a exigência não se transformar num imperativo absoluto.

Existe, na compreensão de Fainzang, "uma incompatibilidade cultural entre duas ordens distintas de pensamento e de ação", ou seja, não é possível lutar pelos princípios defendidos por Vida Livre e continuar bebendo. Essa afirmação é explícita. Porém o álcool ocupa um espaço de ambigüidade, não sendo um mal para aqueles que não são alcoólicos. Essa segunda conclusão aparece de forma implícita. Um dos aspectos a ser destacado é a concepção de incompatibilidades entre práticas culturais criando uma prática de exclusão. No caso do tratamento do alcoolismo essa prática torna-se um elemento indispensável, mas a sua transposição como a única referência de raciocínio traz alguns prejuízos perceptíveis e outros mais difíceis de perceber por antecipação, como, por exemplo, a imposição de tratamentos exclusivamente repressivos. Retomaremos essa discussão mais à frente.

O álcool ocupa, numa dessas concepções, o lugar da encarnação do mal para o indivíduo doente, ficando, nesse caso, como a expressão concreta do mal, havendo uma transposição metonímica daquilo que é considerado na teoria etiológica como uma opressão da sociedade. O mal, desse modo, personifica-se no álcool. Entretanto, no espaço coletivo, a compreensão tem outras nuances. O álcool torna-se a representação, transposição metafórica, do mal provocado pela sociedade. Porque é representação, e não a encarnação do mal, ele é suportado no espaço coletivo. Assim, ele pode ser utilizado desde que haja sobriedade, ou seja, deve ser restrito em algumas condições. É de fato uma interdição para os que querem se libertar, mas seu uso pode ser tolerado até que o indivíduo consiga se convencer de que, para ele, é impossível beber moderadamente e possa aderir integralmente aos preceitos do grupo. Um membro, para chegar à categoria de "ativo", deve manter a abstinência quando reconhece que perdeu a sua liberdade de escolher não beber, dividindo com os demais participantes a condição de sofrer de uma enfermidade comum. A união dos membros se faz em torno da busca da recuperação, que se transforma numa luta comum e a abstinência aparece, ao mesmo tempo, como um elemento e uma conseqüência dessa luta.

No caso do grupo Vida Livre, ocorre uma quase correspondência entre aquilo que ele produz como estratégia de recuperação dos casos individuais e os achados de pesquisas como os relatos de Vaillant, reproduzidos acima, que podem ser sintetizados assim: probabilisticamente o mais seguro é encarar a abstinência como uma necessidade de primeira ordem, pois a adesão do paciente a ela é a garantia segura da recuperação, devendo, portanto, ser considerada um protocolo a ser seguido por todos os alcoólicos. Entretanto, sabemos que, embora pequena, existe a possibilidade de recuperação mesmo sem preservar a abstinência absoluta. Podemos, portanto, em algumas situações, nas quais o paciente não aceita a indicação da abstinência como pré-requisito, tolerar um uso moderado, desde que exista uma continuidade no tratamento e, a cada ocasião de perda da sobriedade, o cliente tenha a chance de perceber que um processo de agravamento está em curso. É freqüente entre os membros do grupo a indicação de antabuse para os novos membros que não conseguem interromper o uso. Eles devem decidir entre interromper o uso, realizando a abstinência, ou evoluir inexoravelmente para uma situação cada vez mais grave, podendo, inclusive, transpor um ponto além do qual não há retorno. A grande vantagem, nesses casos, é manter a adesão ao grupo e criar os meios para o paciente aceitar as recomendações que lhe vão sendo ditadas pela evolução da sua história com o uso de álcool. Nos poucos casos mais graves em que houver um uso moderado com preservação do estado de sobriedade, o paciente estará em observação e, nos casos em que a abstinência for uma indicação precisa, ele poderá aceitá-la de forma mais rápida do que se ficar isolado, sem qualquer tipo de acompanhamento. Devemos lembrar que a recuperação envolve também os familiares, que freqüentemente são orientados antes do paciente e funcionam como mais um fator de convencimento da importância de se realizar a abstinência.

Há ainda uma probabilidade maior de que os dependentes que apresentam um grau pequeno de severidade da dependência, em estado inicial, possam beber moderadamente, desde que mantenham o estado de sobriedade. Portanto, se um paciente se enquadrar nessas condições, não concordando com a abstinência, a decisão de não aceitá-lo em recuperação, sumariamente, em vez de mantê-lo em acompanhamento, avaliando com ele a progressão da dependência, pode restringir as possibilidades do início de uma recuperação mais cedo, permitindo que ocorra um aumento da quantidade de problemas provocados pelo álcool, inclusive os de ordem física, com a concomitante progressão da enfermidade. Assim, o acompanhamento, nesse caso, pode permitir um melhor controle dos problemas decorrentes do uso de álcool e facilitar o processo de motivação. Como em toda situação problemática, também na dependência química sabemos que quanto mais aumentar a quantidade de problemas gerados por ela, mais difícil será a recuperação e uma boa parte do tempo de vida se perderá, em meio a grandes sofrimentos e prejuízos.

Podemos, então, concluir que, como são várias as probabilidades de progressão do alcoolismo naquele paciente que avaliamos pelas primeiras vezes, não dispomos, no momento em que ele procura ajuda, de segurança sobre o tipo de evolução do quadro clínico. Logo, a medida mais segura é buscar um estado de abstinência, que é a forma mais segura de recuperação. Entretanto, isso não deve ser transformado em uma imposição absoluta, pois, desse modo, não haveria a possibilidade de instituírem-se tratamentos individualizados. Acontece que, nos casos em que o paciente não aceita de imediato a abstinência, a sua exclusão pode provocar um isolamento ainda maior e aumentar, de forma inimaginável, o sofrimento e agravar a progressão da enfermidade. Nas situações em que o método não pode, nem mesmo estrategicamente, aceitar os aspectos individuais, o paciente só poderá iniciar o tratamento quando aceitar a abstinência, convencido pelos imensos sofrimentos vividos e pelas perdas ocorridas. O rigor absoluto na proposição da abstinência pode retardar o início da recuperação e limitar o alcance do método, excluindo muitos pacientes e, ao mesmo tempo, criando um intenso sofrimento para esses e seus familiares. Sofrimento que acaba funcionando como o mais importante fator de convencimento.

Essa estratégia produz, pela seleção que institui, um conjunto de pacientes mais homogêneo, com uma carreira semelhante, mais grave e de mais difícil tratamento. Pois só chegarão ao ponto de aceitar a abstinência aqueles que sobreviverem à ação destruidora do álcool, ou seja, aqueles que alcançarem um grau de dependência bastante severo, que sabemos serem os de mais difícil tratamento, pois, com o passar dos anos, houve uma forte progressão dos problemas de todas as ordens, inclusive os físicos, limitando muito a qualidade de vida, destruindo relações afetivas e inviabilizando oportunidades de trabalho. Excluindo-se aqueles que fazem uma recuperação espontânea, têm demonstrado condições de recuperação aqueles que apresentam uma dependência muito leve, que precisam reorganizar os interesses substituindo o álcool por outro prazer e aqueles que têm uma dependência muito grave e, por isso, devem escolher entre morrer ou parar de beber. Desse modo, chega aos serviços de tratamento uma população que inclui dependentes com outros transtornos e dependentes com várias recaídas, ou seja, aqueles que são considerados os de mais difícil recuperação[29].

A situação descrita, de imposição da abstinência para iniciar o tratamento, produz uma espécie de triagem, limitando o acolhimento de pacientes pelo método e homogeneizando no grupo que fica em tratamento uma população bastante heterogênea.

Entretanto, essa restrição pode ser atenuada se um critério mais amplo de acolhimento estiver presente na rede assistencial, estabelecendo condições para que se acatem as particularidades individuais. Esse fato contribuirá para um abrandamento da tendência à homogeneização na produção de quadros clínicos. Assim, muitos casos mais diversificados poderão iniciar o tratamento mais cedo, antes da progressão da SDA, quando a quantidade de problemas determinados pelo álcool ainda é menor, havendo, em termos probabilísticos, maior facilidade de se alcançar algum sucesso.

A probabilidade de êxitos depende, na situação individual, do método de tratamento, do tempo de progressão da doença, do início da intervenção médica, da quantidade de problemas associados – não ter dinheiro, por exemplo, é um problema, pois ele dá acesso aos melhores serviços-, da qualidade e dos recursos da equipe. E na situação coletiva depende do treinamento da equipe, do alcance do método, do acesso ao tratamento e, principalmente, da avaliação dos resultados dos diferentes métodos empregados.

---

29 Vaillant, G., "As adições ao longo da vida: implicações terapêuticas", in Edwards & Dare , (1997), p. 11.

Nesse ponto, devemos fazer uma observação sobre a pertinência do nosso texto. Afinal, o que estamos propondo é exatamente um tipo de intervenção preconizado pelos estudos científicos, conforme discorremos no capítulo anterior, e realizado, na maioria das enfermidades, não havendo aparentemente qualquer novidade em nosso raciocínio. Quando discutimos temas bastante desenvolvidos, que correlacionam diferentes áreas do conhecimento, na maioria das vezes o novo reside na construção do próprio raciocínio que permite, na intersecção das áreas de conhecimento, evidenciar detalhes freqüentemente despercebidos, nem mesmo discutidos.

A abstinência nos AA decorre do entendimento da incurabilidade da doença. No grupo Vida Livre, por outro lado, a abstinência também é indispensável para a recuperação, porém nele o alcoolismo é considerado como passível de cura. Essa distinção vai produzir uma importante diferença nos procedimentos de cada método, independentemente do resultado alcançado, expressivamente favorável nos dois grupos.

Desse modo, em Vida Livre, os membros do grupo podem admitir que o mal não está no álcool, como para os AAs, e sim na alienação e perda de liberdade, produzida pelo social. Nele, o compromisso central é a adesão aos objetivos de luta do grupo, sendo a abstinência uma meta a ser atingida. Ela representa a preservação do compromisso simbólico que une o grupo. Quando a abstinência se torna a condição para o alcoolista aceitar as demais etapas do método, ela corre o risco de se transformar em uma exigência indispensável para o alcoolista poder ser aceito em recuperação: "poucas pessoas praticarão sinceramente o programa dos AAs a não ser que tenham atingido o fundo (do poço), pois praticar os restantes onze passos requer a adoção de atitudes e ações que quase nenhum alcoolista que ainda esteja bebendo saberia adotar".

Essa discussão sobre o papel da abstinência no processo de recuperação não teve por finalidade colocar em dúvida a necessidade de segui-la, pois seria ir de encontro aos achados da literatura internacional, mas sim mostrar que, mesmo em grupos que concordam com esse princípio e constituem-se de forma semelhante, a abstinência não tem a mesma função, porque cada cultura é portadora de representações específicas, geradoras de condutas sociais, e capazes de construir identidades próprias ao grupo. Assim, mais do que afirmar a importância da abstinência, tentamos destacar que a mesma tem diferentes representações e, independentemente dos benefícios que produzem essas representações, devemos assinalar que os benefícios alcançados são determinados pelo respeito às regras do grupo cultural. Além disso, lembramos que as representações geradoras das regras culturais, que garantem a abstinência, produzem outras práticas que vão além desse objetivo, criando, desse modo, novas certezas, as quais, por sua vez, influenciam outras condutas relacionadas diretamente ou não com o uso do álcool, mas pertencentes ao mesmo grupo com o qual se identificam. Sintetizando, a produção cultural de um grupo, mesmo quando se constitui em função de um interesse comum, por exemplo, a cura do alcoolismo, cria outros encadeamentos lógicos e produz uma identidade comum, que se sobrepõe a outras formas de funcionamento. No caso dos grupos de mútua-ajuda, a natureza do processo fundamenta-se na experiência pessoal vivida no processo de recuperação. Essa característica, porém, dificulta a assimilação das informações que lhes sejam exteriores, como os trabalhos baseados em outros princípios.

A escolha dos estudos relacionados ao álcool se deu por ser ele uma droga lícita, deixando margem ampla para a expressão das ambigüidades em relação ao seu papel no espaço individual e no coletivo. Um exemplo disso ocorre na mídia, que, ao mesmo tempo, mostra o álcool como uma droga terrível e realiza reportagens demonstrando seus benefícios para a saúde e, até mesmo, indicando o seu uso com moderação. Esses fatos, antes de tudo, tornam o trabalho de recuperação e prevenção, que devem ser sinérgicos, bem mais complexo.

Um raciocínio que pode ser depreendido do nosso desenvolvimento deriva da correlação entre o estabelecimento da rede assistencial e o papel exercido sobre os profissionais pela formação e a experiência pessoal como base de intervenções nos tratamentos de dependência química.

A rede assistencial e a constituição de um modelo assistencial

Queremos, então, destacar algumas características da rede de tratamento da dependência química que a particulariza em relação a outras redes assistenciais. Em primeiro lugar, é uma rede ainda em constituição, que, embora ampla, não tem definida uma normatização de exigências mínimas quer para os modelos de tratamento quer para os procedimentos a serem aplicados. Em segundo, historicamente os trabalhos de recuperação, entre nós, foram realizados por modelos leigos, contando com a abnegação de muitos participantes, alguns ex-dependentes, que desenvolveram um trabalho excepcional. Esse serviço teve como base uma cultura própria sobre as drogas, sem dispor de recursos conceituais para incluir uma concepção científica. Portanto, quando as divergências entre as duas concepções, a leiga e a científica, são percebidas, ocorre normalmente a exclusão da construção estranha à própria experiência[30]. Em função dessa característica, houve uma ênfase sobre a importância da experiência e das crenças pessoais como a referência básica de raciocínio. Em terceiro lugar, a influência dos grupos que têm como primeira referência a experiência pessoal é muito disseminada, representando a maioria dos serviços existentes. Em quarto, quando se discute a organização da rede assistencial, devemos lembrar que a escolha da aplicação de verbas governamentais, tradicionalmente uma decisão política, também tem os referenciais de decisão mais centrados na experiência pessoal e menos na utilização de critérios técnicos, principalmente quando os procedimentos não estão normatizados. Dessa forma, a seleção dos serviços para receberem apoio oficial terá uma grande probabilidade de excluir os métodos não organizados segundo o conhecimento proveniente da experiência pessoal do agente concedente de recursos, os quais tendem, pela vinculação da prática com a experiência pessoal, a centrarem suas atividades em práticas basicamente morais. Quem diz moral fala de oposição entre valores declarados negativos e, portanto, maus, e outros considerados positivos e bons.

Desse modo, desde o momento em que existe a necessidade imperiosa da prática da abstinência, surge o risco de o álcool ser considerado como

[30] A postura científica pode englobar o conhecimento leigo desde que possa explicá-lo em critérios que sejam aceitos pelos seus pares. Já o entendimento leigo tem uma relação de apropriação com os conhecimentos que venham a fortalecer suas próprias certezas e de recusa com aqueles que podem enfraquecer suas convicções, sendo, portanto, a discussão de conceitos uma prática sempre excluída.

a expressão de um mal absoluto. Essa concepção ignora as nuances já conhecidas em relação aos estudos do alcoolismo. Com isso, ela pode sobredeterminar categorias de bebedores em função da diferença que esses apresentem em relação à concepção do grupo em termos do álcool. Poderão existir, desse modo, os "bons indivíduos", que aceitam o álcool como um mal absoluto, recomendam e, principalmente, se mantêm em abstinência em todas as situações, e os "maus indivíduos", que insistem em discordar da abstinência e em não segui-la, desde o início do tratamento, como critério absoluto, propondo aceitar outras posições diferentes das exigidas pelo imaginário do grupo. Mesmo que tais proposições estejam de acordo com aquilo que é aceito na literatura reconhecida internacionalmente, esses discordantes são vistos de forma negativa.

Se não houver, além de um cuidado metodológico, também uma sistematização de critérios e um processo de avaliação, existirá sempre o risco de deixar que a influência de certas posturas profissionais atuantes nas ciências humanas interfira no alcance da proposta. E tais posturas, sob o pretexto de desmontar as engrenagens sociais, podem agir de forma exclusivamente repressiva, chegando a um resultado inverso de um trabalho criterioso, legitimando as categorias do senso comum, sob uma cobertura que se apóia na autoridade do posto ocupado. É, então, importante destacar que os próprios agentes da implantação de um programa podem impedir que a proposta se instale na sua essência, se essa última não tiver bem definidos os objetivos, as metas e os critérios de avaliação a serem seguidos.

Um outro desdobramento é a transposição do aspecto exclusivamente moral do álcool, droga lícita, como o mal absoluto para as demais drogas ilícitas, que, nessa visão, também ocupam o lugar da encarnação do mal. Essa perspectiva impede que se estabeleça um critério de intervenção diferenciado de acordo com o tipo de droga, com a fase do uso, com as condições externas que facilitaram o uso e com as características de cada uma das drogas. Quando há um predomínio da determinação moral, a exigência imperativa da abstinência torna-se ainda mais forte, uma vez que o uso caracteriza um ato ilícito, ocorrendo um efeito de superposição entre a incapacidade de abandonar o uso, com as restrições morais associadas, e a necessidade de condenação do indivíduo "irrecuperável", justificada pela situação de ilegalidade. Assim, os prejuízos pelo abandono do indivíduo que insiste em beber serão expressos na intensificação do comprometimento pessoal. Já em se tratando de drogas ilícitas, a recusa em aceitar o usuário em tratamento, principalmente o adolescente, pode contribuir para o seu envolvimento com outras situações ilícitas e levá-lo compulsoriamente a intervenções mais repressivas, como o cumprimento de medidas sócio-educativas nas atuais condições dos estabelecimentos públicos disponíveis.

Nessa área, principalmente, em relação a adolescentes e adultos jovens, outros determinantes derivados dessa compreensão moral transformam os resultados dos métodos que utilizam como fundamentação de suas práticas a inspiração em ações meramente repressivas, de alcance mais restrito. Observamos uma intervenção que deveria ser terapêutica transmutar-se em uma prática de violência. Isso se dá quando ocorre uma espécie de sobredeterminação na categoria dos usuários, desencadeando uma restrição ainda maior nas suas chances de prosseguir o tratamento e nas suas perspectivas de futuro, independentemente da recuperação do uso de drogas, que não pode ser realizada isoladamente. É bem mais difícil manter a recuperação alcançada se ignorarmos o pacto social de oferecer aos adolescentes algum tipo de formação educacional ou profissional, principalmente para aqueles que, mais pela sua exclusão da rede de apoio social e menos por sua psicopatologia, caminharam para o uso de drogas. Nesses casos, é muito comum se conseguir a suspensão do uso, porém a falta de um engajamento profissional, a ausência de uma relação afetiva estável deixam aberto o caminho para o retorno ao uso diante das dificuldades comuns da vida.

Os métodos repressivos e o tratamento dos adolescentes

Dos adolescentes que chegam ao tratamento a maioria está envolvida com drogas ilícitas. Aqui, diferentemente do álcool, não se pode falar em uso moderado com a mesma isenção, pois estamos lidando, agora, com um ato ilícito. Assim, pelo aspecto jurídico, os critérios de intervenção devem ser mais claros para os profissionais, evitando-se, por um lado, os problemas de ordem legal e, por outro, as imposições morais no processo de recuperação. Talvez até pudéssemos dizer que, na heterogeneidade das dependências químicas, o caráter lícito/ilícito seja o único ponto de homogeneidade entre as diferentes drogas. Porém é bom não esquecer que esse ponto comum, embora prioritário, por se tratar do respeito à Lei, não deve ser o determinante conceitual das linhas do tratamento. Se assim o fizermos, estaremos deixando de lado outros fatores mais específicos no que concerne à etiologia e ao próprio tratamento das dependências químicas, abandonando uma perspectiva mais abrangente por uma visão parcial e, portanto, mais restrita.

O uso de drogas ilícitas repercute em dois campos ao mesmo tempo, pois, de um lado, é uma alteração comportamental e bioquímica, definida como dependência química, e, de outro, representa um ato ilícito, adstrito aos critérios do código penal. Assim, um mesmo ato representa o desencadeamento de um processo em curso e caracteriza uma transgressão. Haverá um entendimento totalmente diverso se focarmos nossa intervenção na repressão do ato ou se realizarmos os esforços no sentido de transformar o processo que o determina. No caso de direcionarmos o trabalho para a repressão do ato estaremos considerando esse último, o uso de drogas, como originário apenas de uma decisão sob o controle da vontade, ignorando a participação de outras causas. Tal enfoque seria uma espécie de intervenção no que é aparente, em detrimento de vários conhecimentos, já consensuais no plano conceitual da dependência química, que ainda não são suficientemente conhecidos da prática assistencial. Agir em apenas um dos elementos aparentes aumenta o risco de que as intervenções desloquem-se para ações restritas a somente uma das vertentes causais. Ou seja, os fatores de determinação da causalidade dirigem as formas de intervenção. Uma compreensão médica terá conseqüências diferentes de uma intervenção baseada em pressupostos sociológicos ou leigos, como fica bem delineado nas conclusões de Babor: "se a dependência for definida como um transtorno, como uma má conduta voluntária, ou um rótulo social, tal processo estabelece um grupo diferente de parâmetros"[31].

Como a conceituação de dependência química trata de aspectos comuns, independentemente da substância em questão, devemos sempre lem-

---

[31] Babor, T., "Controvérsias sociais, científicas e médicas na definição de dependência do álcool e das drogas", in Edwards, G.; Malcolm, L., *A natureza da dependência de drogas*, p. 52.

brar que as drogas têm modos de ação diferentes de acordo com o seu poder de provocar dependência e com os efeitos em relação à via de administração. Devido a essas diferenças, as intervenções terão maior chance de êxito sempre que houver uma discriminação mais precisa desses fatores em relação a cada paciente. A severidade da dependência química, a quantidade e a intensidade dos problemas adquirem peso bem mais decisivo no transcorrer do tratamento com drogas ilícitas quando envolvem adolescentes e adultos jovens, por um lado, pelo fato de o uso ser um ato ilícito gerando implicações com a justiça e, por outro, por atingir alguém que ainda não alcançou um desenvolvimento completo nos níveis psíquico, pedagógico, profissional e afetivo. Um pequeno deslize nas fases iniciais do tratamento pode ter uma imensa repercussão no transcorrer de sua vida, definindo, por antecipação, o seu destino. Por isso, todos aqueles que têm a oportunidade de lidar com essas situações devem entender os riscos das diferentes intervenções, buscando ampliar o alcance dos métodos e aumentando as chances de êxito de um maior número de adolescentes.

Um aspecto importante concerne às transgressões em geral e à manifestada no uso de drogas, em particular, na sua correlação com as personalidades anti-sociais, que correspondem a um alto percentual entre os dependentes químicos. Essa correlação revela-se da maior importância pelo fato de os tratamentos para transtornos anti-sociais serem de difícil condução e apresentarem alta taxa de insucesso pelos diferentes métodos. Daí o cuidado de se buscarem modelos de tratamento que atendam a maior diversidade de situações e não se restrinjam apenas aos casos de melhores prognósticos, que evoluem seguindo as orientações. Os de mais difícil condução são os que contribuem para o aumento da violência, representando um segmento de alto custo social e exercendo forte influência sobre os adolescentes em geral. Além dos pontos ressaltados, devemos lembrar que a instauração de modelos de atendimento global e integrado é mais significativa para o treinamento de equipes e constitui um fator altamente relevante para a melhora da qualidade do atendimento à população como um todo, sendo considerada uma das práticas indicadas para esse tipo de tratamento[32].

---

32 Prévention des problèmes attribuables à la consommation d'alcool et d'autres drogues chez les jeunes. Un compendium des meilleures pratiques. Établi par: Gary Roberts,

De uma ação terapêutica espera-se, antes de tudo, que não se manifeste pela violência. Entretanto, nos casos em que ocorre a necessidade do tratamento de forma concomitante com um ato em conflito com a lei, há uma tendência, caso se preserve uma compreensão parcial, mais moral do que científica, a se mostrar uma tolerância menor com as situações de recaída e a aumentar o risco de intervenções de base repressiva. Em concepções nas quais a justiça se distancia da compreensão social, a intervenção será sempre considerada como pontual e posterior à ação, carecendo de recursos para uma atuação mais sistemática e duradoura. Nesse caso, ela é considerada por alguns autores como "uma estrutura monolítica, não susceptível de nuances e, sobretudo, não susceptível de modificação, de evolução"[33].

Nesses casos em que lidamos com um tipo de transgressão-estado, adstrita a traços de personalidade, mantida, em continuidade, a punição teria que durar o mesmo tempo do processo interno determinante do ato a ser reprimido, devendo, portanto, ser contínua. Entretanto, a perspectiva de um estado de punição contínuo eliminaria os espaços para outras formas de intervenção, que seriam liminarmente rompidas diante da menor transgressão. Isso porque a relação terapêutica vai se estabelecer num eixo com reações da mesma natureza, mas em sentidos opostos: a transgressão e a punição. Na transgressão-estado, a ação transgressora é inerente ao próprio sujeito, é o seu modo de funcionar, não depende de uma decisão deliberada, sendo muito mais decorrência de uma incapacidade de avaliar as conseqüências do ato devido a uma determinada estrutura psíquica. No ato transgressor, as determinações podem ter uma origem social, sendo facilitado pelo código social que incentiva a transgressão. Assim, a origem e a natureza que o determinam diferem da transgressão-estado. Intervir terapeuticamente neste último exige um acompanhamento contínuo que seja mais tolerante com as pequenas transgressões, mas que não deixe de focalizar no

---

Douglas McCall, Andrea Stevens-Lavigne, Jim Anderson, Angela Paglia, Sandy Bollenbach, Jamie Wiebe et Louis Gliksman. Coordonné par le Centre canadien de lutte contre l'alcoolisme et les toxicomanies pour le Bureau de la Stratégie canadienne antidrogue. Santé Canadá.

33 Garapon, A., "Le toximane et la justice", in *Individus sous influence*, Ehrenberg. A., Ed. Esprit, Paris, 1991.

respeito à autoridade da lei, introduzindo a noção de conseqüência. Precisaríamos criar bases de sustentação contratual, com a concordância, ao menos parcial, do adolescente, em torno de compromissos mútuos para atingirmos, no tratamento, objetivos comuns. Entretanto, a presença da punição desvinculada de um acordo impossibilitaria a continuidade do tratamento, pois medidas repressivas isoladas caracterizam um processo de outra natureza, destituído da garantia dos critérios de justiça. Assim, esse entendimento é fundamental porque, diante da menor transgressão, não haverá como evitar novas punições, principalmente da parte de quem fica responsável pela função disciplinar.

Dessa forma, a existência de um contrato estabelece um sentido distinto para a punição. Se necessária, ela deverá existir, porém sempre virá atrelada a critérios claros, definidos previamente. Além disso, a instauração de um termo contratual inclui a referência a um terceiro, representado aqui pela lei, que pune a transgressão, justificando a punição em termos do rompimento de um acordo e fazendo com que o cliente comece a considerar os seus compromissos a partir de um desejo que não seja apenas o seu. A punição, nesses termos, decorrerá do rompimento de um acordo com alguém que representa concretamente a lei, um agente que a encarna e tem contatos freqüentes com o adolescente ao longo do tratamento, acompanhando as suas atividades, em vez de se constituir numa representação abstrata do código penal, ao qual ele se contrapõe utilizando um código próprio do seu grupo. Esse cuidado é importante, até mesmo porque, nas zonas dominadas pelos traficantes, ocorre um impedimento de que a comunidade recorra aos instrumentos jurídicos legais, uma exigência dos traficantes para ficarem protegidos de incursões da polícia. Assim, o único critério de justiça é aquele construído pelo tráfico. Na medida em que esse tipo de domínio se constitui a partir dos anos 80, os adolescentes de hoje originários dessas zonas foram criados dentro desse código de funcionamento que, para eles, é o normal[34].

Nesse sentido, no tratamento da dependência química, não devemos pensar na repressão como a primeira e a principal resposta diante da trans-

---

34 *Crianças do tráfico*, Dowdney, Luke, pp. 78-79. Ed. Sete letras, Rio de Janeiro, 2003.

gressão. Ao contrário, é necessário, se esperamos alcançar transformações, sabermos que estas não se dão de forma pontual, por não dependerem da esfera cognitiva, mas de um tipo de intervenção que seja contínua e coerente com os princípios da não violência[35]. Devemos pensar no tratamento como uma trajetória de caráter contínuo, que esteja sempre presente ao lado do deslize, mas que não seja focada na punição. Se ficarmos restritos a essa única medida, estaremos respondendo a cada ato com um outro que precisa ser garantido pela força. A natureza comum a que nos referimos acima é a imposição do próprio desejo pela força, no caso da transgressão, esquecendo os direitos dos demais, e, da punição, impondo uma determinação pela força, apoiada nos preceitos do Estado, passíveis de sofrer grandes distorções. Podemos acompanhar as condutas, manifestando o desagrado pelo ato transgressor e punindo o responsável. Porém, se integrarmos essa punição a um programa de transformação aceito pelo paciente, o resultado será outro. Para uma forma de intervenção mais ampla, deveríamos escolher maneiras que sejam pedagógicas e, principalmente, que representem formas contratuais de garantir a autoridade da lei.

O uso sistemático de punições e castigos como elementos de transformação de condutas pode desviar-se imperceptivelmente para a pura repressão, perdendo seu caráter educativo e contratual, que transcende a simples restrição de liberdade. A punição enquanto um ato dissociado de seu propósito de promover a instauração de um processo de arrependimento (perdão) individual e de reconstrução no espaço coletivo perde o seu sentido de justiça, de instrumento capaz de promover uma forma de aprendizado. Assim, o processo de aprendizado associado à concepção de castigo fica totalmente desviado do seu objetivo.

Na concepção conceitual da justiça, a punição não deve ter por meta somente a restrição objetiva das ações do indivíduo, mas primordialmente desencadear uma repercussão interna e ser vivida no plano de ordem moral. Para que haja mudança, é necessário que a pessoa se envergonhe de estar

---

[35] Violência deve ser entendida como diferente de punição. A punição pode ser necessária e, até mesmo, justa. Já a violência isolada funciona com meramente repressiva, mostrando-se sempre desnecessária, por não alcançar os objetivos esperados em uma punição.

recebendo a punição, que se assinale o desrespeito a um acordo. Caso a pena não atinja o plano moral, transforma-se em um negócio contábil referenciado a lucros e prejuízos: a relação entre o lucro obtido com o crime e o prejuízo decorrente da punição. Nesse sentido, o risco da punição se transforma tão somente no preço do crime e, nesse caso, o arrependimento, se houver, não é vivido no plano da moralidade, restringindo-se apenas a um prejuízo decorrente do fato de ter sido pego e punido.

É a banalização da função da justiça, com a ausência da tentativa de instaurar esse elemento (função da moralidade individual), que demarca a presença do caráter repressivo na intervenção, necessário ao processo de mudança, e do conjunto de ações meramente repressivas, que são insuficientes, beirando a simples vingança, e restritas à tentativa de instaurar o medo como único elemento de transformação. Essa perspectiva já aparece em Beccaria, que propõe uma verdadeira aritmética do prazer ao tratar *Dos delitos e das penas*[36]. Para ele, em decorrência da possível punição, o homem, como um ser racional, poderá renunciar a cometer o delito caso a sua ação criminosa lhe traga um sofrimento nitidamente maior que o prazer experimentado ao cometer o crime. A partir desse raciocínio, ele traça uma regra geral: "Para que qualquer pena não seja um simples ato de vingança exercida por um indivíduo ou por muitos contra um cidadão, ela deve necessariamente ser pública, rápida, a menos severa possível nas circunstâncias ocorridas, proporcional ao delito e determinada pela lei". No caso, ele está pressupondo uma preservação da atividade racional em detrimento de outros aspectos psíquicos, já que o homem até o século XIX era considerado um ser racional, por excelência. Isso significa que a racionalidade é colocada em primeiro plano, em detrimento de outros aspectos psíquicos, acentuando-se a capacidade de o indivíduo poder se projetar no futuro e de avaliar as conseqüências dos seus atos, o que freqüentemente não ocorre nos transtornos de personalidade anti-social e aparece prejudicado nos dependentes químicos.

A própria assimilação da justiça é um exemplo de um aprendizado contínuo tal como aparece em Protágoras. Giannetti[37] retoma essa questão

---

36 Beccaria, C., *Dos delitos e das penas*, Martins Fontes, São Paulo, 2002, p. 139.

37 Giannetti, E., *Felicidade*, Companhia das letras, São Paulo, 2002.

em um robusto e sutil raciocínio crítico, enfatizando a importância de que o método de internalização da justiça e da consciência (no seu sentido de moral) ocorra não como o aprendizado de um conhecimento técnico, e sim como o da gramática, por assimilação, que se dá continuamente, a cada situação. Nesse sentido, o aprendizado se faz em cada circunstância vivida, devendo ser mais intenso e sistemático na infância e na adolescência, em função de ainda não existir, nessas fases, a cristalização dos valores. Por outro lado, na medida em que esses valores morais se constituem a cada situação, os acontecimentos do cotidiano com os seus atores e, principalmente, os mais representativos da hierarquia social, são tomados como exemplos. Por isso, deve haver, por parte desses atores, o entendimento da sua função pedagógica, principalmente daqueles profissionais que lidam diretamente com o controle e a recuperação das situações de exclusão e de violência. Nesse campo, não tem a menor serventia acender uma vela a Deus e outra ao diabo.

Um desdobramento do raciocínio anterior que merece ser considerado refere-se especificamente aos valores morais que colocam em foco a existência do próximo nas cogitações do indivíduo. A moralidade individual só deve ser considerada caso se estabeleça em uma oposição à moralidade coletiva, que deve predominar na avaliação de cada escolha. O que está em jogo é a decisão entre o prazer absoluto das drogas e o respeito aos valores dos próximos. Em adolescentes, indivíduos ainda em crescimento, torna-se estratégico, a fim de consolidar padrões de conduta, termos os meios para oferecer, preservando um modelo geral, intervenções individualizadas que levem em consideração as peculiaridades de cada caso, sem deixar de considerar a importância do coletivo durante o período de tratamento.

Kolhberg caracteriza o desenvolvimento da moralidade em níveis de evolução que nos servem para pensar a necessidade de conseguir que os adolescentes sejam estimulados a alcançar os níveis mais avançados. Tais níveis trazem a questão das implicações da moralidade individual nos processos de decisão que envolvem os interesses de um terceiro. Os adolescentes cada vez mais são solicitados a decidir, à medida que crescem e buscam maior autonomia. Além disso, devemos lembrar que, no período da adolescência, somos confrontados, em número e em intensidade, com as decisões que marcarão nossos caminhos. O adulto, freqüentemente, tem suas atividades mais definidas (ele já escolheu um caminho e o está seguindo) pelo trabalho, pelos compromissos afetivos, pela família, continuando, em sua maioria, as escolhas feitas quando jovem.

Kohlberg formula as suas observações sobre os fatores de construção da moralidade centrado nos aspectos cognitivos. Outros autores fizeram observações que, mesmo antigas, são tomadas como referência por muitos pensadores atuais. É o caso da concepção de Protágoras, um sofista, que enfatiza a importância de compreender a moralidade como um aprendizado diferente da formação de disciplinas especializadas, com conteúdos determinados, como matemática ou física. Esse aprendizado da noção de justiça e de moralidade é um símile da forma como aprendemos gramática. É um estudo que se faz de forma contínua, desde as primeiras palavras da mãe, podendo ser renovado a cada momento, precisando, constantemente, de exemplos, leitura, observação e estímulo à reflexão. Além disso, a moralidade, assim como a gramática, funciona como um elemento de coesão de um determinado grupo cultural, estando presente em todos os campos de atividade que realiza o referido grupo. Se considerarmos que a moralidade tem uma forma diversa dos demais aprendizados e um alcance sem igual na determinação do comportamento, certamente deveremos destacar uma forma de atenção especial nos serviços de adolescentes. Estes estão constituindo a personalidade e, por isso, precisam ampliar a utilização de novos elementos de motivações nos processos de decisão, inclusive perceber, além do aspecto negativo do uso de drogas, o sentido particular que elas têm em suas vidas: o que eles perdem na organização dos seus projetos (aprender a olhar o futuro). Deixar as drogas será mais facilmente abordável se não centrarmos o tratamento dos adolescentes apenas nos aspectos negativos gerais (que exigem, para serem entendidos, maior nível de abstração e de evolução moral) e trabalharmos concretamente as suas dificuldades e as restrições em relação às possibilidades que teriam (no caso de adolescentes carentes, temos que oferecer alguma perspectiva diferente da que lhes é proporcionada no seu lugar de origem, mesmo que sejam atividades culturais pouco habituais para eles, como cinema ou teatro).

Devemos perceber que os bons serviços não são feitos apenas por boas intenções. Precisam, portanto, ser estruturados em metodologia definida conceitualmente e passível de avaliação dos resultados, seja do processo em si seja da implantação das fases desse processo proposto.

A indicação do tipo de tratamento pode significar o primeiro passo para o êxito da recuperação, porém, para que haja possibilidades de indicações, é necessário existir diversidade de serviços. Em sentido inverso, alguns pacientes podem ter as suas chances reduzidas caso a proposta de tratamento mostre-se inadequada para aquele caso.

Há relatos de pacientes que conseguiram recuperação surpreendente e inesperada, apesar de, na avaliação inicial, apresentarem históricos contrários à recuperação, com péssimo prognóstico, e serem considerados praticamente irrecuperáveis.

Queremos agora relatar um pouco do método que temos desenvolvido durante seis anos com uma população extremamente difícil – mesmo trabalhando com restrições em face das dificuldades de implantação do programa –, e também do êxito alcançado em situações nas quais o freqüente é desistir, abandonando o adolescente.

III
Contribuições à construção do conhecimento sobre a recuperação de jovens usuários de drogas: alcance e limitação de um método

Hélcio Fernandes Mattos
André Raymundo de Souza Cardoso

Caso clínico

O relato que se segue revela uma parte da trajetória de vida de um adolescente como muitos outros, encontrado cotidianamente no noticiário policial, caracterizando o início de uma biografia típica do chamado jovem delinqüente. Contudo, sua vida pôde ser modificada a partir de um tipo de intervenção que ofereceu uma nova perspectiva para solucionar as dificuldades do seu dia-a-dia. Isso só foi possível porque nenhum momento desse encontro representou uma ameaça para a equipe do Centro Regional Integrado de Atendimento ao Adolescente (CRIAA) ou despertou desprezo na mesma. Jamais o adolescente, a quem chamaremos de Rômulo, foi visto pela equipe como um caso perdido, e tampouco foi julgado por seu histórico e suas ações, antes de ser acolhido e conhecido. Embora houvesse evidência de um forte comprometimento com a criminalidade, existiam também alguns indícios de bom prognóstico. Um deles era o fato de Rômulo ter iniciado seu envolvimento com os assaltos por volta dos 15 anos, aproximadamente um ano antes de chegar ao Serviço do CRIAA, sendo esse início da atividade delituosa precedido de uma mudança de residência para uma localização próxima ao tráfico. Esses elementos indicavam que o envolvimento em condutas anti-sociais poderia ter sido determinado mais por pressão do meio ambiente do que por traços de personalidade.

Se surgir no leitor uma indagação no que concerne ao nosso receio de enfrentar dificuldades aparentemente insuperáveis, ou à nossa ingenuidade em acreditar na recuperação com esse tipo de acolhimento a adolescentes com trajetórias semelhantes, lembramos que diante de situações como essa é fundamental estabelecer, primeiramente, uma avaliação antes de um julgamento, e, a partir daí, planejar um tipo de intervenção. Para o nosso trabalho no CRIAA importa muito o papel adotado pela equipe e a função de cada membro da mesma na relação com o paciente. Sabemos que as drogas representam um grande risco para os adolescentes e, por isso, temos como objetivo oferecer-lhes uma vida livre delas. Sabemos também que a violência e o desrespeito às leis fazem parte do cotidiano de muitos desses adolescentes. No entanto, esse fato em si não deve significar uma condenação prévia, pois a recuperação de adolescentes dependentes químicos envolvidos com o tráfico exige uma grande capacidade de suportar a carência de um lugar desprovido de recursos e, mesmo assim, intervir tendo como aliadas teorias que justifiquem e dêem coerência às técnicas terapêuticas[1] .

Falaremos de um tipo de intervenção que requer uma postura peculiar dos profissionais: a de não irem contra indivíduos que cometeram atos com os quais jamais concordarão e de ainda serem capazes de construir uma aliança com eles na delicada tentativa de mudança, fazendo com que os adolescentes funcionem em um cenário no qual possam compreender simultaneamente o limite do prazer do uso da droga e as implicações dos seus atos. Desse modo, cada membro da equipe precisa ocupar uma posição definida em relação às ações dos adolescentes e, ao mesmo tempo, ter uma referência que possibilite respostas protegidas por uma situação que o profissional está ajudando a construir para o adolescente. É, portanto, uma postura que exige flexibilidade e firmeza para lidar com grande dose de indeterminação; afinal, "aquele que não pode suportar ter sua bicicleta roubada não pode cuidar de ladrões de bicicletas"[2] . Que não se busque neste relato uma ação técnica surpreendente ou inovadora; não haverá também nenhuma interpretação de conteúdos psíquicos, a partir de *insigths*, que possa ter sido determinante nas transformações ocorridas na vida de Rômulo.

---

1 Talvez seja essa situação extrema que facilite e garanta os resultados positivos com alguns pacientes de grupos que dedicam a vida à missão de recuperar dependentes, a despeito da utilização de qualquer teoria que permita uma avaliação.

2 Winnicott, D. W., *Privação e delinqüência*, Martins Fontes, São Paulo, 1999.

O sucesso alcançado resulta de uma ação coletiva relacionada a uma estratégia terapêutica que tentamos implantar com jovens dependentes de drogas: *um modelo integrado de tratamento, considerado como atenção total.*

Como muitos outros, Rômulo foi acolhido e, depois de avaliado, apesar da gravidade de seus atos, não foi considerado irrecuperável, pois as características de sua personalidade indicavam que ele poderia aderir ao tratamento, apesar das exigências. Entendemos que era alguém ainda com recursos para dizer algo sobre as marcas impressas pela vida e que, portanto, deveria ter a chance de conhecer outras formas de relação, a fim de tentar alterar as conseqüências dessas marcas na direção do seu destino.

Após avaliarmos seu quadro clínico, seu padrão de consumo e a quantidade de problemas ocorridos pelo uso de drogas, ele iniciou o tratamento. No que se refere ao quadro clínico, constatou-se uma situação de uso abusivo, sem a presença de comorbidades e com indícios de uma estrutura neurótica. Em relação à quantidade de problemas, analisou-se a sua posição diante da justiça, o desenvolvimento escolar, as relações afetivas e os modelos de relacionamento. Mesmo considerando o prognóstico como reservado, não tínhamos, ainda, um conhecimento mais preciso de sua estrutura de personalidade, da sua capacidade de formar vínculos e, sobretudo, de como reagiria às influências de outros estímulos ambientais diferentes dos que recebera até então.

Embora a probabilidade de recuperação fosse pequena, propusemos um plano terapêutico que ele aceitou. Essa aceitação incluía a nossa regra de funcionamento. Não tínhamos elementos clínicos que caracterizassem um transtorno de personalidade anti-social no seu aspecto essencial. Entretanto, ao primeiro contato, o contexto em que seu problema estava inscrito não mostrava, nas grandes linhas, nenhum aspecto favorável, caracterizando-se, sobretudo, por ações criminosas. Rômulo tinha sido preso pelo flagrante de assalto a mão armada a uma padaria. E já havia praticado ações como essa muitas outras vezes antes de ser detido, como esclareceu sem dificuldades. Além disso, seus atos infracionais não se resumiam aos assaltos, ampliando-se até um envolvimento com o tráfico de drogas. Era vendedor e, portanto, um pequeno traficante, com várias histórias de assaltos apesar de ter apenas 15 anos de idade (idade baixa no sentido geral, porém dentro da média do grupo em que vivia). Originário de uma família desagregada e de baixa renda, possuía um reduzido nível de escolaridade. Uma situação, portanto, repleta de fatores de risco, sem apresentar elementos de proteção significativos. De nossa parte, as chances de poder ajudá-lo dependiam da possibilidade de oferecer alguns elementos de proteção e recursos para que ele encontrasse novas vias de solução para os seus conflitos e, principalmente, da capacidade de motivá-lo e de fazê-lo aderir ao tratamento. Da parte dele, dependia da sua disponibilidade para formar novos vínculos[3], da sua possibilidade de suportar as lentas transformações sem cometer novos delitos e de se identificar com modelos de força que não conhecia[4], diferentes dos que constituíra na sua carreira de traficante e usuário de drogas originário de grupos sociais excluídos.

A partir de suas histórias, pudemos compreender alguns dos motivos que levam um jovem pobre à violência e ao assalto a mão armada, razões intangíveis para aqueles que nunca viveram em situações extremas. Ele reconhecia ter sido preso em decorrência da maneira desarticulada e desesperada como realizou aquele assalto. Uma forma diferente de outros realizados anteriormente. Entretanto, o crime era a único meio encontrado para salvar a sua vida, pois havia infringido uma regra do tráfico, ficando à mercê do dono da "boca"[5]. A violência representava a solução para o conflito. Portanto, tratava-se, de fato, de uma questão de vida ou morte. E ele precisava agir rápido para se manter vivo. Estava ameaçado porque usara drogas acima de sua cota e fizera uma dívida de quarenta reais. Seu chefe no tráfico, intolerante e duro com os devedores[6], deu-lhe duas horas para pagar a dívida, caso

---

3 Característica incomum em transtorno de personalidade anti-social.

4 A necessidade de evitar a presença da polícia nas favelas faz com os traficantes exerçam a sua própria justiça (baseada nas crenças do chefe e não em leis definidas). Desse modo, muitos adolescentes criados nesse meio constituíram uma norma cultural que exclui, por falta de experiência própria, a justiça comum praticada em outras áreas da cidade. Cf. Dowdney, L. *Crianças do tráfico*. Sete Letras, 2003, Rio de Janeiro, p. 78.

5 A expressão "boca", também conhecida como "boca de fumo", refere-se aos locais de venda de drogas ilícitas.

6 O tipo de punição é determinado pelo chefe da boca, trazendo as características de caráter desse chefe. Em uma região pode ser mais branda, em outras, impiedosas. Cf. Dowdney, pp. 53-55, (2003).

contrário seria executado. Uma vida por R$ 40,00! É claro que uma situação dessas seria inimaginável em condições em que houvesse um pouco mais de recursos familiares, seja de ordem psíquica, seja de ordem econômica. Porém, para o filho de uma família perdida em uma comunidade na qual os recursos são escassos e essenciais para garantir a sobrevivência, na qual os conflitos são resolvidos pela repressão do ato e a submissão do indivíduo, tanto pela força policial como pela força do tráfico, era pouco provável encontrar alguma proteção diferente da escolhida: o uso da violência a fim de escapar da situação de arbitrariedade em que vivia. Ele só podia contar com os seus próprios recursos. Os que já estão submetidos à violência não têm mais o que oferecer, a não ser a violência, para se livrar do seu opressor ou contra o próximo para servir a ele. Para Rômulo, pagar a dívida, conseguir dinheiro, era entendido como a escolha entre viver ou morrer, pouco importando, portanto, os riscos que correria ou as ameaças que pudessem surgir.

É baseado nessa lógica que Castel[7] constrói seu entendimento sobre a questão da marginalização. Ela não seria fomentada pela pobreza em si, visto que, segundo ele, existe uma pobreza integrada, na qual a incidência do fator econômico, apesar de presente, não é suficiente para produzir a marginalização. Nesse caso, a presença de redes de apoio e solidariedade entre os grupos funciona como elemento de integração. Ao contrário, a destruição dessas redes leva a um processo de degradação dos vínculos sociais, com conseqüente desfiliação de vínculos culturais, deixando cada um, isolado de qualquer elo, entregue à sua própria sorte. É o que ocorre com os segmentos sociais que se encontram nas "zonas de exclusão", caracterizadas por uma maior vulnerabilidade, onde a precariedade das redes sociais produz efeitos de marginalização contundentes, como a situação particular aqui descrita, mas que pode ser lida também como geral, à semelhança do que sugere Dowdney[8] em pesquisa realizada com adolescentes envolvidos no tráfico de drogas.

---

[7] Castel, R., "Da indigência à exclusão, a desfiliação: precariedade do trabalho e vulnerabilidade relacional". In Lancetti, A., (org.), *Saúde e loucura*. Huicitec, São Paulo, 1989.

[8] Dowdney, L., *Crianças do tráfico*, Ed. 7 Letras, Rio de Janeiro, 2003. Nosso livro estava sendo revisado quando a pesquisa foi publicada, confirmando muitas das observações e conclusões obtidas no trabalho clínico que realizamos.

Do ponto de vista de sua estrutura familiar, Rômulo também não contava com nenhum aporte de proteção que facilitasse seu desenvolvimento psíquico. Sua mãe, esquizofrênica, com histórico de várias internações. O pai, alcoólatra, separou-se dela e vivia em um município distante daquele onde Rômulo morava com a mãe. O motivo da separação de seus pais é um ponto dos mais dolorosos, que serve como um emblema do que representava para Rômulo a esperança de conseguir, de uma forma estruturada, um apoio continuado. O fato que descreveremos teve repercussões em todo o sistema familiar e serviu para selar de vez a fragilidade e a ruptura dos vínculos familiares.

Ocorreu logo após o nascimento do nascimento do segundo filho do casal. Depois do parto, que transcorreu normalmente, seu pai veio do hospital para casa e, radiante de alegria, programou um churrasco com amigos e familiares para receber a mulher e o segundo filho, que chegariam na manhã seguinte. Ao retornar ao hospital, soube que a mulher já havia ido embora, levando o bebê. Todavia, ao chegar em casa descobriu que ela não estava com a criança e, pior ainda, não sabia informar onde estava o recém-nascido.

Rômulo precisou de dois anos[9] de atendimento para contar essa história e, mesmo assim, até o momento, ainda não lhe foi possível integrar plenamente os fragmentos do que lembra que ocorreu naquela manhã. Pelos relatos dos envolvidos, pode-se chegar à hipótese de que a mãe, provavelmente em função de sua estrutura psicótica, tenha abandonado ou doado a criança, sem que pudesse agregar esse ato à sua história. A separação do casal se deu depois desse acontecimento.

A despeito da sua trajetória de abandono afetivo, dos grandes sofrimentos e das perdas representativas, a sua vida psíquica havia sido preservada, alcançando um desenvolvimento sem a presença de comorbidades, expressando as características, valores e crenças comuns ao grupo social a que

---

[9] São situações em que, para se consolidar alguma transformação interna, leva-se um tempo longo para neutralizar o tempo exposto às situações de risco, criando-se novos modelos de compreensão. Apesar das melhoras obtidas com o paciente, em função da fragilidade da situação e conseqüente risco de recaída, é importante que se mantenha algum tipo de contato para orientá-lo em momentos de dificuldades.

pertencia. Mesmo com os transtornos da conduta, caracterizados pelos assaltos, pelo abuso de drogas, pelos atos de violência, ele não apresentava aspectos psicóticos e não se evidenciavam indícios de que pudesse se caracterizar um transtorno de personalidade anti-social ao completar a maioridade. Porém sabíamos ser uma tarefa delicada estabelecer com Rômulo uma relação de confiança e respeito que se sustentasse diante das dificuldades que deveríamos enfrentar durante a recuperação. Quando chegou ao Serviço não demonstrava nenhum interesse no tratamento. Cumpria apenas uma ordem judicial, cuja realização facilitaria sua liberdade definitiva, que a princípio era o seu único objetivo. Caberia, portanto, aos recursos técnicos da equipe produzir a motivação suficiente para mantê-lo no programa de tratamento.

O aprendizado que fizera sobre a mecânica de poder das medidas sócio-educativas não diferia em natureza daquilo que conhecia em relação ao poder do tráfico[10]. No período em que esteve detido, na condição de adolescente em conflito com a lei (portanto, sob a proteção do Estado), relatou histórias aterrorizantes pela crueldade e por revelarem o total abandono em que viviam os internos da instituição em que esteve. Podemos citar, por exemplo, os procedimentos impostos pelos antigos internos aos novatos que chegavam ao alojamento. À noite, quando se fechavam as portas e a vigilância diminuía, os novatos eram submetidos a torturas, sendo uma delas ter a sola do pé queimada por pontas de cigarro. Violência e submissão no espaço de recuperação, repetindo as mesmas regras do tráfico. O que Rômulo havia aprendido sobre o poder do Estado não representava nada de qualitativamente diferente da experiência que acumulara sobre o poder do tráfico. Até então, ele nada assimilara de novo e continuava a não ter motivos para acreditar que houvesse uma outra lógica de relação entre as pessoas. Mesmo quando sob a proteção do Estado, não havia qualquer segurança pessoal, as injustiças faziam parte do cotidiano dos adolescentes detidos. As mesmas atrocidades eram igualmente relatadas por outros internos.

---

10 A imposição de valores simbólicos pela violência não desenvolve vínculos e não é mantida quando o agente transmissor perde a sua força. Ao contrário, gera marginalidade.

Rômulo, portanto, iniciou o tratamento desmotivado. Afinal, seria mais uma etapa da sua pena, sem que se oferecesse a ele uma proposta de mudança. Definiu-se, então, um plano terapêutico, com a sua concordância em termos contratuais, que incluía: psicoterapia individual, atendimento médico, apoio pedagógico, atividades esportivas, oficina de artes, oficina de teatro, oficina de sexualidade, assembléia de adolescentes e grupos temáticos. O objetivo em todas as atividades era comum: a partir da concepção do predomínio da moralidade coletiva sobre os interesses individuais oferecer um atendimento de qualidade que permitisse um crescimento global de seus potenciais, buscando ampliar os fatores de proteção e minimizar os prejuízos dos fatores de risco e, com isso, estabelecer um tipo de relação não esperada pela sua vida de exclusão, tentando conseguir, dessa forma, a sua adesão ao projeto terapêutico. Cada atividade tinha a sua especificidade, que será explicitada no capítulo seguinte. O contrato enfatizava a necessidade de abandonar as drogas e o compromisso de interromper as atividades criminosas. Deixou-se claro que a condição para manter-se em tratamento era parar imediatamente com os assaltos[11], pois esses crimes representariam a perda da sua condição de condição de semi-liberdade e, conseqüentemente, a ruptura com o seu tratamento.

O contrato tem como fundamento a possibilidade de o cliente ser colocado na condição de sujeito e poder aprender a conviver com a alteridade, representada pelo desejo do outro, garantido pelo respeito às regras e pelo contrato – que, ao particularizar as necessidades da instituição, tem como prioritário destacar o respeito à autoridade do coletivo, representado pelas regras de funcionamento do Serviço.

Durante algum tempo, Rômulo continuou mantendo o uso de drogas fora da instituição. Se tomássemos uma atitude isolada de tudo que fazíamos, dirigida por propósitos meramente repressivos, deveríamos ameaçá-lo ou denunciá-lo. Mas isso significaria romper a relação de confiança ini-

---

[11] Os casos de transtornos anti-social que não conseguem interromper as atividades criminosas mesmo depois de se comprometerem a isso durante o tratamento têm um prognóstico pior, na medida em que são incapazes de manter um compromisso por alguma característica central da personalidade. Cf. Morana, H. Escala Hare PCL-R, versão em português, Casa do Psicólogo. São Paulo, 2004.

ciada, deixando nele a certeza de que não existia qualquer preocupação com as suas dificuldades e restrições[12]. Por outro lado, devíamos considerar que não denunciá-lo não significava necessariamente concordância ou incentivo, pois o uso ocorria fora do Serviço e ele nos punha a par disso espontaneamente, fazendo parte do tratamento as observações sobre a freqüência e as formas de usar drogas e as estratégias para interromper o uso[13]. O fato de continuar a usar depois de iniciado o atendimento não deve ser entendido, portanto, como uma recusa ao tratamento, aparecendo muito mais como um sintoma, ou, no máximo, um desafio – outra expressão da produção sintomática – à tolerância da equipe, da qual esperava uma resposta não-violenta, mas que representasse uma solução. Por outro lado, falar do uso mostrava a continuidade de sua adesão ao projeto terapêutico. Esperávamos a sua recuperação. Por isso, percebendo o seu empenho em parar o uso, a cada lapso[14] discutíamos os riscos e os inconvenientes dessa situação para a sua reorganização em outras áreas além das drogas e para os compromissos assumidos diante do grupo em tratamento e da equipe.

Nas instalações do Serviço, freqüentemente ele quebrava algumas regras, não sendo um modelo de bom comportamento. Infringia amiúde a proibição de fumar cigarros, ocasiões nas quais a equipe sempre discutia com ele sua recusa a um projeto de vida livre do tabaco; da mesma forma que abordava suas atitudes, por vezes agressivas, outras vezes contrárias às regras estabelecidas no contrato terapêutico. Porém cada transgressão era discutida no que representava de prejuízo para a Instituição como um todo em função das conseqüências que provocava. Essa intervenção buscava criar um vínculo de pertencimento, dele e dos outros adolescentes, com a Instituição e os seus propósitos. Assim, cada infração tornava-se motivo para reafirmar a importância de se preservarem os interesses coletivos.

---

12 Seria apenas um ato de força, quase uma violência contra alguém que não conseguia vencer os seus sintomas.

13 Tentávamos identificar as situações em que as usava e conhecer seus padrões de uso. Conduta freqüente no atendimento particular com pacientes de outro grupo social.

14 Lapso é o termo usado para designar o retorno do uso sem que haja uma intensidade que caracterize uma recaída propriamente dita.

Como havia indicação terapêutica, a mãe de Rômulo foi convidada a participar do grupo de mães. Esse atendimento era habitual para todas as famílias em tratamento e tinha como objetivo encontrar soluções coletivas para os impasses cotidianos ligados ao problema das drogas. Era uma forma de dividir experiências, com a orientação de um profissional. Esse grupo, no decorrer dos anos e com a experiência acumulada pela equipe, desdobrou-se num segmento chamado de "cooperativa de mães", destinado ao desenvolvimento de habilidades comerciais e de produção de alimentos sem que o grupo de mães original sofresse qualquer tipo de restrição em sua oferta. Posteriormente a cooperativa de mães veio a ser desenvolvida dentro da concepção de oficinas de geração de renda, visando às famílias. Se considerarmos os apelos econômicos do tráfico de drogas, veremos que a cooperativa da cozinha procurava não somente capacitar para o mercado de trabalho ou prover recursos financeiros diante de uma clientela empobrecida economicamente, mas também, e principalmente, fomentar a construção de redes de alianças e a integração do grupo. Afinal, aprender a administrar recursos exige, dos participantes, condições de funcionar no registro de representação, pensando em termos abstratos e adquirindo a capacidade de se projetar no futuro para, com essas projeções, alterar as atividades do presente e conseguir modificar o curso desejado. Esse procedimento implica ser capaz de esperar a fim de atingir um objetivo e persistir em um propósito, realizando apenas o que for possível a cada momento, representando, desse modo, um símile da administração de problemas psíquicos, administração que os adolescentes precisam aprender para escapar ao registro da violência, deixando assim de buscar apenas as soluções imediatas. Trata-se do desenvolvimento de uma habilidade instrumental que pode ser transferida para a resolução de problemas do dia-a-dia. O trabalho com as famílias é complementar ao trabalho realizado com os adolescentes. Além de buscar modificações nos aspectos subjetivos, tentamos conseguir uma alteração na realidade concreta, apoiando-os para que ganhem algum recurso econômico. O surgimento desse tipo de investimento decorreu da necessidade de suprir a ausência de uma rede social de apoio, indispensável para dar continuidade ao plano terapêutico, e reforçar nos adolescentes a disposição para dar conta das dificuldades que antes enfrentavam sozinhos. Conseguir uma colocação profissional constitui-se num problema para os adolescentes originários do meio social de onde vêm nossos clientes.

A mãe de Rômulo, em função de sua desorganização psíquica, não conseguiu se integrar aos trabalhos da cooperativa, porém pôde se beneficiar das orientações e do apoio recebido no grupo de mães.

Esse trabalho da cooperativa desenvolveu-se durante o processo de tratamento em função das reais dificuldades de se conseguir colocação para mães com baixa qualificação profissional, que apresentavam problemas nas relações familiares. A forma como surgiu esse tipo de organização não chega a ser considerada uma improvisação, porque segue o objetivo básico do tratamento, visando a aumentar os fatores de proteção e a oferecer melhor suporte para uma posterior integração na rede de apoio social que funciona no espaço externo do Serviço. Entretanto, o trabalho foi instaurado antes mesmo de obtermos os recursos necessários, surgindo a partir da situação de uma das mães, que, sem emprego nem renda, precisava de um lugar para instalar-se com o filho, evitando ficar morando com familiares dos quais dependia e que eram usuários de drogas.

Um tipo de construção semelhante ocorreu no tratamento de Rômulo. Foi convidado a participar de uma oficina chamada "grupo do livro", que tinha como objetivo escrever histórias ligadas à problemática das drogas, relacionando-as às próprias vivências dos adolescentes. Era uma forma de resgatar acontecimentos dispersos e construir, com eles, uma história das trajetórias de vida de cada adolescente. Nesse grupo os jovens aprendiam, no plano objetivo, a lidar com o computador, como habilidade instrumental, criando uma familiaridade com recursos mais modernos; e, no plano subjetivo, a se organizarem coletivamente para escrever os textos, que eram comentados pelo grupo, permitindo a reflexão coletiva. As experiências que se cruzavam, saindo do espaço do secreto para um lugar de visibilidade, permitiam criar uma nova significação, com a presença do profissional, que dirigia esse trabalho. Foi, sem dúvida, uma experiência enriquecedora. No caso, o técnico era o seu próprio terapeuta. Após terem sido superadas as dificuldades iniciais, próprias desse tipo de grupo, começaram a surgir relatos muito significativos da parte de todos os integrantes, em especial de Rômulo, que pôde escrever e contar sobre um momento crucial de sua vida. Um entrecruzamento, cujo sentido, até então, lhe escapara completamente, dos valores do menino sonhador que fora com as regras a que, na condição de adolescente traficante, estava submetido.

Certa vez, trabalhando no tráfico em companhia de um amigo de infância, Rômulo pensou que ele o tivesse roubado. Ambos haviam feito uso de grande quantidade de cocaína, o que prejudicava a capacidade de avaliação das circunstâncias em que se dera o fato. No meio da discussão, chegaram a apontar as armas um para o outro. Instalou-se um momento de grande tensão, pois matar um amigo querido era diferente de matar um inimigo; mas, ao mesmo tempo, cada um deles tinha a obrigação de fazê-lo, de acordo com o código de valores do tráfico, que define a execução como a única saída para tais circunstâncias de roubo da droga. Deixar-se enganar representa perder a credibilidade diante do grupo e ficar sujeito à punição. Por um acaso do destino, num lance furtivo do olhar, viram a droga que havia desaparecido perdida num canto e, desse modo, o impasse se desfez, sem que precisassem exercer a justiça exigida pelo código do tráfico, contrária a vínculos afetivos de amigos.

Esse episódio trouxe à tona uma profunda confusão na vida de Rômulo. Ao narrá-lo "no grupo do livro", teve a oportunidade de pensar sobre as contradições a que se via submetido sob a influência das drogas e, a partir disso, sobre as conseqüências que estas traziam para a sua vida psíquica e o seu destino. Esse amigo, a quem chama carinhosamente pelo apelido, continuou no tráfico. Por seguirem caminhos diferentes, o contato direto se enfraqueceu. Ele soube que o amigo, por desentendimentos com o antigo grupo de traficantes ao qual pertenciam, foi expulso da região. Não podendo voltar à casa onde morava e correndo risco de vida caso se aproximasse de regiões dominadas por outros grupos, acabou, sem alternativas, morando na rua. Atualmente, vive de uma forma errante nas ruas do centro da cidade, tendo adquirido marcas definitivas, como a seqüela de uma briga, que restringiu os movimentos de suas pernas. Conhecemos muito pouco sobre esse amigo e não podemos afirmar que a sua vida poderia ter sido diferente se lhe tivessem dado melhores oportunidades. Entretanto, podemos, com grande probabilidade de acerto, considerar que a vida de Rômulo se transformou a partir da sua prisão e do posterior encaminhamento ao nosso Serviço.

Importantes mudanças ocorreram a partir do momento em que pôde, através do episódio com o amigo, integrar sua reflexão às atividades que realizava e às novas elaborações de que participava sob a influência do tratamento. Pela primeira vez, para ele, a lógica do tráfico aparecia como negativa, sendo contestada internamente; e os valores que presidiam nosso trabalho passaram a ser percebidos como justificáveis e protetores, além de se mostrarem capazes de integrar os sentimentos à ação de uma forma duradoura, por meio de vínculos com relações do passado. Afinal, a percepção de um momento isolado não deve ser mais importante do que a história de uma relação. Um novo território de representações começou a se erigir, não mais pautado na lógica de rupturas, presentes no funcionamento do tráfico e da família. O novo paradigma no qual começa a pautar suas condutas era um território afetivo integrado, fundamentado na troca de comunicações e no respeito pelo momento vivido, permitindo a simultaneidade de conseqüências do funcionamento de dois códigos, antes imperceptíveis para ele. Sua vida, até então plena de sobressaltos, transcorrera sem nenhuma relação estável. Mas, durante o tratamento, passou a adquirir uma continuidade, construída pelo ambiente criado com as atividades desenvolvidas na relação com o seu terapeuta e, principalmente, sustentada na luta pela preservação de um acordo comum, firmado entre ele e a equipe: o de mudar a sua vida. Talvez ele se sentisse, pela primeira vez, alçado a um lugar de importância, conseguindo ser respeitado, sem precisar do uso da violência.

Os resultados do plano terapêutico também apareciam positivamente nas atividades do dia-a-dia. Rômulo regressou à escola e voltou a cursar a oitava série do Ensino Fundamental. Casou-se durante o período de tratamento e agora tem um filho. Desenvolveu um trabalho como "office boy" em uma universidade federal, graças a um convênio patrocinado pelo Governo do Estado do Rio de Janeiro, "Jovens pela Paz", financiado pela Unesco. Os relatórios enviados por seu chefe nesse estágio indicam bom desempenho no trabalho, assiduidade e interesse. Uma nova organização psíquica mantinha-se preservada, o que pode ser evidenciado em vários pontos. Quando está de férias do estágio, e nos finais de semana, vende refrigerantes nos sinais da cidade como uma forma de conseguir dinheiro para a sua pequena família. A relação afetiva com a mulher ganhou grande importância e o desempenho do seu papel como pai é bastante expressivo no esforço que faz para economizar dinheiro a fim de comprar fraldas, enfim, cuidar do filho.

Em momento algum, após o início do tratamento, praticou assaltos, confirmando a nossa avaliação de que seria mais fácil interromper de imediato esse tipo de ação criminosa. Na escala de avaliação que usamos, Christo Inventory Social Subject (CISS), é notável a mudança observada na sua evolução.

No caso descrito, fica patente o sucesso da intervenção. Poderíamos, até mesmo, considerar que o entendimento clínico e o plano terapêutico foram elementos decisivos para que sobressaíssem os seus aspectos mais integrados, até então sufocados pela precariedade de suas relações, expressa na quantidade e na intensidade dos fatores de risco e na ausência dos de proteção em que sempre viveu.

A noção do tratamento como um processo ativo e a possibilidade de definirmos campos de intervenção e metas a serem alcançadas criaram uma sustentação mínima, que permitiu a realização de uma série de atividades diversificadas, porém integradas em um mesmo tipo de compreensão, visando à busca de um objetivo comum. No caso, a psicoterapia representou um fator importante no acompanhamento da recuperação, constituindo-se em um espaço de elaboração mais específico, sendo o lugar da produção de um vínculo mais intenso com a equipe, representada na figura do terapeuta. Esse trabalho permitiu que Rômulo suportasse as dificuldades surgidas das questões suscitadas pela constante interação com o grupo de adolescentes e, ao mesmo tempo, os problemas emergentes com a compreensão das suas reações e de suas relações afetivas com a família de origem e, posteriormente, no seu casamento. Entretanto, entendemos que o tratamento, dada a precariedade da situação em que vivia e da busca de soluções imediatas a fim de atender as urgências do seu cotidiano, precisava ser mantido, por evidenciar concretamente, no conjunto da proposta que oferecia, um tipo de apoio bem mais estruturado do que aquele que, até então, ele havia recebido dos seus próximos e, posteriormente, das instituições de correção por onde passou.

Um dos pontos diferenciadores do nosso método é, no plano psicopatológico, a ênfase colocada na intervenção sobre o processo psíquico que determina as ações passíveis de repressão, em vez de simplesmente reprimir os atos, o que seria muito mais uma proposta moral, afeita ao entendimento jurídico restrito. Um outro aspecto refere-se à forma como entendemos o funcionamento do Serviço, que, além dos suportes técnicos a serem observados, visava à constituição de processos de transmissão de valores simbólicos, oferecendo comportamentos e referenciais de raciocínio para servirem ao processo identificatório. A compreensão conceitual é que tem substanciado a capacidade de suportar os momentos de impasse entre os objetivos almejados e as recaídas, permitindo a persistência na superação das dificuldades do paciente para abandonar o uso de drogas.

No caso de Rômulo, qualquer atitude meramente repressiva, isolada, desvinculada do acordo estabelecido previamente, poderia significar a ruptura da relação que sustentava o tratamento. Assim, uma desistência de tratá-lo, expressa em um desligamento sumário, fosse pelo uso de drogas, ocorrido em alguns momentos no início do tratamento, fosse pelo seu comportamento beligerante em relação ao que entendia como injustiça nas decisões da equipe, seria desastroso, lançando-o de retorno à carreira da marginalização e ao uso de drogas de forma ainda mais dramática. Não estamos, no entanto, defendendo uma posição de passividade, indiscriminação ou omissão da equipe. Em outras situações, de acordo com as características do acontecimento ou do paciente, tomamos atitudes repressivas, porém mantendo sempre o cuidado de vinculá-las, em primeiro lugar, ao rompimento do acordo com a equipe. Ou seja, a medida repressiva se origina do rompimento de regras estabelecidas em conjunto para garantir que pudéssemos, o paciente e a equipe, alcançar um objetivo comum: a recuperação, preservando o respeito mútuo.

Entendemos que, se não houvesse esse cuidado, apareceria uma inviabilidade no desenvolvimento de um processo de confiança mútuo, pois reforçaríamos as noções de justiça sem que a mesma estivesse fundamentada em regras explícitas, dependendo, portanto, de posições pessoais, tal como é descrita no funcionamento da justiça realizada nas áreas dominadas pelo tráfico[15]. A perspectiva de manter uma correlação clara entre as regras definidas previamente e a ação repressora decorrente tem, por um lado, a finalidade de levar o adolescente a perceber que as ações desencadeiam sempre uma conseqüência, e, por outro, evitar que a ação repressora

15 Dowdney, (2003), p. 78.

seja encarada pelo adolescente ou pelos demais como um mero ato de vontade da equipe ou de um dos seus membros. Assinar um contrato e relacionar a transgressão com o rompimento de uma regra, claramente expressa e aceita pelo adolescente como importante para a realização das práticas coletivas, torna-se necessário para ele entender que preservar a justiça exige a obediência às regras[16]. A idéia de justiça só pode ser garantida se todos estão submetidos a uma lei comum, clara e explícita[17].

Um outro exemplo da necessidade de metas definidas se evidenciou, no caso de Rômulo, na intervenção do apoio pedagógico que permitiu a reinserção escolar, suprindo suas deficiências e atuando pragmaticamente na garantia da matrícula e no processo de adaptação escolar que ele, sozinho, teria dificuldades em resolver. Essa nova situação foi requisito necessário para sua aceitação no programa "Jovens pela Paz", que tinha como uma das exigências estarem os participantes regularmente matriculados e freqüentando a escola. Esse tipo de oportunidade, previsível, é mostrado aos adolescentes como um preparo necessário para as novas chances que venham a surgir ou possam ser construídas. Saber mais sempre é uma vantagem, como Rômulo pôde constatar na "oficina de sexualidade". Nas discussões e informações recebidas, ele suspeitou que houvesse contraído uma doença venérea. Nada disse, mas guardou um número de telefone gratuito para informações. Depois de ter-se informado e confirmado sua suspeita, falou com o seu terapeuta, que o encaminhou para o serviço de Doenças Sexualmente Transmissíveis (DST) da universidade, no qual ele foi tratado.

De forma inequívoca, a equipe procura oferecer um cuidado global, substituindo o papel da família, com a qual o adolescente não pode contar. A importância desse conjunto de elementos de proteção transparece no seu relacionamento com a namorada, que se transformou em uma relação estável. As informações geradas pela "oficina de sexualidade" impediram um agravamento das conseqüências, em especial durante a gestação.

Estamos acentuando alguns ganhos objetivos alcançados, porém essas conquistas visíveis devem ser entendidas como uma estratégia de cons-

---

16 Cf. "Drogas: uma proposta de tratamento", em anexo.

17 Beccaria, C., reedição (2002).

trução, que visa mais do que dar uma ajuda. O conjunto da nossa intervenção pretende uma transformação interna. A finalidade é conseguir do adolescente a aceitação de um código de respeito às necessidades dos demais, que começará a competir com o que aprendeu na relação com os seus pares dentro da comunidade de origem. Eles recebem ajuda, porém devem participar, tendo uma parcela de responsabilidade na construção dessa prática de relacionamento. É preciso que adotem uma posição ativa. Assim, através da busca de objetivos pragmáticos e específicos, que eles identificam como importantes para eles, alcançam melhor compreensão do papel de valores abstratos, como respeitar as diferenças e saber esperar o momento, que são os verdadeiros elementos de sustentação das escolhas cotidianas, dentre as quais a de usar drogas ou se manter longe delas.

Embora em todas as atividades sempre se difunda a importância da valorização das questões coletivas, é a assembléia geral (AG) o espaço propício para a discussão dessas idéias, servindo como referencial às decisões a serem tomadas.

A participação de Rômulo na dinâmica da AG foi um acontecimento de grande valor para o seu processo de mudança de atitude. Ele adquiriu uma posição de liderança, sempre defendendo as soluções mais imediatas para preservar as regras instituídas. Nessas intervenções, aliava duas características importantes, que, entretanto, deveriam ser apoiadas com certa cautela, pois se, por um lado, defendia as regras e a manutenção dos compromissos, fundamentais para uma mudança de atitude, por outro, exigia muita pressa nas soluções, o que poderia destruir os valores defendidos, na medida em que as suas propostas se tornavam impositivas, anulando os desejos dos demais e, com isso, todo o sentido do respeito às regras, que lutam pela preservação dos valores coletivos.

Inicialmente, ele ficava irritado quando o encaminhamento não era o que esperava. A atividade da AG procura estimular os pacientes a participarem quer de tomadas de decisão, preservando a importância das regras de funcionamento como orientação, quer das soluções das intercorrências na rotina das atividades. Enfim, os pacientes participam da discussão do dia-a-dia do Serviço, relacionando a responsabilidade de cada um na execução da tarefa comum. Discutem-se publicamente todas as situações ocorridas, explicitando as dificuldades e os limites a que a equipe também está submetida. É uma necessidade técnica a condição de que temas do funcionamento institucional, que interessam diretamente aos adolescentes, bem como os problemas de relacionamento, devam ser discutidos publicamente, sem segredos. Problemas como violações e quebras de contrato são sempre levados à AG, que discute a posição da equipe a respeito do ocorrido e estimula os participantes a formularem sua própria opinião a respeito. É curioso que eles costumam ser muito rígidos nos pedidos de punição. Têm dificuldade de entender as múltiplas causas que determinam um problema e querem solucionar tudo em bloco e de uma vez por todas, não percebendo claramente as diferentes origens e os ganhos de se resolver uma parte dos problemas e esperar até que seja possível encontrar outro encaminhamento mais favorável e mais abrangente. Também na AG surgem as discussões sobre grande parte das atividades a serem oferecidas aos pacientes, de maneira que eles possam participar do plano terapêutico desenvolvido e serem responsabilizados pela continuidade das atividades. O efeito buscado é o de torná-los agentes ativos do tratamento e do ambiente onde ele se realiza. Muitos dos acontecimentos ocorridos ao longo dos anos, como pichações e uso de drogas, puderam ser equacionados por tais reflexões, sem que fossem necessárias atitudes mais drásticas. Na AG, tentamos enfrentar o choque de duas culturas existentes no Serviço: uma que insiste na liberdade absoluta das ações de cada um, e a outra que considera a importância dos valores do grupo e procura realizar os seus interesses sem destruir as construções coletivas, colocando em jogo duas posições: independência e autonomia.

Essa mesma questão está presente na lógica do uso de drogas, no que tange à liberdade do indivíduo de escolher ou não usá-las. Podemos trazer como um desdobramento desse embate uma situação na qual um adolescente trouxe uma lata de cola escondida dentro de sua mochila e pediu que fosse guardada no armário da secretaria. Percebido o fato, decidiu-se confiscar a lata e discutir o acontecido na assembléia que se daria horas depois; portanto, ainda nesse mesmo dia. Dois temas dominavam essa AG: os maus-tratos sofridos em uma clínica de internação por três adolescentes em tratamento conosco, que haviam sido encaminhados por nós para a internação, e a lata de cola encontrada na mochila. Os dois temas provocaram indignação.

A discussão foi aberta por um adolescente que havia fugido da clínica, relatando o que acontecera com ele e lembrando os maus-tratos sofridos pelos outros dois adolescentes que estiveram na mesma clínica. O grupo esperava que nós, da equipe, tomássemos uma atitude por eles, denunciando a clínica que os havia maltratado. Explicamos que não era tão simples como imaginavam. Afinal, em termos oficiais, a clínica era um serviço legal e com as mesmas prerrogativas do CRIAA, igualmente autorizado pelo Estado, devendo estar sob supervisão regular e, sem dúvida, oficialmente considerado em condições de funcionamento. Assim, uma acusação não deveria partir de nós, pois éramos, como a referida clínica, um serviço da mesma rede assistencial. Portanto, a clínica, como nós, teve o seu projeto avaliado, aprovado e tinha, desse modo, autorização para funcionar. A acusação caberia a eles[18], que poderiam, junto com os familiares, recorrer ao Conselho Tutelar ou à comissão de Direitos Humanos da Assembléia Legislativa do Estado do Rio de Janeiro. Nós poderíamos levar esse relato aos supervisores do Estado responsáveis pelo acompanhamento do nosso serviço, alertando para a gravidade do fato e sugerindo que entrassem em contato com os supervisores da referida clínica.

Os adolescentes podiam perceber que haviam sido internados porque não estavam conseguindo controlar as suas atitudes, ficando expostos a situações de risco, e, no Serviço, infringiam as regras de forma sistemática, anulando o trabalho desenvolvido. Certamente também haviam desrespei-

[18] Essa situação é muito delicada, pois o momento de intervenção na realidade concreta – fazer a denúncia – mostra-se bastante impreciso, embora apoiado pelo Estatuto da Criança e do Adolescente. Duas questões estão em jogo. De um lado, a condução técnica de uma discussão; de outro, a defesa dos direitos constituídos. A nossa conduta, nesse momento, foi de pedir uma participação ativa deles, juntamente com os seus familiares, em sua própria defesa. Mostrávamos que tinham esse direito e lhes oferecíamos os meios de como o exercerem. Caso, naquele momento, nós tomássemos a frente e fizéssemos a denúncia, acabaríamos imediatamente com as discussões e repetiríamos um modelo que conheciam: eles se queixavam e alguém tomava a frente. Nesse caso, por um lado, eles não se dariam conta das dificuldades para se resolver questões como essa, que envolvem muitos interesses e que provavelmente já era conhecida de muitos que não tomaram qualquer iniciativa. Por outro, eles continuariam na posição passiva de reclamar e deixar que outrem resolvesse por eles, desobrigando-os de qualquer participação. E, por último, entendemos que era da maior relevância eles aprenderem a importância de usar as redes de apoio dentro do espaço legal, como, no caso, a ALERJ e os CTs; isto é, realizar um tipo de justiça seguindo os trâmites processuais, como uma forma de fortalecimento das práticas democráticas.

tado as regras da clínica para a qual foram encaminhados e, por isso, tinham sido punidos pelos técnicos, tentando, desse modo, inibir a transgressão. O entendimento não girava em torno de terem cometido ou não uma ação censurável, e sim do que deveria ser uma resposta terapêutica da clínica. Eles ficaram indignados com as punições, reclamando serem muito violentas e injustas. Talvez tivessem razão, mas esse era o método da clínica, diferente do nosso. Entretanto, sabemos que a repressão e a punição são medidas aceitas no tratamento das drogas. Talvez houvesse ocorrido um excesso de algum técnico da equipe, mas os adolescentes certamente haviam transgredido alguma regra e esse fato não poderia simplesmente ser ignorado. Eles percebiam e falavam da nossa forma diferente de funcionar. Nós discutíamos na AG os problemas e tomávamos decisões conjuntas; já na clínica em questão, as punições estavam decididas de antemão. Podiam queixar-se do excesso de rigor, mas não de haver uma punição, pois eles a teriam evitado se não houvessem transgredido. Observou-se claramente uma tendência para encobrir a gravidade das transgressões, destacando as injustiças vividas na clínica, que sabíamos serem verdadeiras[19].

Entretanto, o importante, naquele momento, não era ocuparmos o lugar de justiceiros e poderosos, no qual nos queriam colocar, e ignorar suas freqüentes transgressões com a justificativa de sempre serem vítimas de injustiças. Embora os maus-tratos fossem reais, nós não podíamos resolvê-los somente numa reunião, sendo um tipo de encaminhamento lento que depende da participação de um coletivo, não dependendo da decisão de uma única pessoa. Acabar com as injustiças não dependia apenas de denúncias, sendo um problema de solução bem mais complexa, que necessitava de apoio político e da constituição de uma rede assistencial, construída com critérios mais claros. Como eles, diante desse fato, nós também enfrentávamos dificuldades e não dispúnhamos de muitos recursos para encontrar uma solução. Acabar com as injustiças e a violência dependia de um trabalho conjunto da sociedade, e nós poderíamos participar, mostrando que o nosso método também oferecia resultados positivos em relação ao respeito às regras com as quais nos havíamos comprometido.

---

[19] Essa clínica veio posteriormente a ser fechada por maus-tratos.

A descrição que fizemos da AG concentra-se no fio condutor das reuniões, não no detalhamento da dinâmica das mesmas, a qual, sendo variável, depende do número de adolescentes, das características destes, do momento da discussão no percurso da instituição, do tema em foco e da forma de coordenação. De todo modo, não existe a pretensão de que os entendimentos discutidos sejam absorvidos integralmente a cada reunião. Esperamos, sim, que a continuidade das argumentações e a constância das condutas da equipe acabem consolidando uma forma de raciocínio capaz de organizar o funcionamento do Serviço e orientar as decisões individuais, de maneira que alguns adolescentes alcancem o entendimento necessário para tomar as suas decisões considerando os valores coletivos, e outros acatem o entendimento da maioria. Logo, manter uma postura contínua visando a preservar as regras de funcionamento coletivo e a noção de integração e justiça baseada em regras explícitas e claras, discutidas e reforçadas a cada situação, recai sobre as condições de treinamento da equipe. O objetivo é ampliar os limites da compreensão moral dos adolescentes como requisito necessário para abrandar a realização imediata dos desejos individuais. Ampliar esses limites significa dar-lhes condição de perceber a multiplicidade de fatores determinantes e de enfrentar os problemas com maior capacidade de resolução, aceitando a espera necessária para transformar as situações.

O segundo tema da AG foi bem mais acalorado, pois as críticas dirigiam-se à nossa equipe, por ter confiscado a lata de solvente. A coordenação era acusada de ter invadido a privacidade, autorizando que se retirasse a lata da mochila. A justificativa da coordenação insistia em que os direitos individuais poderiam ser restringidos sempre que os mesmos colocassem em risco os interesses do grupo[20]. Assim, contra-argumentou-se ter havido um desrespeito às regras, em vários momentos, por parte do adolescente que trouxe a lata. Em primeiro lugar, existia a suspeita de que ele estivesse com a lata já pela manhã, escondida na cueca. O objeto fora notado por um monitor, que brincara com ele fazendo uma alusão ao volume, sem, no entanto, comprovar a evidência. Por ter transgredido uma regra de interes-

[20] A garantia dos direitos individuais é tributária da preservação dos valores coletivos. Também aqui não existe liberdade absoluta.

se coletivo, no caso, não trazer drogas para dentro do Serviço, não pudera permanecer nas atividades. Ele aceitou a decisão da equipe de suspendê-lo parcialmente pelo desrespeito às regras de funcionamento. Em segundo lugar, recomendou-se que só voltasse ao Serviço no dia seguinte, devendo a situação ser discutida com o seu terapeuta, pois ele estava perdendo o controle sobre suas condutas com o uso da droga. E, por fim, o mais grave, sua atitude de esconder uma lata de solvente dentro da secretaria colocara em risco a todos e ao próprio Serviço, expondo a equipe, até mesmo criminalmente, pois, no caso, estaríamos sendo coniventes com o uso de drogas, quando a nossa missão deveria ser exatamente o contrário disso.

Até esse momento, as reclamações eram muitas e lançadas de forma desorganizada pela maioria dos adolescentes. Se algum acontecimento pudesse mudar o rumo da reunião, certamente dependeria de uma posição da coordenação. Cada um usava argumentos para reclamar da injustiça que havíamos cometido, confiscando a lata. As alegações mostravam-se insistentes, tendo como finalidade fazer com que a equipe recuasse e devolvesse a lata. Sentiram-se ameaçados com o que consideraram uma atitude muito dura de nossa parte. Entretanto, a equipe colocava a ênfase no fato de ter ocorrido uma transgressão, uma desobediência a uma regra fundamental para nossa convivência, expondo a todos, de forma sorrateira, pois houve um desrespeito a um monitor que foi iludido por confiar no adolescente.

No auge das reclamações, o coordenador lembrou que na discussão anterior eles haviam se queixado dos maus-tratos da clínica de internação e, agora, justificavam as condutas da clínica, antes tão criticadas. Inicialmente, não entenderam a argumentação; somente aos poucos foi sendo discutida a existência de diferentes formas de tratamento em relação à dependência química. Nossa conduta era aquela de incluir nos procedimentos o debate e a decisão conjunta a respeito das regras necessárias para o nosso funcionamento. Elas até poderiam mudar, mas era indispensável que houvesse regras claras para todos. Ora, se eles concordavam com a possibilidade de obedecer às regras e de deixar o uso de drogas, no momento em que desrespeitavam essa regra e tentavam anular a transgressão, alegando uma injustiça ocorrida depois do que fizeram (o confisco da cola), estavam, sem perceberem, demonstrando o quanto se tornava impossível esperar que mudassem sem punições e fossem capazes de entender outros argumentos. Nesse sentido, parecia que clínicas com os métodos daquela que tanto criticaram seriam mais adequadas para o tratamento da dependência química do que a nossa proposta.

Assim, cada vez que transgrediam as nossas regras, fortaleciam as medidas de punição e enfraqueciam as idéias, defendidas por nós, de participação e responsabilização daqueles que estavam em tratamento. Se não recebêssemos da parte deles o apoio solicitado, nosso trabalho perderia o sentido e acabaria, pois muitos eram contrários às nossas posições. Lembramos que eles sabiam, pela própria experiência, ser comum o predomínio dos serviços mais duros, pois não restava outra alternativa de intervenção quando eles infringiam as restrições necessárias ao funcionamento do nosso serviço[21].

A maioria começava a ceder. Eles já concordavam com as nossas argumentações, mas ainda tinham dificuldades de aceitar o confisco da lata de cola. O adolescente que a trouxera para o serviço pediu a sua devolução, com a promessa de que não mais voltaria a fazer isso. Era uma pressão muito forte, próxima da ameaça velada e indefinida, no limite do rompimento da relação terapêutica. Insistimos que devolver a lata não dependia da nossa vontade, pois, se lhe devolvêssemos a lata, nós, da equipe, correríamos o risco de sermos tomados como incentivadores do uso de drogas, em vez de impedi-lo. O nosso objetivo jamais permitiria o fornecimento de drogas. Portanto, não podíamos devolver a lata[22]. Alguns concordavam, outros argumentavam que ninguém de fora saberia do ocorrido e, além disso, havia o compromisso de não se repetir o fato. A nossa discordância fazia com que eles ficassem mais agitados, principalmente o adolescente dono da lata, que assumiria ter "vacilado" e, por isso, seria visto pelos demais como um "otário". Bastante próximo do descontrole, dizia que precisava do dinheiro; logo, deveríamos devolver os R$ 12,00 gastos. Insistimos

---

21 Era necessário que pudessem entender a idéia de supervisão compulsória dos compromissos assumidos; dentre eles, deixar de usar drogas.

22 Era importante perceberem que a transgressão criava um novo território, no qual as decisões não mais dependiam da nossa vontade. Agora, havia explicitamente leis, que deveríamos respeitar. As condutas deixavam de depender exclusivamente de acordos entre as partes.

que não era nosso papel pagar qualquer quantia por droga. Não podíamos comprar drogas. Eles deveriam pensar antes nas conseqüências de desrespeitar as regras do Serviço, porque as mesmas tinham como finalidade proteger, de uma forma geral, as condições de tratamento e, de uma forma específica, a cada um deles.

A discussão ficava cada vez mais acirrada e os membros do segmento do grupo contrário à posição da equipe se apoiavam mutuamente, dificultando a condução do debate, que parecia fugir ao controle, porque os que concordavam com a equipe mantinham-se passivos, não participando dos embates. Estimulado por essa situação, o adolescente dono da lata começou a cobrar de forma mais incisiva, dizendo que queria o dinheiro de qualquer jeito e que aquilo era roubo. O clima ficava cada vez mais tenso e eles esperavam uma solução nova que não se resumisse, como vinha acontecendo, a justificar as diferentes posições da equipe e a dos adolescentes. Nitidamente, a não assimilação de idéias contrárias levava a um impasse, que só poderia ser resolvido pelo uso da força. O grupo que tivesse mais força imporia a sua vontade e subjugaria a oposição.

Nesse momento, a reunião centrava-se no adolescente, que exigia a devolução do "seu dinheiro" de qualquer jeito, e no coordenador da reunião, que sustentava não poder fazer isso, porque a função do tratamento era exatamente o contrário do exigido. Diante do impasse, o coordenador concordou em devolver o dinheiro, estabelecendo apenas uma condição. Aparentemente, a força da violência havia vencido. Havia no ar um clima estranho. Eles tinham o sentimento de terem imposto o seu desejo e de que sairiam da contenda sem nenhum prejuízo. Transgrediram as regras no seu ponto mais grave e sofreriam a menor perda possível. Poderiam ficar com o dinheiro e comprar de novo a droga.

Entretanto, a condição exigida pelo coordenador mostrava que o Serviço não utilizaria a força da violência para se opor às exigências do momento, porque, se assim o fizesse, estaria usando os mesmos recursos do único código que eles já conheciam e com o qual sabiam lidar. Ao contrário, toda a ênfase da condução da AG tinha sido destacar que a força daquele Serviço estava em poder se manter coerente com as regras de funcionamento, não enfraquecendo as posições básicas em função de ameaças, e reconhecer que só poderia ajudar àqueles que aceitassem a orientação proposta e mantivessem o compromisso assumido. O adolescente em questão poderia receber o dinheiro, sim, mas se desligaria automaticamente do Serviço, pois de nada adiantaria continuar nele se não concordasse com as limitações a que estávamos submetidos e com a nossa forma de funcionar. A resposta da equipe deixava os demais adolescentes fora da decisão. A exigência partia apenas do dono da lata, e somente ele seria desligado, caso fosse imprescindível receber o dinheiro.

Vendo a possibilidade de ficar sozinho, sem a proteção do tratamento e sem o apoio dos seus pares, o adolescente recuou de forma incontinente, dizendo não desejar o seu desligamento. Era preciso ficar bem claro que o serviço não queria desligá-lo, muito pelo contrário, esperava que ele continuasse o tratamento; mas, para isso, mostrava-se fundamental a aceitação das regras comuns a todos os que seguiam aquele método. Pois abandonar o método seria introduzir a força como elemento principal das decisões e, conseqüentemente, significava um estímulo à violência. O valor dos compromissos deixaria de existir. Por isso, reafirmávamos os termos do contrato, insistindo em que não teríamos os recursos necessários para ajudá-lo sem o seu consentimento.

Podemos perceber que o elemento constantemente em jogo em serviços como o nosso é o frágil equilíbrio entre a importância da preservação das regras institucionais, a moralidade coletiva, e os interesses imediatos do indivíduo, a moralidade individual. Tal embate se passa em todas as instâncias do tratamento e, para enfrentá-lo, faz-se necessário o treinamento da equipe, a fim de que ela não ceda diante do mais fácil: realizar as soluções imediatas. Esse tipo de treinamento deve ser desenvolvido continuamente, em reuniões de supervisão de toda a equipe, onde se discute a evolução dos casos e se definem as estratégias adequadas ao bom andamento do plano terapêutico.

Assim, o direito entre poder ou não usar drogas não deve ser considerado apenas no seu sentido pragmático, postura que faz esmaecer a diferença entre os limites e as razões do critério do lícito e do ilícito. É importante discutir o uso de drogas em cada caso particular e mostrar ao paciente as razões pelas quais ele deve interrompê-lo. Surge uma contradição quando percebemos a defesa do uso como uma perspectiva de afirmação da independência do indivíduo em relação à realidade, pois, ao mesmo tempo que reforça a autonomia, esse produto gera sujeição, submissão. O indivíduo fica dependente, reduzindo o seu horizonte ao uso da droga, submisso aos traficantes. A noção de independência absoluta e a de autonomia são tributárias de aspirações da sociedade moderna, mas precisam, para sua sustentação, do apoio de um Estado forte, capaz de fazer cumprir as suas leis, que garantem o respeito à individualidade. Assim, a presença de uma submissão à droga interfere nesse uso da liberdade absoluta, defendida por teorias que apregoam o surgimento do indivíduo como sujeito e autor de seus atos. Essa questão é tomada no campo filosófico por Renaut, que busca estabelecer um esclarecimento mais preciso

> tomando por fio condutor a perspectiva segundo a qual uma sociedade, fundada sobre os valores do humanismo, não pode em nenhum caso aceitar a livre circulação de substâncias cujo consumo, por si só, destitui o homem de sua dignidade: o humanismo moderno repousa sobre a valorização do homem como sujeito, como fundamento (ou como autor) de seus atos e representações[23].

Portanto, as intervenções, por mais diversas que possam parecer, se estão integradas no propósito de retirar o indivíduo de um estado de submissão, também trabalharão contra o uso de drogas e suas conseqüências, desde que mantenham os recursos técnicos disponíveis para ajudar o cliente na sua decisão de parar, sabendo que isso não depende de um simples ato de vontade, como é por demais evidenciado nos estudos publicados. Por outro lado, não defender o indivíduo das condições que o submetem e retiram-lhe a capacidade de escolha é conceitualmente se opor às propostas que constituem a sociedade moderna. Desse modo, podemos perceber o quanto a discussão sobre as drogas expressa as contradições da nossa sociedade, os limites conceituais que devemos preservar e as incertezas que nos rodeiam no momento de escolher a conduta mais apropriada.

Assim, a assembléia geral com os adolescentes representa, de forma bastante expressiva, um espaço da técnica que tenta integrar as incertezas,

---

23 Renaut, A., "Individu, dépendence et autonomie", p. 219, in Ehrenberg (1991).

partindo da importância de se preservar uma função para as regras no movimento que visa a oferecer ao adolescente a possibilidade de perceber a importância da sua condição de sujeito participante do processo de tratamento e, conseqüentemente, dos destinos de sua própria vida. Constituindo-se, portanto, a AG, em uma técnica da maior relevância na estratégia adotada, tendo sido um elemento de importância na incorporação de novos códigos pelos adolescentes, como aconteceu com Rômulo.

O sucesso do caso, aqui descrito sumariamente, poderia ser contestado no que concerne ao método empregado, por basear-se na apresentação qualitativa de único exemplo, embora apoiado no êxito de outros não relatados aqui. O êxito poderia ser atribuído a um tipo de recuperação espontânea. Entretanto, a possibilidade de cura espontânea é compreendida a partir da noção da instalação da dependência química como um processo e pelas concepções de que a recuperação também ocorre como um processo ativo, podendo existir um evento aparentemente isolado, mas que, de fato, se integra a um conjunto de acontecimentos, do qual o suposto evento isolado representa um ponto perceptível pelo paciente, que lhe atribui toda a força da mudança, nascendo a idéia de uma possível evolução natural com a presença de fatores que devem ser conhecidos e possam ser incorporados aos métodos de tratamento. No caso do Rômulo, houve, durante o período que ficou conosco, o início de uma relação amorosa e o nascimento do filho, que funcionaram como fatores coadjuvantes na trajetória de recuperação. Por um lado, a perspectiva de lhe serem oferecidas novas referências de entendimento foi um fator decisivo para o bom desenvolvimento dessa relação; por outro, a capacidade de poder suportar um trabalho regular, percebendo nele uma força de inclusão em códigos sociais mais seguros e o surgimento de novos valores, serviu como elemento concreto de sustentação das suas decisões e do seu amadurecimento, sendo, portanto, difícil sustentar, neste caso, a tese de cura espontânea.

Por entendermos a heterogeneidade e a complexidade dos quadros de dependência química, não temos a pretensão de sugerir a intervenção que desenvolvemos como a mais indicada para todos os casos. Procuramos, sim, mostrar que, em determinadas circunstâncias, ela pode representar um caminho viável de recuperação não somente para os casos mais graves, como o relatado, mas também para os de menor gravidade, com maiores chances de êxito, principalmente se considerarmos o emprego dos princípios que norteiam nossas intervenções nos trabalhos de prevenção da violência e do uso de drogas.

Essa perspectiva de pensar o tratamento como um processo através do qual tentamos, de forma sistemática, aumentar os fatores de proteção e reduzir os de risco aumenta as oportunidades, pela repetição dos acontecimentos e dos procedimentos, de ocorrer alguma situação que seja representada pelo paciente como um ponto de virada na sua trajetória. Além disso, poderíamos usar como critério de importância o valor que podemos atribuir ao custo social de uma vida perdida pela exclusão. Quanto representa o fato de alguns adolescentes deixarem a carreira de criminalidade? Por menores que sejam os números de mortes evitadas, poderíamos atribuir um preço aos prejuízos sociais e comparar com os custos do tratamento? Em dois momentos, segundo o relato de Rômulo, no assalto e na briga com o amigo, ele estivera diante de situações que poderiam ter ocasionado a morte para alguém. Por mero acaso isso não aconteceu. Será que a melhor política é deixar esses adolescentes entregues à própria sorte, podendo matar ou morrer, e atribuirmos esses crimes ao acaso, indexando os acontecimentos aos índices de criminalidade e violência? Um serviço, isoladamente, pouco contribui, porém a constituição de uma metodologia capaz de integrar outros serviços pode representar uma modificação significativa no tratamento de adolescentes dependentes químicos, permitindo, ao mesmo tempo, a prevenção do uso de drogas e da violência.

Finalmente, a idéia de recuperação como um processo ativo cria a possibilidade de definirmos áreas a serem desenvolvidas e metas a serem alcançadas de acordo com um critério de avaliação. Esse cuidado tem uma importância que extrapola a sistemática do tratamento, atingindo o treinamento da equipe e encontrando um lugar no desenvolvimento do plano terapêutico para a abnegação de membros da equipe. Desse modo, a abnegação, fator fundamental em outros modelos de mútua-ajuda, pode ser integrada de forma sistemática, não representando uma improvisação, que poderia ser contrária ao plano terapêutico. No caso de Rômulo, era do conhecimento da equipe a necessidade de se conseguir uma colocação profissional para ele, a partir do momento em que completara 18 anos. Temos outros casos nos quais a recuperação do uso da droga foi alcançada, porém a falta de qualquer perspectiva profissional fez com que houvesse um retorno ao uso e ao convívio com a criminalidade. Sabemos que, quando atrasou o pagamento de sua bolsa trabalho, ele manteve a família com a venda de refrigerante nos sinais. Embora não deixe de ser essa uma atividade marginal, seguramente é muito melhor do que a condição de traficante. Depois que a sua bolsa terminou, ele precisou de algo mais estável para consolidar sua auto-estima e confiança na utilização de suas habilidades.

Deveríamos dispor de um meio de encaminhamento regular para algum tipo de emprego, mas a mesma dificuldade atinge muitos outros adolescentes, tornando bem difícil para o serviço social colocá-lo empregado, apesar do empenho realizado para isso. Diante desse impasse, o psicoterapeuta de Rômulo, seguindo o plano terapêutico em desenvolvimento, buscou construir alianças no campo empresarial que culminassem em uma chance de emprego para ele e, uma vez conseguida uma proposta de trabalho, foi, na companhia do adolescente, apresentá-lo à empresa. Atualmente, Rômulo trabalha regularmente na empresa mencionada. Porém o empenho do terapeuta, embora adstrito ao plano terapêutico, é um tipo de improvisação que funciona como uma marca do nosso serviço, o qual procura não abandonar as referências teóricas, evitando ficar prisioneiro das improvisações, como ações individuais isoladas, contrárias aos objetivos do tratamento, mas consegue apresentar uma grande disponibilidade para tentar mudar o destino desses adolescentes, dentro dos objetivos traçados no plano terapêutico, o que significa pensar a clínica de adolescentes dependentes de drogas como algo que requer uma disponibilidade diferenciada no campo de ação. Devemos observar que o mesmo esforço realizado com o adolescente para considerar a prioridade do funcionamento coletivo é exigido dos participantes da equipe na sua função técnica.

Entendemos, desse modo, que o elemento diferencial que tentamos desenvolver está na capacidade de integrar diferentes técnicas, preservando a coesão no trabalho institucional e, ao mesmo tempo, garantindo espaço para as necessidades individuais, em lugar de usar um tipo de intervenção centrado em uma compreensão parcial da dependência química, qualquer que seja. As limitações que entendemos existirem nos procedimentos meramente repressivos aparecem em função de serem estes procedimentos parciais, não alcançam o conjunto dos elementos envolvidos, e, por serem parciais e limitados, tornam-se restritos e injustos ao deixarem nas mãos dos agentes executores o papel de fazer justiça, retirando esse atributo das leis que regem o funcionamento do processo. Tal fato representa um retrocesso na evolução jurídica e social que atingimos.

Algumas características foram agregadas aos valores de Rômulo para que ele suportasse esperar algo de novo, enfrentando condições precárias. Certamente ele ganhava pouco com a venda de refrigerantes, a única fonte de renda que lhe restou depois de interrompida a bolsa que recebia. Fez um grande esforço, sob um sol inclemente. Mas, depois de todo esse tempo sob contínua intervenção sem estar obrigado pela medida educativa, ele continuava ligado aos valores do CRIAA, preferindo ganhar pouco com a venda de coca-cola do que perder a liberdade que conquistou e colocar em risco os sonhos que construiu com a sua família, expondo sua vida ao ficar entregue à submissão do tráfico e das drogas. Se agora, tantos meses depois, ele conseguiu suportar a espera para ter uma colocação, é porque pôde tomar novas decisões sustentadas pela esperança de viver dias melhores, acreditando em novos valores para os quais muito contribuiu o tempo durante o qual recebeu a nossa influência.

Pelo exposto, fica evidente que a maior dificuldade encontrada é no que concerne à constituição de uma rede social de apoio que permita a inclusão dos pacientes e de seus familiares. A estratégia de confrontação com essa situação tem sido o desenvolvimento de recursos para que os nossos clientes, adolescentes e familiares, desenvolvam a capacidade de poder refletir sobre o tipo de problema com o qual se defrontam e possam tomar uma decisão viável de realização. Tentamos apoiá-los para conseguirem os meios de efetivar essa decisão a partir da concepção de "Empowerment", descrita por Ninacs[24], à qual retornaremos nas considerações finais.

[24] Ninacs, W. A., 1995. Empowerment et développement économique communautaire: liens, limites et questionnements, communication, Journée Simone-Paré, 22 p.

IV
A psiquiatria e o adolescente infrator: um tratamento possível?

Renata C. Andrade
Vilma Aparecida da Silva
Hélcio Fernandes Mattos

O crescimento da violência urbana tem estado em voga nos meios de comunicação e presente na vida dos cidadãos. Um aspecto peculiar desse crescimento é a presença de jovens de idade cada vez mais baixa praticando atos infracionais e participando ativamente do tráfico de drogas. Está claro que o crescimento da violência praticada por jovens não é privilégio somente do Brasil[1, 2] e por isso tem sido um assunto muito pesquisado e publicado no meio científico internacional. Busca-se, assim, compreender e encontrar formas de atenuar esse problema de todos nós.

Pelo levantamento do Departamento da Criança e do Adolescente do Ministério da Justiça, em que se comparou o número de adolescentes em medida sócio-educativa nos anos de 1998 e 1999, constatou-se um aumento considerável: de 1.226 adolescentes que cometeram homicídio em 1998 para 2.426 em 1999; de 346 que causaram lesão corporal em 1998 para 734 em 1999; de 357 que realizaram estupro em 1998 para 577 em 1999; de 5.808 praticantes de roubo em 1998 para 12.507 em 1999[3]. Segundo

---

1 Groups for Advancement of Psychiatry, Committee on Preventive Psychiatry (1999). Violent behavior in children and youth: preventive intervention from a psychiatric perspective. Journal of the American Academy of child and Adolescent Psychiatry, 38: 235-241.

2 Steiner, H., Cauffman, E. & Duxbury, E. (1999). Personality traits in juvenile delinquents: relation to criminal behavior and recidivism. Journal of American Academy of Child and Adolescent Psychiatry, 38: 256-262.

3 Site oficial do Ministério da Justiça (2001), http://www.mj.gov.br.

estudo realizado nos estados do Rio de Janeiro e Pernambuco com adolescentes infratores, dos 5.011 atos infracionais cometidos por adolescentes detidos no estado do Rio de Janeiro em 1997, 20,3% foram referentes ao tráfico de drogas[4].

O comportamento infracional em adultos, principalmente em adolescentes, pode ser o resultado da manifestação de um transtorno psiquiátrico ou de um desvio dos padrões normais de desenvolvimento, objeto que pertence ao domínio da atuação dos profissionais e pesquisadores da área de saúde mental. Apesar da importância desse fenômeno, no Brasil, temos poucas informações que resultem de estudos controlados sobre a saúde mental em população de adolescentes em conflito com a lei. Tratando-se de um domínio da saúde mental, torna-se temerário transportar para a nossa população dados sobre a prevalência de transtornos psiquiátricos obtidos em outros países, uma vez que os fatores culturais e as diferenças na realidade socioeconômica influenciam diretamente os resultados. Por falta de trabalhos científicos que abordem o perfil psicopatológico de nossos adolescentes em conflito com a lei, utilizaremos dados internacionais e acrescentaremos a eles dados preliminares de uma pesquisa em andamento no Estado do Rio de Janeiro sobre prevalência de transtornos psiquiátricos em adolescentes em conflito com a lei.

É necessário que se faça a distinção dos termos "delinqüente", "comportamento anti-social", "Transtorno da Conduta" e "adolescente infrator (ou em conflito com a lei)", para assim podermos acompanhar o raciocínio que desenvolveremos a seguir. Delinqüente é um termo legal referente a jovens que cometem ofensas contra a lei. Comportamento anti-social se refere ao comportamento de hostilidade em relação aos princípios, regras e leis da sociedade; nesse caso, o comportamento é avaliado sob o ponto de vista da sociedade. Transtorno da Conduta (TC) é um diagnóstico psiquiátrico[5], envolvendo critérios que incluem os sintomas acima, porém defi-

---

4 Assis, S. G. & Constantino, P. (2000), *Filhas do mundo: infração juvenil feminina no Rio de Janeiro (Sumário Executivo)*. Editora Fiocruz, Rio de Janeiro, RJ, Brasil, 16-23.

5 Haapasalo, J., Hamalainen, T., Childhood Family Problems among young Violent and property Offenders. In J. Am. Acad. Child Adolesc Psychiatry, 1996, 35: 1394-1401.

nindo-os sob o ponto de vista psicopatológico[6]. O termo adolescente infrator, após a vigência do Estatuto da Criança e do Adolescente[7], veio substituir o termo delinqüente, abandonado devido à conotação preconceituosa adstrita a tal designação.

Para o enfoque psiquiátrico, o diagnóstico de Transtorno da Conduta (TC) pelo *Diagnostic and Statistical Manual of Mental Disorders, 4th edition* (DSM IV)[8], da Associação Americana de Psiquiatria, baseia-se em sinais, ou seja, em comportamentos observáveis e não se propõe a dar conta das possíveis causas etiológicas de tais fenômenos. Os atos infracionais cometidos por jovens podem, muitas vezes, ser sintomas de um transtorno psiquiátrico subjacente não diagnosticado, não sendo necessariamente relacionado com TC. Esses jovens podem, se examinados de forma superficial, preencher critérios diagnósticos para TC, já que o próprio ato infracional fornece os elementos necessários ao diagnóstico (ver quadro 1 ao final do capítulo). Entretanto, o ato infracional, ou mesmo a presença de TC não excluem a possibilidade de outros transtornos, que podem ser tratados psicofarmacologicamente. E, por outro lado, até mesmo a manifestação clínica desses transtornos em crianças e adolescentes pode ocorrer de forma a ser evidenciada pelo comportamento inadequado. Isso pode levar a uma tendência ao reducionismo de não se investigar a psicopatologia, além dos sintomas aparentes, e não diagnosticar comorbidades psiquiátricas, o que poderia modificar as estratégias e, assim, partindo de um diagnóstico incompleto, deixar de alcançar resultados melhores para o jovem paciente.

Para ilustrar o que tentamos demonstrar, consideremos um adolescente que fuma *cannabis*. Não é difícil imaginar que ele poderia lançar mão de mentiras para despistar os pais, ignorantes do seu uso, cabular aula para usar a droga e chegar a sua casa várias vezes mais tarde do que o horário

---

6 Steiner, H. (1997), Practice parameters for assessment and treatment of children and adolescents with conduct disorder. Journal of the American Academy of Child and Adolescents psychiatry, 36: 122s-139s.

7 ECA, 2000.

8 American Psychiatric Association (1994). *Diagnostic and Statistical Manual of Mental Disorders*. 4th edn. American Psychiatric Association, Washington, DC, USA.

estipulado pelos pais. A presença repetitiva desses três elementos nos últimos seis meses poderia levar ao diagnóstico de TC, a ele imputado inadvertidamente, sendo possível, em muitos casos, que o comportamento apresentado decorra do uso de *cannabis*. Entretanto, esse uso pode decorrer de um transtorno ansioso ou depressivo não diagnosticado. Estaríamos, nessa circunstância, deixando de intervir de forma mais adequada no plano medicamentoso por decorrência de uma avaliação incompleta.

Mais do que fazer diagnósticos clínicos refinados, o objetivo do DSM é facilitar a padronização de termos médicos para tornar possível o entendimento entre pesquisadores do mundo inteiro. Utilizamos esse exemplo para demonstrar como uma análise superficial de fatos, mesmo quando se dispõe de informações objetivas, pode levar a sérios erros. Do mesmo modo, um adolescente em surto maníaco ou apresentando um quadro psiquiátrico menos evidente poderia ter comportamentos de hostilidade às leis. Se esses jovens fossem atendidos por um serviço de psiquiatria, o diagnóstico etiológico poderia ser feito, porém, se forem detidos e avaliados apenas sob o ponto de vista legal, certamente não obterão a chance de terem suas necessidades clínico-assistenciais atendidas. Nesse caso, podemos considerar o desvirtuamento e a inadequação da ausência de avaliação médica. Portanto, se considerarmos a coerência e a qualidade assistencial, a intervenção no domínio da saúde mental deveria anteceder a intervenção legal decorrente dos atos ilícitos. A partir desse momento a vida do adolescente já estaria comprometida por determinação legal, o que dificultaria a recuperação clínica, transformando as dificuldades clínicas em problemas de grande complexidade, pois aquele que antes poderia ser visto apenas como um paciente passa, agora, a ser considerado um infrator, devendo submeter-se às condições de funcionamento dos institutos de recuperação. Nesse caso, a sobreposição das repercussões clínicas com os problemas sociais, somados às questões de ordem legal, reduzem as chances de recuperação, implicando, ao mesmo tempo, a necessidade de um maior investimento terapêutico e o aumento do tempo para se conseguir a recuperação, sendo que muitas vezes o agravamento do processo torna-se irreversível depois de alguns anos em um regime de internação que aumenta o sentimento de estar submetido a uma injustiça. Essa questão é da maior importância, pois vários estudos demonstram que há maior prevalência de transtornos psiquiátricos em adolescentes em conflito com a lei do que na população geral da mesma faixa etária[9, 10, 11].

A coexistência de Transtorno de Déficit de Atenção/Hiper-atividade e TC é tão comum que Biederman em dos seus artigos discute hipóteses interessantes sobre padrões de comorbidade: 1) comorbidade como variação fenotípica de uma mesma doença; 2) cada comorbidade como uma entidade clínica em separado; 3) comorbidades dividindo vulnerabilidades; 4) comorbidade representando subtipo distinto de uma doença (Transtorno de Déficit de Atenção/Hiperatividade (TDAH) mais Transtorno da Conduta como um subtipo do TDAH); 5) uma síndrome como uma manifestação precoce de uma comorbidade (TDAH como manifestação precoce do Transtorno da Conduta ou Transtorno do Humor); 6) o desenvolvimento de uma síndrome como aumentando os riscos para a doença comórbida (TDAH aumentando o risco para Transtorno da Conduta ou Transtorno do Humor)[12].

A correlação estabelecida pode merecer uma atenção especial na medida em que o tratamento para TDAH já está mais do que estabelecido e as respostas clínicas são muito boas, sendo que, quando instituído precocemente, pode evitar a marginalização da criança na escola e na família que, em grande parte dos casos, encaram as atitudes dela de forma valorativa. Uma criança à margem perpetuará, cada vez mais destrutivamente, o padrão de comportamento que ela passa a acreditar ser da sua escolha.

A possibilidade de detecção precoce, no entanto, só seria possível com a organização de uma política eficiente de saúde mental voltada para a criança, contando com rede ambulatorial em interação constante com as escolas, permitindo, assim, que as suspeitas diagnósticas sejam avaliadas corretamente.

---

9 Haapasalo, J., Hamalainen, T., Childhood Family Problems and Current Psychiatric Problems among Young Violent and Property Offenders. In *J Am Acad Child Adolesc Psychiatry*, 1996, 35: 1394-1401.

10 Steiner, H., Cauffman, E. & Duxbury, E. (1999). Vide nota 2 do presente capítulo.

11 Steiner, H. (1997). Vide nota 5 do presente capítulo.

12 Bierderman, J., Newcorn, J., Sprich, S., Comorbidity of Attention Deficit Hyperactivity Disorder With Conduct, Depressive, Anxiety, and Other Disorders. In *Am J Psychiatry*, 1991, 148: 564-577.

Na literatura científica, vários fatores de risco são mencionados como possíveis participantes na complexa gênese do transtorno de conduta: fatores genéticos, fatores constitucionais iniciais (temperamento e impacto biológico do abuso e negligência), sistema nervoso autônomo com baixa reatividade, anormalidades nos sistemas de neurotransmissores (noradrenérgico, dopaminérgico e serotoninérgico), hiper-atividade; déficit cognitivo e problemas na fala e linguagem; doença crônica (principalmente do sistema nervoso central), agressão inapropriada em idade pequena, pobre funcionamento familiar e baixo nível socioeconômico[13].

Os fatores ambientais e individuais estão interligados. As condições precárias de vida provenientes da pobreza, como a ausência de moradia e a desorganização social, produzem riscos para a mãe e, conseqüentemente, para a criança recém-nascida, que pode ficar com baixo peso e apresentar déficit cognitivo[14]. Dentre os fatores ambientais, os maus-tratos sofridos por crianças, como abuso físico, abuso sexual, abuso psicológico, abandono e negligência são apontados, por extensa literatura, como uma das causas de comportamento infrator[15, 16].

Caso não existam redes assistenciais capazes de detectar os transtornos precocemente, a única chance de avaliação e possibilidade de tratamento, mesmo que tardia, desses jovens acontecerá no momento em que forem captados pelo sistema penal através das medidas sócio-educativas. Se houver uma avaliação diferenciada das situações de TC com comorbidades e TC sem comorbidades, não só a abordagem terapêutica como também o prognóstico de um jovem inicialmente taxado apenas de infrator pode mudar. Seguramente não é uma conduta médica adequada e, tampouco, se mostra de acordo com os princípios dos direitos humanos oferecer o mesmo tipo de assistência em casos distintos, usando como critério apenas a similarida-

---

13 Steiner, H. (1997). Vide nota 6 do presente capítulo.

14 Groups for Advancement of Psychiatry, Committee on Preventive Psychiatry (1999). Vide nota 1.

15 Haapasalo, J., Hamalainen, T. (1996). Vide nota 9 do presente capítulo.

16 Malinosky-Rummell, R., Hansen, D. J., Long-Term Consequences of Childhood Physical Abuse. In *Psychological Bulletin*, 1993, 114: 68-79.

de da externalização de conflitos dos adolescentes que podem ter bases psicopatológicas completamente diferentes.

Por outro lado, em virtude dos freqüentes fracassos das modalidades terapêuticas para tratar os casos mais graves, têm sido sugeridas atividades preventivas tanto para diagnósticos de comorbidade, como para transtornos relativos a hiper-atividade[17], e a organização de sistemas de avaliação que examinem programas de sucesso voltados a adolescentes com riscos de agravamento dos aspectos anti-sociais ou com características psicopáticas[18].

Uma pesquisa em andamento, cujos dados parciais já foram aceitos para publicação[19], realizada através da Faculdade de Medicina da Universidade de São Paulo em conjunto com o Serviço de Psiquiatria da Universidade Federal Fluminense, entrevistou 116 adolescentes (99 do sexo masculino e 17 do sexo feminino) em cumprimento de medida sócio-educativa de liberdade assistida. O instrumento utilizado foi o K-SADS-PL – Versão de Transtornos Afetivos e Esquizofrenia Pregressa e no Curso da Vida de Crianças[20] –, o qual consiste numa entrevista semi-estruturada que aborda transtornos psiquiátricos atuais e pregressos.

Os atos infracionais mais prevalentes na amostra foram: assalto a mão armada (28,7%), tráfico de drogas (23,5%) e furto (17,4%).

Trinta e sete por cento da amostra relataram presença de patologia psiquiátrica na família. A prevalência de alcoolismo familiar foi de 75%, muito maior do que os 10% esperados na população geral de adultos no Brasil[21]. Também o uso de drogas ilícitas na família foi alto (45%).

---

17 Pham, T. H., Le traitement psychologique des psychopaths, p. 183, in *Psychopathie: Théorie et Recherche*. Pham, T. H. & Côté, G. Ed. Septentrion. Presses univeristaires, Paris, 2000.

18 Ibidem, idem, p. 198.

19 Andrade e cols., Brazilian J. of Medical and Biological Research, no prelo.

20 Ambrosini, P. J. (2000), Historical development and present status of the schedule for affective disorders and schizophrenia for school-age children (K-SADS). *Journal of the American Academy of Child and Adolescent Psychiatry*, 39: 49-58.

21 Laranjeiras, R. C. & Pinsky, I. (1997), *O alcoolismo*. Editora Contexto, São Paulo, SP, Brasil.

A entrevista de *screening* do KSADS-PL indicou uma alta prevalência de psicopatologia na amostra, considerando que apenas 4,3% dos adolescentes não preencheram nenhum critério para transtorno psiquiátrico. Os adolescentes infratores brasileiros, portanto, são parecidos, nesse aspecto, com os adolescentes americanos que freqüentam serviços psiquiátricos. Embora a entrevista de *screening* não estabeleça prevalências definitivas, o que implicaria a aplicação de entrevista mais específica para cada transtorno, pudemos estabelecer um paralelo com dados de outros estudos. A partir dessa análise, verificou-se que: os transtornos mais prevalentes foram o de Déficit de Atenção e a Hiper-atividade, com 54%, comparados a 6%[22] na população geral da mesma faixa etária; o Transtorno da Conduta, com 77%, comparado a 16%[23], o Transtorno Oposicional Desafiante, com 41%, comparado a 4,6%[24], os Transtornos Ansiosos, com 57%, comparados a uma faixa de 5% a 50%[25], o Transtorno Depressivo, com 60%, comparado a 8%[26], o abuso de drogas ilícitas, com 63%, comparado a 22%[27]. *Cannabis* foi a droga prevalente (43%). A prevalência de uso regular de álcool foi de 58%. Apesar do uso de álcool não ser um transtorno psiquiátrico, o mesmo é associado a comportamento disruptivo na adolescência. Esses resultados vão ao encontro da literatura existente, a qual sugere que tais diagnósticos prevalecem na população infratora.

---

22 Rodhe, L. A., Busnello, E. D., Chachamovich, E., Vieira, G. M., Pinzon, V. & Ketzer, C. R. (1998), Transtorno de déficit de atenção/hiperatividade: revisando conhecimentos. *Revista da Associação Brasileira de Psiquiatria – Associación de Psiquiatria de la America Latina*, 20 (Suppl. 4): 166-178.

23 Steiner, H. (1997). Vide nota 6 do presente capitulo.

24 Fergusson, D. M., Horwood, L. J. & Lynskey, M. T. (1994), Structure of DSM-III-R criteria for disruptive childhood behaviors: confirmatory factor models. *Journal of the American Academy of Child and Adolescent Psychiatry*, 33: 1145-1157.

25 Lewis, M. (1995). *Tratado de Psiquiatria da Infância e Adolescência.* Chapter 58. Editora Artes Médicas, Porto Alegre, RS, Brasil.

26 Versiani, M., Reis, R. & Figueira, I. (2000), Diagnóstico do transtorno depressivo na infância e adolescência. *Jornal Brasileiro de Psiquiatria*, 49: 367-382.

27 Taylor, J., Malone, S., Iacono, W. & Mcgue, M. (2002), Development of Substance dependence in two delinquency subgroups and nondelinquents from a male twin sample. *Journal of the American Academy of Child and Adolescent Psychiatry*, 41 (Suppl. 4): 386-393.

Apesar desses fortes indícios sobre a alta prevalência de psicopatologias na população de jovens infratores, apenas 5,3% dos adolescentes haviam recebido algum tratamento ou avaliação psiquiátrica ao longo da vida e nenhum estava sob tratamento no período em que foi realizada a entrevista.

É comum o questionamento a respeito das chances de recuperação dos adolescentes infratores. Dos estudos sobre os efeitos de agressões ambientais ao desenvolvimento dos adolescentes e de técnicas que possibilitem a recuperação aprendemos muito nas últimas décadas. Tais estudos vieram de dados obtidos em épocas de guerra, de desnutrição e privação afetiva extrema durante o desenvolvimento humano.

Os profissionais envolvidos mais pessoalmente com as crianças que ameaçam a população conhecem de perto a realidade individual delas e sabem que a violência a que foram submetidas, embora não justifique seus atos violentos, muitas vezes supera a violência de que foram agentes. Podem, portanto, essas crianças ser comparadas às vítimas de guerra. A questão de sabermos se são recuperáveis ou não depende da quantidade de esforço e de recursos financeiros investidos nesse trabalho. A sociedade está disposta a investir nessa recuperação?

Haverá casos mais brandos, que dependerão de medicação, psicoterapia e re-inserção social. Existirão outros que exigirão modelos mais dispendiosos e intensivos. Entretanto, podemos responder que é possível se conseguir recuperação, senão de todos, pelo menos da maioria dos adolescentes infratores. E aqueles que não se recuperarem deixarão sem resposta a dúvida de se foram empregados esforços suficientes nesse sentido. Considera-se que o meio mais efetivo para enfrentar esses casos é, principalmente, a prevenção. Entretanto, se insistirmos num modelo de sociedade baseado na distribuição injusta de recursos, teremos um grupo de profissionais trabalhando heroicamente na recuperação de jovens infratores sem que possamos retirá-los da situação de risco, representada pelas condições em que vivem. Curiosamente, a maioria dos que vêm decidindo os programas nessa área classificará como insatisfatório os resultados desse tipo de trabalho, não acreditando, portanto, que valem a pena investimentos nessa linha de intervenção. É importante que sejam os subsídios científicos elementos para as decisões políticas no sentido de humanizar o meio em que vivemos. Os resultados de que dispomos indicam que o tratamento psiquiátrico deve ser parte integrante do processo de recuperação, orientando as propostas de prevenção, as quais devem incluir estratégias para reduzir a cultura da violência.

Quadro 1: Critérios Diagnósticos para Transtorno da Conduta[28]

A. Um padrão repetitivo e persistente de comportamento, no qual são violados os direitos básicos dos outros ou normas ou regras sociais importantes apropriadas à idade, manifestado pela presença de três (ou mais) dos seguintes critérios nos últimos 12 meses, com pelo menos um critério presente nos últimos 6 meses:

Agressão a pessoas e animais

1. freqüentemente provoca, ameaça ou intimida outros
2. freqüentemente inicia lutas corporais
3. utilizou uma arma capaz de causar sério dano físico a outros (por exemplo, bastão, tijolo, garrafa quebrada, faca, arma de fogo)
4. foi fisicamente cruel com pessoas
5. foi fisicamente cruel com animais
6. roubou confrontando-se com a vítima
7. forçou alguém a ter atividade sexual consigo

Destruição de propriedade

8. envolveu-se deliberadamente na provocação de incêndio com a intenção de causar sérios danos
9. destruiu deliberadamente a propriedade alheia (diferente de provocação de incêndio)

Defraudação ou furto

10. arrombou residência, prédio, ou automóvel alheios

---

[28] Manual Diagnóstico e Estatístico de Transtornos Mentais, DSM IV, Artes Médicas, 1995, Porto Alegre.

11. mente com freqüência para obter bens ou favores ou para evitar obrigações legais
12. roubou objetos de valor sem confronto com a vítima

Sérias violações de regras

13. freqüentemente permanece na rua à noite, apesar das proibições dos pais, iniciando antes dos 13 anos de idade
14. fugiu de casa à noite pelo menos duas vezes, enquanto vivia na casa dos pais ou lar adotivo (ou uma vez, sem retornar por um extenso período)
15. freqüentemente gazeteia à escola, iniciando antes dos 13 anos de idade

B. A perturbação no comportamento causa prejuízo clinicamente significativo no funcionamento social, acadêmico ou ocupacional

C. Se o indivíduo tem 18 anos ou mais, não são satisfeitos os critérios para o Transtorno de personalidade Anti-Social.

Há especificações para leve, moderado e severo, e tipos, baseados na idade de inicio.

V

O funcionamento do serviço

Hélcio Fernandes Mattos

Base teórica

Introdução

Os espaços de intervenção que acolhem adolescentes em conflito com a lei ou em risco de se delinqüirem defrontam-se com uma peculiaridade que merece reflexões: o fato de a ação determinante da intervenção se estabelecer em dois planos conceituais distintos. Segundo um plano médico-psicológico, temos uma estrutura psíquica cujo comportamento se encontra com os valores societários, infringindo o código penal. Já de acordo com o plano sócio-jurídico, há um tipo de comportamento transgressor, passível, portanto, de uma sanção penal. Nesse plano, a intervenção só pode ocorrer depois de o evento ter acontecido, pois, se ela antecedesse ao acontecimento, estaria baseada na pressuposição de uma possibilidade e constituiria, na melhor das hipóteses, um desrespeito aos direitos individuais, permitindo a produção de arbitrariedades[1].

Além de tudo, esse tipo de intervenção, uma espécie de repressão "preventiva", não poderia ser executado no plano individual, até mesmo por questões de custo, tornando-se viável apenas no plano coletivo, no que se efetiva-

[1] Spielberg, S., Minoriy Report (A nova lei), filme. Roteiro de Scott Frank e John Cohen, baseado no livro de Philip K. Dick, 2002.

ria através do aumento ostensivo do policiamento nos espaços públicos ou por meio de planos específicos que melhorassem as ações policiais.

Logo, no plano jurídico, não existe a possibilidade de tratamento na medida em que os recursos disponíveis, unicamente o cerceamento de liberdade, somente podem impedir a transgressão, sem perspectiva de modificar o processo que determina a conduta anti-social, e, por essa razão, não consegue impedir as recidivas quando da cessação da ação repressiva. Ao contrário, existe o risco de um agravamento caso as condições da instituição de recuperação sejam violentas e arbitrárias, não servindo à função jurídica e menos ainda à recuperação psíquica.

Um processo de recuperação, para não ser parcial, necessitaria da interação do plano jurídico com outros domínios de conhecimento, definindo estratégias conjuntas de tratamento que possam preservar os objetivos primordiais dessa interação: a determinação jurídica e uma proposta consistente de tratamento. Não há, portanto, no nosso entendimento, uma impossibilidade de associação desses dois registros, desde que se respeitem as especificações de cada um deles.

No plano médico-psicológico, a intervenção deve, ao mesmo tempo, tratar especificamente das repercussões da dependência química, sejam os sintomas ou os problemas decorrentes da mesma, e da estrutura determinante da conduta transgressora que leva o indivíduo, seja por não ter entendimento ou por ser incapaz de aprender com a experiência, a repetir os atos infracionais. Entretanto, no que tange à estrutura é indispensável um diagnóstico clínico como condição de se estabelecerem propostas de um trabalho continuado, bem como de se construir um prognóstico da evolução, preservando-se condições de avaliação do sucesso das intervenções planejadas.

Desse modo, eliminando-se os casos em que existe um transtorno/ doença (comorbidade) como responsável pela ação transgressora, os quais podem ser pontuais e, por isso, responder às intervenções medicamentosas, restam como elementos determinantes da continuidade das ações delituosas os transtornos de personalidade. São os traços de personalidade, as alterações na essência que caracteriza a manifestação do sujeito: a personalidade.

Nesses casos, o tratamento apresenta um nível de complexidade maior na medida em que se trata da forma como o indivíduo percebe e reage ao mundo em que vive. Se considerarmos que, para cada indivíduo, essa forma determinará a sua história de vida, concluiremos que, nesses casos, estaremos nos propondo a alterar uma essência que o caracteriza enquanto sujeito, representando, por isso, segundo alguns autores, uma impossibilidade de intervenção clínica para alguns domínios conceituais[2]. Em situações como essa, então, não seria correto falar em tratamento no seu sentido tradicional.

Tratar de transtornos/doenças é bem menos complexo, pela possibilidade de delimitação conceitual do problema, do que interferir na expressão das manifestações delinqüentes, as quais, pela sua natureza, necessitam da utilização de outros domínios de conhecimento além do médico-psicológico. No caso dos distúrbios que determinam transtornos da conduta, sem que se estabeleça uma outra causa primária que possa justificá-las, o tratamento corre o risco de restringir-se às tentativas de cercear e reprimir as condutas inadequadas, traçando-se, desse modo, um limite pouco preciso entre punição e tratamento.

No caso dos transtornos de personalidade anti-social, os autores vêm tentando estabelecer uma linha de estudo mais precisa, identificando a presença ou não desses transtornos em concomitância com ações criminosas. Hare propôs uma escala de psicopatia (PCL-R), a qual vem sendo utilizada na maioria dos trabalhos de pesquisa, permitindo que, através de uma pontuação determinada, se estabeleça um diferencial entre os que devem ser considerados como tendo a presença de elementos que caracterizam a psicopatia e outros, que, mesmo com algumas características anti-sociais, não seriam assim classificados, embora tenham cometido ações anti-sociais. Um dos critérios para a pontuação na escala foi atribuir peso diferente aos traços de personalidade e às alterações comportamentais atribuídas às pressões do meio ambiente. Os primeiros teriam um peso maior, sendo considerados de maior gravidade, e os últimos, um peso menor, sendo passíveis de melhor resposta às intervenções.

Entretanto, a diferenciação entre traços de personalidade determinando transtornos da conduta e transtornos da conduta sendo determinados por pressão do meio ambiente é difícil de ser definida, pois as duas situações não são excludentes dentro de um continuum. No caso de predo-

---

2 Laplanche, J., "Réparation et rétribution pénales: une perspective psychanalytique", in *La révolution copercinicienne inachevée*, p. 178. Aubier, 1992, Paris.

minar a concepção de uma entidade clínica, os traços de personalidade serão, sem dúvida, de maior magnitude na diferenciação diagnóstica do que as alterações comportamentais. De toda forma, a separação entre fatores internos e externos, além de escapar às avaliações rápidas, não deve ser tomada de forma rigorosa, pois a presença de um meio externo acolhedor e seguro, com fatores de proteção efetivos, pode inibir ou atenuar a exteriorização dos efeitos dos traços de personalidade. Além disso, podemos lembrar os efeitos de resiliência, que permitem uma evolução favorável quando todas as expectativas de um bom desenvolvimento faziam pensar em um destino sem esperanças.

Enfim, não sabemos ainda com segurança qual elemento tem o peso decisivo na determinação do destino individual. Entretanto, podemos considerar que, em termos probabilísticos, é fundamental a resposta do meio às ações do indivíduo. Isso porque no caso de o TC ser determinado pelo ambiente, a modificação da conduta depende de uma estratégia de intervenção que necessita de respostas externas mais confiáveis e constantes. Já no caso de o TC ter uma origem nos traços de personalidade, a resposta terapêutica positiva será mais difícil. Mas certamente só poderemos cogitar em alcançar alguma mudança favorável se o meio terapêutico propuser um tipo de resposta organizada, contínua e não violenta, pois, caso contrário, não estaria sendo oferecido nada diferente do que os pacientes receberam antes e não haveria razão para esperar qualquer melhora no plano comportamental. Mesmo que permaneça um nível de indeterminação entre os fatores internos e externos, algumas considerações podem ser cogitadas.

De um lado, devemos destacar a importância das respostas recebidas do exterior no próprio desenvolvimento pessoal. "Parece, nesse caso, que o fator que vai contribuir para estabelecer uma diferença no destino é, em grande parte, determinado pela natureza da resposta do ambiente, isto é, pelo papel que vai exercer a realidade externa, pelas respostas que esta oferece, podendo entrar em ressonância com as partes da organização intrapsíquica que são opostas"[3]. Por outro, devemos considerar que a no-

---

[3] Jeammet, P., "Psychopathologie des conduites de dépendance et d'addiction à l'adolescence", p. 156, in *Cliniques des toxicomanies, L'addicton d'absence*, Cliniques méditerranéennes, psychanalyse et psychopathologie freudiennes, nº 47/48, 1995, Érès.

ção de estrutura, os traços de personalidade, só deve ser tomada como determinante primordial quando houver predomínio absoluto de alguns traços essenciais. Nesse caso, para se obter êxito, a intervenção deverá ser diferenciada, adquirindo a postura da equipe um peso muito importante.

Vemos, desse modo, que a perspectiva de lidarmos com diferenças conceituais permitirá delimitar as intervenções em um espaço de tratamento. Assim, em uma clínica na qual predominem alterações no plano da conduta, poderemos distinguir, de um lado, os atos da equipe, que podem ser considerados como uma punição às condutas inadequadas, os quais se encerram neles mesmos, e, de outro, os atos semelhantes de cerceamento e restrição, constituindo um desdobramento de um processo terapêutico. A diferenciação das formas de intervenção pode funcionar como referência para propostas de tratamento, representando a condição de pensarmos em avanço terapêutico. Portanto, a distinção clínica deve ser tomada como o fundamento para a análise dos resultados das diferentes intervenções.

Esse tipo de diferenciação não só atende às necessidades do modelo médico como também introduz, no plano do tratamento, considerações originárias de outros domínios conceituais como, por exemplo, do espaço social, que também devem orientar a proposta de tratamento. É o que ocorre ao se pensar sobre a necessidade de inclusão dos pacientes a partir de uma especificidade da questão dependência química, a qual se distingue das determinações apenas sociais. Essa especificidade considera, ao mesmo tempo, os achados psicopatológicos, dentre eles a dificuldade de formar vínculos, e as implicações da exclusão social, a qual também dificulta a formação de vínculos estáveis. Para que os relacionamentos tenham chances de se realizarem sem distorções são propostas, como procedimento técnico, formas de, ao mesmo tempo, se opor ao aspecto psicopatológico, nos pacientes que apresentam tal dificuldade, e de intensificar os vínculos nos demais, que, sem alterações psicopatológicas, funcionam desorganizadamente no espaço coletivo em função do aprendizado desenvolvido.

O recurso principal para isso é mostrar a oposição entre os desejos individuais e as necessidades coletivas, tentando salientar que, a fim de se preservar a possibilidade de realização do desejo individual, é necessário manter o funcionamento dos valores coletivos. Ou seja, introduz-se conceitualmente a aceitação da alteridade como um elemento de sustentação do trabalho a ser desenvolvido. Trabalha-se a importância dos interesses do semelhante por meio do papel das regras no funcionamento coletivo, buscando uma melhor utilização das potencialidades dos adolescentes para uma construção coletiva, na qual todos se beneficiem dos resultados obtidos[4]. As ações individuais, antes entendidas como totalmente isoladas, passam a ser percebidas interligadas e recobertas por construções de um espaço simbólico (têm uma lógica própria) que estrutura e delineia as condutas a serem seguidas com regras claras de funcionamento que integram as ações às suas conseqüências. Introduz-se, assim, a noção de responsabilidade individual pela representação antecipada dos efeitos de determinadas ações. Entender o funcionamento simbólico do espaço social é uma maneira de incorporar valores indispensáveis para o processo de inclusão, que não pode ficar restrito ao desenvolvimento de aprendizados técnicos específicos[5]. Para uma inserção no mercado de trabalho, não basta ter uma profissão.

Em função desse entendimento, as regras fundamentais de nossa proposta, as de menor ambigüidade, já são explicitadas no momento da assinatura do contrato de participação no plano terapêutico, quando se aceitam as condições e as metas do tratamento. As demais regras, circunstanciais, necessárias em função de acontecimentos momentâneos, são decididas em reuniões de equipe, discutidas na AG e transmitidas no decorrer das atividades do plano terapêutico. Nesse sentido, atribuímos às regras a função de estruturar os procedimentos a serem realizados, no intuito de reduzir a margem de ambigüidade, tornando explícita, de um lado, a importância de se preservarem as conquistas coletivas, que beneficiam a todos, e, de outro, a de compreender a fragilidade do funcionamento coletivo, que corre o risco de ser destruído se não for continuamente apoiado pelo esforço de cada um. Cabe à dinâmica das assembléias gerais (AG), reunião de todos os adolescentes com a equipe, manter uma estrutura de funcionamento por meio da utilização das regras que fundamentam as condutas a serem segui-

---

4 Em anexo proposta para o CAPSad também como Centro de Prevenção da violência e do uso de drogas.

5 Esse fato pode ser apreendido nas oficinas de geração de rendas ou na criação de cooperativas.

das. Há, portanto, uma diferença entre os objetivos desse tipo de AG e os objetivos buscados na comunidade terapêutica (CT). Enquanto, nas CTs, existe uma orientação técnica de transferir a responsabilidade dos profissionais para os pacientes, a fim de que eles se organizem com maior liberdade, em nosso serviço, mais do que transferir responsabilidade e oferecer maior liberdade, seguimos a orientação técnica de reafirmar a importância das regras coletivas, às quais também a equipe se submete para preservar um critério mais justo no transcorrer das atividades. Aqui a liberdade deve ser substituída pela autonomia. Desse modo, a equipe, mais uma vez, de forma explícita, procura mostrar a importância do compromisso coletivo, que deve fundamentar as decisões individuais.

Dentro dessa perspectiva, tentaremos sintetizar as linhas mestras que norteiam nossa proposta de intervenção e tratamento com adolescentes usuários de drogas.

O problema clínico

Como tratar adolescentes que não consideram a droga um problema e, além disso, obtêm ganhos importantes econômica e simbolicamente, por meio da força que podem exercer e que lhes é atribuída ao participar do tráfico? Como encontrar recursos para recuperar adolescentes excluídos socialmente, originários de famílias desorganizadas, que convivem com inúmeros fatores de risco, apresentam grande índice de fracasso escolar e cresceram vendo como aliado o poder dos traficantes, que admiram e dos quais podem ser cúmplices e "soldados"[6], vendo nos policiais e nos demais representantes do Estado inimigos, pois, quando entram em contato com eles, são arbitrários e os humilham? Diante desses fatos, freqüentemente somos instados a responder uma ingênua pergunta desse tipo de adolescente: que razões nós temos para não usar?

A principal manifestação dos aspectos psicopatológicos se expressa na dificuldade de formar vínculos, característica que obsta a adesão e restringe

6 Dowdney, L. (2003), pp. 51-52. Há uma estimativa de que existam 10.000 pessoas envolvidas com o tráfico nas favelas do Rio de Janeiro, das quais 7.000 seriam menores.

a continuidade do tratamento, bloqueando também a incorporação de novos valores capazes de permitir a interpretação dos estímulos vindos do exterior de forma mais adequada e conseqüente. A reduzida evolução cognitiva produz baixa capacidade de compreensão, com pouca elaboração, que, associada à busca do prazer imediato, dificulta qualquer tipo de inibição de condutas, quando surge a possibilidade de um ganho instantâneo, seja através do uso de drogas, seja por meio de uma outra conduta transgressora.

Nos casos em que existe associação com psicopatia[7] (transtorno anti-social), é bem mais patente a presença de alterações psicopatológicas específicas da psicopatia, interferindo nos relacionamentos interpessoais, na medida em que tais alterações reduzem a capacidade de compreender as situações vividas no dia-a-dia da instituição. A presença dessas distorções torna dramáticas as circunstâncias do tratamento pela dificuldade de se criar um tipo de compreensão mais abrangente e capaz de estabelecer maiores diferenciações, necessárias para um convívio social. É comum esses pacientes apresentarem algumas alterações como: a) *Generalizações abusivas* do tipo "todo policial é ladrão". Elas funcionam como elemento analisador da compreensão que eles realizam, dificultando o raciocínio para lidar com as diferenças. Se a experiência negativa vivida com um policial se estende a todos os demais, torna-se muito difícil compreenderem a polícia como uma instituição que desempenha uma função necessária. Logo, se essa função não está sendo cumprida por alguns, ou até mesmo por muitos, não significa que não exista importância na atuação policial e também não haja bons policiais, devendo a polícia ser preservada como instituição; b) *Denegação na descrição dos acontecimentos*, utilizada para banalizar a própria responsabilidade por terem-se envolvido em ações delituosas; c) *Não conseguir definir os meios necessários para atingir determinados fins*, dificuldade que restringe as possibilidades de realizar um determinado propósito, o qual, então, se perde por falta de um planejamento e de persistência. Esse tipo de empecilho exige a

---

7 É muito freqüente a associação de dependência química com transtorno da conduta, sendo comum que ocorra o encaminhamento dos pacientes que mais incomodam para outras instituições. Como freqüentemente os mais desobedientes são os que apresentam transtorno de conduta, esses pacientes acabam por receber tratamento e avaliação insuficientes.

organização, junto com o adolescente, de um plano e o monitoramento da execução do mesmo; d) *Ausência de estratégias múltiplas para enfrentar situações problemáticas*, repetindo uma mesma conduta para conseguir os objetivos. Se precisam de dinheiro, por exemplo, a única idéia que lhes ocorre é a de roubar; e) *Adesão a soluções ineficazes e ultrapassadas*, fazendo com que, em face de suas frustrações, renovem-se as relações com antigos cúmplices.

Desse modo, em função das alterações descritas, fazer com que esses adolescentes aceitem uma proposta de trabalho continuado, retirando-lhes o prazer que, até aquele momento, tem servido como referência de vida, para substituí-lo por um prazer menor, que nem mesmo consideram como prazer, é uma tarefa bastante difícil. Se for considerado ainda que os transtornos da conduta, que evoluem para distúrbios anti-sociais, apresentam uma marcada incapacidade de preservar os compromissos e manter os vínculos, mesmo quando há aparente benefício no contato individual, admite-se que os tratamentos para adolescentes dependentes químicos atendidos individualmente em regime ambulatorial têm menores chances de interromper a carreira de transgressões, por se tratarem de pacientes mais graves. A fim de se aumentar as possibilidades de êxito nesses casos, quando existe associação de dependência com transtornos da conduta, é recomendável acrescentar, ao lado da intervenção individual, práticas que favoreçam a expressão dos compromissos individuais para o espaço coletivo, no qual a presença de um terceiro elemento, do outro, possa funcionar como a testemunha que valoriza e dramatiza cada ação realizada. Esse cenário cria o referencial, a partir do coletivo, de um segundo código simultâneo, capaz de rivalizar e até substituir o único que possuíam: o código da violência, o qual sustenta as relações do tráfico e das drogas.

O ambiente – A constituição do espaço terapêutico

É necessário que tenhamos formas de intervenção integrando as ações individuais com as práticas coletivas, permitindo a transcendência do compromisso individual para a responsabilidade coletiva. O movimento em báscula do espaço individual ao coletivo e do coletivo para o individual cria as condições para alterar qualitativamente a experiência individual, facilitando a incorporação de regras gerais que, servindo como modelo, dirigem os movimentos singulares. Quando os compromissos são assumidos diante de um grupo, é ele que se coloca, simbólica e concretamente, como fiador desse compromisso. As cobranças pela transgressão às regras deixam de ser individuais e podem ser realizadas por qualquer um dos membros do grupo, fato que amplia as possibilidades de ações mais contínuas, pois as regras devem ser veiculadas pelos membros da equipe e podem estar em todos os interstícios do espaço terapêutico construído, inclusive servindo como referência para as decisões dos pacientes. Deriva dessa concepção a transformação da procura de tratamento em um compromisso de cooperação firmado em contrato.

Em função da psicopatologia comum a esses adolescentes e também do código de valores que preside as relações com as drogas, o contrato terapêutico tem uma função operacional da maior relevância, sendo firmado por escrito com assinatura do adolescente, do responsável por ele e de um técnico da equipe. Funciona como um instrumento que amplia a palavra individual, empenhada no contrato verbal com o terapeuta, para um compromisso com todos os demais pertencentes ao grupo, transformando o esforço manifestado por alguns num trabalho que passa a ser de todos: os adolescentes, os familiares ou responsáveis e a equipe. Esse tipo de contrato permite que as proposições de tratamento se estendam além dos muros da instituição, facilitando o recurso técnico de se poder discutir e até mesmo interferir em acontecimentos ocorridos na própria casa do adolescente, na escola ou nos estágios que realiza fora do CRIAA, sem que tais atitudes, necessárias ao funcionamento do tratamento, sejam tomadas meramente como controle.

Nas discussões em grupo para encaminhar soluções diante dos problemas surgidos, é adotada a postura de reforçar as possibilidades de se organizarem os recursos existentes nos adolescentes e na instituição, construindo encaminhamentos dentro dos ensejos da comunidade, evitando-se a cristalização da inércia. Nessa forma de entendimento, as restrições representadas pelas regras não se opõem à realização do desejo; ao contrário, transformam-se no meio de alcançá-lo. A lei e a organização, uma decorrência da lei, permitem que se trabalhe por etapas, campo do dever, para se atingir um objetivo no futuro. Essa tal postura ajuda o adolescente a suportar a espera da realização, de um prazer. Substitui-se, assim, uma solução imaginária e fugaz, representada aqui no prazer imediato, por uma construção simbólica, que, mesmo quando não realizada integralmente, deixa, no grupo, os traços do processo de construção e passa a ocupar um lugar central nas intervenções, principalmente na condução das assembléias gerais, nas quais os participantes são levados a fazer uma reflexão sobre as implicações de suas condutas no funcionamento do serviço.

Nesse sentido, para dar um exemplo recente, a necessidade de melhorar o orçamento de algumas famílias dos adolescentes levou-nos a participar da organização de uma cooperativa com metodologia autogestionária capaz de, ao mesmo tempo, atingir o plano das necessidades imediatas e o das realizações futuras. Pois, no momento em que elas aprendem a se organizarem em cooperativa para vender refeições ao nosso serviço, constrói-se também uma firma capaz de negociar refeições a qualquer cliente. Inicialmente, inaugurando o processo, utilizamos os recursos da nossa receita em uma parceria com a prefeitura[8] para que a cooperativa de mães, tendo como base a cozinha do CRIAA, pudesse vender refeições e até mesmo organizar um serviço de bufê nos finais de semana. Os filhos, juntamente com as mães, depois de treinados, poderiam trabalhar como garçons.

A administração de uma cooperativa exige um trabalho de estruturação e integração entre os participantes, os quais, por sua vez, devem considerar o papel do parceiro, ao mesmo tempo que necessitam de grande organização para controlar o movimento financeiro, realizar boas compras e trabalhar com estoques. Entretanto o desenvolvimento desse trabalho pode produzir, no imediato, uma motivação adicional para os familiares, com concomitante melhora do rendimento e da estrutura familiar, que não ficará tão fragilizada como antes diante das ofertas do tráfico. Essas famílias agora terão um recebimento pelo trabalho que realizaram. Anteriormente, as mães eram destituídas do valor do seu trabalho, com a nova organização podem aprimorar suas capacidades e ter um lugar de representação no espaço social, passando a ter algum tipo de escolha e exercer algum tipo de poder no sentido do conceito de "empowerment". Além disso, a construção

---

8 Secretaria de Integração, Cidadania e Ações Sociais (SICAS).

de soluções desse tipo reforça os vínculos dos adolescentes com a equipe, na medida em que passam a identificar os propósitos da instituição como direcionados para criar novas oportunidades através do trabalho, do esforço e da organização, evitando que fiquem exclusivamente dependentes dos recursos públicos. O fato de montar com eles um determinado percurso facilita sobremaneira que possam trilhar o novo caminho, pois a grande dificuldade que enfrentam é não saber planejar alternativas, não conseguir pensar nas diferentes dimensões dos problemas.

A noção de cidadania, portanto, aparece não apenas como um direito, mas também como uma conquista, que exige responsabilidade e participação, deixando de ser apresentada como uma construção política para transformar-se no exercício de uma prática cotidiana. Os adolescentes poderão observar e começar a viver com as famílias em um cenário diferente daquele em que viveram, funcionando em condições totalmente diversas das anteriores e incorporando valores diferentes dos disseminados pelo código da violência utilizado pelo tráfico de drogas, no qual foram criados.

Com essa metodologia, abrimos uma nova opção, mais ampla do que a dicotomia usar e não usar drogas, estabelecendo um processo de decisão entre a escolha de usar drogas e a possibilidade de voltar a ter esperanças no futuro. Podemos considerar esse processo como "a habilidade de se exprimir por si próprio, realizando as mudanças na sua vida com a finalidade de assegurar um melhor controle de sua existência. A possibilidade de se apoderar dos meios para realizar uma decisão permite ao indivíduo tomar suas decisões personalizadas"[9] . Esse processo foi caracterizado por Lipman como apropriação, uma tradução do termo "empowerment".

O funcionamento de grupos para realização de atividades que lhes dêem o poder de decidir, mas, ao mesmo tempo, lhes imponham regras de convívio social, favorece que a influência de companheiros, muito intensa na adolescência, siga um padrão de códigos grupais introduzido pela equipe, o qual está presente em todas as atividades, com os valores de solidariedade em oposição à prática individualista, levada aos extremos da manifes-

---

9 Lipman, P., 1991, dans Gendreau et coll. (1993). Briser l'isolement. Apud Regie Santé du Montreal "Un pari sur les adultes", p. 3.

tação anti-social, que freqüentemente apresentam. O importante não é simplesmente o desenvolvimento de diferentes atividades, o que, sem dúvida, é muito benéfico, mas cujo resultado objetivo mostra-se insuficiente por si só, atendendo mais a interesses individuais. O elemento essencial, no nosso entendimento, é a construção de um ambiente terapêutico, no interior do qual se desenvolvem essas atividades. Busca-se, assim, ao mesmo tempo aumentar a continuidade do nível de adesão e oferecer os meios de se conseguirem recursos concretos.

Nesse sentido, começamos a organizar oficinas de geração de renda com o intuito de produzir também no imaginário social em torno da instituição uma característica de luta contra a exclusão. A diferença é sutil, até mesmo imperceptível para alguns, mas, ao insistirmos em ver nas regras uma função organizadora do espaço simbólico e em considerar o aprendizado como organizador de códigos de relação, estamos ampliando a função da regra, que, não ficando restrita ao seu papel moral de proibição, de interdição, poderia substituir o único código de entendimento que conheciam e podiam utilizar e, com isso, transformar a forma de vida de muitos adolescentes.

Dessas concepções surgem aspectos derivados. Assim, o essencial não é em si o resultado alcançado por alguns em termos objetivos. Logicamente, trata-se de um ganho enorme conseguir uma colocação para um adolescente, porém mais importante é o processo de participação da equipe e dos adolescentes na construção desse movimento de criar soluções. Procurando valorizar mais o processo do que a ação, podemos deixar de considerar, no início do tratamento, como indispensável para freqüentar o serviço, como é norma diante de uma exigência moral, a abstinência. Isso só se torna possível porque tentamos construir uma prática que se acompanha da adesão a um sistema de valor organizador de novas condutas. Portanto, entendemos ser necessário apenas que o adolescente aceite formalmente nossas condições de não usar droga dentro do serviço, firmando um contrato de tratamento, no qual se comprometa a seguir as nossas exigências técnicas, que têm como meta alcançar o estado de abstinência. Desse modo, com a evolução do tratamento, ele próprio percebe a importância de ficar abstinente.

De forma clara, mostramos nossa oposição ao uso de drogas e a disposição de ajudá-lo a alcançar o estado de abstinência. Porém, estrategicamente, não esperamos que ocorra uma transformação imediata. Firmamos um pacto ao criar um espaço de intervenção no qual as atitudes adotadas serão entendidas como respostas que justificam as nossas intervenções, assinalando a responsabilidade de cada um, dos pacientes e da equipe, na conquista de todos, definido o funcionamento do todo em prol de cada um. Se, até então, o adolescente só tinha o traficante, associado com a força, como o modelo de identificação possível para ele, poderá, ao receber novos recursos, até então impensáveis, ter a oportunidade de construir novos padrões de identificação, seja através do esporte, do ensino, ou ainda de outras oficinas, sustentados pelo modelo de conduta da equipe. No jargão administrativo, definimos a missão da instituição como: "poder devolver o direito de sonhar", através da instauração de um processo de tratamento que valoriza a inserção social como prioridade no trabalho com adolescentes. A introdução de um modelo de atenção global no lugar da exigência moral da abstinência nos permite singularizar as intervenções, mostrando-lhes os riscos a que ficam expostos com o uso de drogas nos diferentes momentos dos seus percursos e as atitudes necessárias para realizarem os seus sonhos.

Por um lado, deixamos clara nossa intenção e que esperamos que abandonem o uso drogas, pois nos preocupamos com o aprisionamento a um único tipo de prazer oferecido por elas e com a perda do encantamento de outros pequenos prazeres que a vida pode nos proporcionar. Mas, por outro, dispomo-nos a aguardar algum tempo, caso o cliente não esteja em situação de risco, a qual justifique a internação, ele decidir pela abstinência, desde que, nessa espera, se respeite a nossa exigência de participar do programa de tratamento.

Embora a motivação inicial dos adolescentes seja freqüentemente baixa, o trabalho de recuperação não deve ficar restrito a promover a motivação, sendo um engano a ênfase excessiva apenas nessa etapa, acreditando que a adesão esteja garantida. Esse trabalho de motivação é contínuo, pois será no estágio de manutenção, com a elaboração e as discussões sobre as situações de alto risco, que o adolescente deverá lutar mais arduamente para manter o compromisso de mudança, assumido com a equipe[10]. São,

---

[10] Marlatt, G. & Gordon, J., "Prevenção de recaída". Estratégias de manutenção no tratamento de comportamentos adictivos", p. 21, Artes Médicas, Porto Alegre, 1993.

portanto, duas etapas distintas e fundamentais: promover a motivação para iniciar o tratamento e trabalhar a modificação e as mudanças no estágio de manutenção a fim de garantir a adesão ao estado de abstinência.

A fim de atingirmos as duas etapas, trabalhamos interativamente com oficinas, algumas voltadas para a fase inicial, aprimorando habilidades e, no plano do desenvolvimento psicológico, de forma contínua, promovendo internalizações das mudanças de conduta. Devemos destacar, porém, que o desenvolvimento das habilidades não garante isoladamente a modificação da compreensão de suas ações, sendo necessária a associação desses dois processos para se atingir a consolidação de resultados positivos duradouros. Nesse sentido, deve-se ressaltar que as motivações intrínsecas, ou seja, as internas (relacionadas à sensação de realização) são mais eficazes do que as motivações extrínsecas, ou seja, as externas (incentivos financeiros isoladamente, por exemplo), quando avaliadas entre si. O sentimento de realização implica a vivência de ter realizado uma conquista pessoal, que passa a ser representada como uma aquisição interna, incorporada ao patrimônio do adolescente. O oferecimento de motivação externa, mesmo a pecuniária, caso não represente uma conquista pessoal, tem um valor mais restrito na medida em que não é incorporado como uma conquista pessoal, transformando-se numa obrigação para aquele que deu a ajuda. Essa questão é desenvolvida nos critérios de entrega dos vales-transporte, que deve ser entendida como uma decisão integrada ao tratamento, não como uma obrigação do serviço. Tal distinção se expressa no recebimento de vale para participar das atividades programadas, não como uma distribuição indiscriminada.

De toda forma, os resultados mais favoráveis são obtidos quando podemos tecnicamente associar as duas formas de motivação. Desse modo, busca-se oferecer um destino diferente daquele que as circunstâncias indicam, permitindo a recuperação do direito de sonhar, representada na construção de uma conquista conjunta, que será vivenciada como um trabalho da equipe, a qual lutou pela viabilização da oportunidade, e do adolescente, que pôde enfrentar as dificuldades e superá-las. A realização de todo esse processo significa a possibilidade de modificação dos códigos de relacionamento com o próximo.

São os raciocínios precedentes que justificam a forma detalhada de intervenção que propomos para produzir a motivação necessária e manter a continuidade do tratamento nessas situações de extrema dificuldade a qualquer tipo de intervenção. E o objetivo dessa sistemática é produzir a internalização de novos códigos que, ao mesmo tempo, se oponham e possam competir com o código do mundo da violência e das drogas.

Os achados das nossas pesquisas repetem o encontrado na literatura, mostrando que existirá um grande número de abandono do tratamento caso não se consiga criar a motivação para se manter o adolescente aderido ao processo. Consideramos que motivação não é uma qualidade estática, que existe ou não no paciente, mas uma responsabilidade da equipe. Ela deve ser criada, promovida como parte do tratamento. É conhecido da literatura que, depois de promovida a motivação e uma vez iniciado o tratamento, as taxas de recaídas são mais baixas nos primeiros meses e crescem gradativamente à medida que aumenta o tempo a partir do final do tratamento[11] . Tratamentos que promovem a abstinência sem seguimento aprofundado e sem programação para situações de risco apresentam taxas de recaídas mais altas.

Esses dados servem como um indicativo da importância de se fazer sistematicamente, durante o estágio de manutenção, programas para ensaiar as reações em situações de alto risco, realizando a Prevenção de Recaída. Para os pacientes que já tenham alcançado a alta, criam-se re-encontros periódicos, como atividades e almoços aos finais de semana, tentando fornecer apoio para mantê-los afastados das drogas. O estágio de manutenção, durante e após o tratamento, deve ser aproveitado como a oportunidade para o desenvolvimento desse novo aprendizado, que inclui a vida sem drogas[12] .

A garantia das modificações almejadas pelo processo terapêutico precisa ser consolidada na busca de alterar também as relações mais próximas ao paciente, no caso, a estabelecida com os membros da família. Se isso não for possível, procura-se, ao menos, oferecer um entendimento do papel da família e das possibilidades de o adolescente se organizar com outros grupos de referência, criando um substituto da própria família.

---

11 Marlatt & Gordon (1993), p. 22.

12 Idem, ibidem.

Dada a necessidade de poder contar com um sistema de apoio mais próximo ao adolescente, a família é parte indispensável do trabalho de reorganização, sendo motivada para participar ativamente do tratamento.

Linhas de intervenção

O trabalho desenvolvido durante os últimos anos evidenciou, nos pacientes, algumas características que precisam ser enfrentadas com metodologias diferenciadas para se atingirem os desdobramentos da questão drogas e, com isso, se preservar a qualidade do atendimento nessas novas circunstâncias, ampliando as intervenções necessárias à consolidação dos objetivos da proposta. Nesse sentido, foi preciso estabelecer três linhas diferenciadas de intervenção, com o intuito de atender os diferentes tipos de demanda de forma organizada.

Embora os três segmentos atendidos apresentem aspectos comuns, identificamos tipos de comprometimentos distintos no que concerne à psicopatologia, ao grau de dependência química, à estruturação familiar, aos prejuízos na escolaridade, ao envolvimento com tráfico e, conseqüentemente, ao risco de vida.

Cada uma dessas linhas de intervenção tem um programa diferenciado:

1. Adolescente com problemas por uso de drogas;
2. Adolescente usuário de drogas em conflito com a lei;
3. Adolescente que corre o risco de se envolver futuramente com as drogas (prevenção seletiva e universal).

Não desenvolveremos em detalhes as propostas de intervenção para cada segmento. Destacaremos apenas o interesse de iniciar novas pesquisas em neuropsicologia e em sócio-antropolcgia a partir das intervenções realizadas e para as quais já temos projetos montados, aguardando o pleno funcionamento do serviço. A experiência nesses seis anos nos indica a necessidade de se enfrentar, de forma sistemática, a proliferação das situações de violência e do uso de drogas com ações preventivas através da organização de um centro de prevenção (projeto em anexo).

- Atividades realizadas

Diferentemente dos regimes de internação para adolescentes infratores, nos quais existe uma baixa intensidade de intervenção assistencial, prevalecendo o cerceamento do paciente ou do regime ambulatorial, reduzido às consultas, o hospital-dia proposto oferece uma alta intensidade de intervenção em diferentes aspectos causais por um custo menor do que o da internação e um índice de custo-benefício mais vantajoso em relação ao ambulatório. No caso de adolescentes com baixo nível de motivação, sobressaem-se, nas internações, os aspectos repressivos do método e, na intervenção ambulatorial, constatam-se maiores dificuldades para manter a adesão. Além disso, no hospital-dia, a intervenção permite o desenvolvimento de um tipo de atenção integral, favorecendo a expectativa de recuperação em alguns de seus aspectos, envolvendo a gravidade da dependência química e os problemas decorrentes do uso da droga, podendo ser avaliada durante todo o processo de tratamento.

Iniciamos com uma avaliação diagnóstica:

Diagnóstico psiquiátrico de comorbidade e psicanalítico de estrutura psíquica.

Consulta médica e acompanhamento medicamentoso, se necessário.

Grupo de motivação;

Grupo de novos;

Prevenção de recaída;

Psicoterapia;

Oficina de esporte;

Oficina de teatro;

Oficina de artesanato;

Oficina de música;

Apoio pedagógico;

Grupo de discussão temático;

Grupo de adolescentes;

Cooperativa da cozinha;

Assembléia geral com os adolescentes;

Reunião de família três segmentos;

Acompanhamento na rede de apoio social;

Acompanhamento com o conselho tutelar e Juizado da Criança e do Adolescente;
Interação com equipe dos CRIAMs.

Ações anteriores e seus resultados

Essa perspectiva de criar um ambiente terapêutico não se opõe aos recursos específicos de outros domínios do conhecimento, necessários para as diferentes fases do tratamento. Muito pelo contrário, entendemos ser ela a condição para que exista continuidade nas intervenções específicas. Vamos descrever agora as formas de intervenção por nós utilizadas, lembrando que, devido a questões de ordem estratégica, o serviço foi montado para ter condições de atender os casos mais graves, que apresentem maiores implicações sociais e psíquicas, pois, se tivermos capacidade de atendê-los, os casos mais leves serão acompanhados com maior facilidade.

O Centro Regional Integrado de Atendimento ao Adolescente vem trabalhando há seis anos na reintegração social de adolescentes como elemento fundamental para a recuperação da dependência química. Têm sido encaminhados à instituição jovens usuários de drogas, envolvidos com o tráfico e com a criminalidade de um modo geral, assim como outros propensos a esse tipo de envolvimento. O CRIAA oferece uma abordagem ampla, que vai da assistência médica e psicológica, passando pela educação sexual e pelo trabalho em grupos (oficinas), até o encaminhamento para cursos profissionalizantes e empregos. O desempenho nos cursos e os primeiros meses de trabalho são acompanhados pela equipe. Como a atenção é global, os resultados obtidos devem também ser avaliados através de um instrumento capaz de detectar mudanças nos vários domínios da vida do adolescente.

Utilizamos na avaliação um inventário desenvolvido na Inglaterra e validado para o português por um dos autores do presente livro[13] em colaboração com o idealizador do instrumento (CISS, George Christo). Atra-

[13] Christo, G. & Silva, A. V., "A Portuguese version of Christo Inventory for Substance-Misuse Services: a simple outcome evalution tool". Braz. J. Med. Biol. Res., October 2002, volume 35(10), 1111-1117.

vés dele, podemos avaliar a situação do adolescente na entrada no serviço e, periodicamente, repetir essa avaliação, registrando a evolução do paciente. Detectamos uma redução de 37% no envolvimento em comportamentos criminosos, e uma diminuição de 30% no consumo de drogas. Considerando que nossa organização vem tratando os adolescentes mais severamente comprometidos, sem a implantação integral da nossa proposta por falta de estrutura física e apoio financeiro[14], supõe-se que o tratamento será mais efetivo se oferecido em condições normais de funcionamento, com a finalização das obras e repasse regular de verbas, com o acolhimento de uma população ampliada, recebendo adolescentes apresentando menor grau de comprometimento, ou seja, jovens em situação de risco que ainda não iniciaram um envolvimento pesado com drogas ou aqueles que ainda não têm situação de conflito com a lei.

Com a ampliação do projeto, jovens da comunidade serão abordados dentro dos mesmos princípios teóricos até agora utilizados. Esperamos que a resposta seja uma maior facilidade de adaptação social e, conseqüentemente, menores taxas de criminalidade na comunidade. Para um controle mais apurado, manteremos um registro individual com nossa escala de avaliação, contendo dados que caracterizam o momento da entrada no serviço e o acompanhamento a cada três meses.

Dificuldades

Com esse tipo de adolescentes, em função da precariedade socioeconômica, fica bastante evidente a importância, no plano terapêutico, de se

[14] O repasse de verbas pela FIA é irregular, sem critérios definidos do tipo de intervenção que pode ser realizada. No momento, setembro de 2003, ainda não foram repassadas as verbas de novembro e dezembro de 2002. Os valores de janeiro e fevereiro de 2002 foram depositados no final de março, março foi pago no mês de junho e quanto aos meses de abril, maio, junho, julho, agosto e setembro, não temos nenhuma informação de quando poderemos receber. O Serviço consegue manter seu funcionamento em função de pertencer à UFF, que cumpre as suas obrigações em relação aos pagamentos de luz, água, telefone etc. Parece ter havido uma confusão entre Estado e Governo ao ser atribuída a dívida pelo trabalho realizado ao governo anterior, sendo, desse modo, considerado o governo atual, pelo governo, como isento de qualquer ônus.

obter recursos da rede de apoio social ou de desenvolver em maior intensidade as oficinas de geração de renda. Ações como essas tornam-se primordiais, pois, apesar de se conseguir melhorar as condições clínicas, a presença contínua de fatores predisponentes funciona como um indutor de recaídas. Portanto, caso não possamos contar com meios de oferecer novas condições de inserção social, facilmente ocorrerão retrocessos.

Como existe, no país, uma tradição assistencialista, as ofertas de rede de apoio social disponibilizada pelo Estado são descontínuas e, no período de sua execução, mostram-se bastante ineficientes nos processos operacionais. Assim, mesmo quando oferecem bolsas em dinheiro, não associam esse recebimento ao desempenho de alguma tarefa programada e acompanhada. A própria forma de organização é falha, não havendo articulação do Estado com os demais serviços que trabalham na mesma área, freqüentemente com os mesmos adolescentes. Se, por um lado, tornou-se habitual não existir um planejamento do desempenho, com acompanhamento de resultados, por outro, o repasse de verbas vem sendo realizado de modo irregular, seja no que se refere à data de pagamento seja em relação à falta de informação a respeito do banco em que os adolescentes deverão receber o dinheiro, fazendo com que estes se exponham ao fracasso tentando resolver problemas para os quais não estão preparados, aumentando, com isso, o sentimento de exclusão. Como ocorre nas inúmeras vezes que vão aos bancos procurando receber. Nos casos dos adolescentes que atendemos, concluímos ser necessária uma orientação a respeito dos procedimentos burocráticos para que consigam algum sucesso.

Tamanha desorganização operacional nos leva a oferecer um adiantamento de verbas e vale-transporte para que possam dar continuidade aos compromissos assumidos nos estágios que realizam. Desse modo, os freqüentes atrasos sem qualquer tipo de esclarecimento ou previsão funcionam, no plano operacional, como mais uma experiência negativa, que pouco contribui para aumentar a auto-estima dos beneficiados, apesar de demonstrar, no plano estratégico, uma boa intenção. Não é a falta de pagamento, mas principalmente a ausência de planejamento que impede as discussões em torno desse tipo de ocorrência. Não se pode esquecer ainda que uma das principais dificuldades dessa população é exatamente a falta de planejamento para encontrar saídas. Situação semelhante ocorre com a proposta de oferecer a alguns adolescentes uma mãe substituta, evitando a internação em um abrigo. É uma idéia que atende à necessidade de oferecer ao adolescente uma referência do lar, muito mais importante do que apenas colocá-lo em um espaço físico. Entretanto, na prática vemos que, na medida em que essas mães não são preparadas para essa difícil tarefa, em função da falta de planejamento, uma estratégia de grande vigor acaba dependendo da improvisação e da sorte de encontrar alguém que saiba desempenhar essa função.

Tecnicamente devíamos considerar que, dada a sensibilidade aguçada desses adolescentes para os gestos passíveis de serem entendidos como excludentes, torna-se necessário, no momento de operacionalizar as propostas, o desenvolvimento de possíveis soluções para criar uma rede social de apoio, já que, nessa área, surgem as maiores dificuldades, com intensas repercussões negativas no próprio processo de recuperação. Esse aspecto depende de treinamento e qualificação de equipes específicas, bem como da articulação entre os setores envolvidos e da criação de procedimentos consensuais para os vários atores atuantes no processo.

Uma medida inicial para enfrentar essa dificuldade seria o treinamento das equipes envolvidas na rede de apoio, discutindo com as mesmas as práticas que desenvolvem e as dificuldades na implantação de instrumentos informatizados já consolidados, como, por exemplo, o SIPIA[15]. Talvez fosse viável a produção, a partir da metodologia e das tarefas de cada segmento social envolvido, de uma cartilha com procedimentos consensuais que pudessem ser aplicados pelos diferentes serviços evitando o desencontro entre as exigências e os encaminhamentos de cada serviço, que pouco serve para delinear as soluções e ainda aumenta o sentimento de descrédito surgido pela inoperância dos serviços públicos.

No momento, nosso maior desafio é implantar o serviço na sua integralidade, concluindo as reformas, equipando as oficinas, organizando fluxos dos processos administrativos para dar condições de, mesmo com o aumento do número de adolescentes, manter a velocidade de comunicação entre os membros da equipe, condição primordial para se oferecer um bom

---

[15] Sistema Informatizado de Proteção à Infância e Adolescência (SIPIA).

atendimento, sem ambigüidades na prática desenvolvida. Deve-se destacar ainda a ausência de uma política governamental que pudesse apoiar programas como o nosso. Essa ausência de suporte é bem evidenciada nas constantes restrições que o serviço vem sofrendo na relação com o Estado, que, por um lado, nos oferece um repasse de verba graças ao qual mantemos o nosso trabalho, mas, por outro, funciona de forma totalmente improvisada, sem garantir a continuidade necessária para a consolidação de práticas efetivas.

Nesse sentido, lembramos que grande parte do nosso empenho resolvendo questões de ordem administrativa com os representantes do Governo foi perdido; no momento, estamos sem repasse de verbas há oito meses consecutivos, além de virmos sofrendo essa mesma irregularidade por mais de um ano. Evidentemente, não se trata de uma questão que dependa da simples decisão de pessoas, que até podem facilitar ou prejudicar. O problema de maior gravidade reside na ausência de prioridades e políticas definidas em relação à questão da inclusão social, no âmbito mais amplo, e à dependência química em particular. Vemos um trabalho sustentado em improvisações, sem a preocupação de formar profissionais, que, sozinhos, lutam como podem para dar continuidade aos programas que tentam desenvolver.

Um serviço como o que desenvolvemos poderia ser reforçado na sua execução e ter ampliado o seu alcance por projetos de prevenção universal, que, nos finais de semana iniciassem com os adolescentes em geral uma prática de relacionamento, através da oferta de oficinas, capazes de funcionar simultaneamente, permitindo, pela formação de vínculos, a preparação em novas habilidades e a construção de um sentimento de pertencimento. Assim, aos poucos, poder-se-ia oferecer um código alternativo ao da violência imposto pela situação de exclusão em que vivem. Um código de solidariedade, priorizando os interesses do coletivo.

Na maioria das situações, os adolescentes não têm motivação para interromper o uso de drogas, haja visto o índice insignificante, quase inexistente, de procura espontânea para tratamento. Porém, à medida que vão realizando as atividades, cresce o interesse em continuar participando delas, sem existir necessariamente um aumento do desejo de abandonar o uso de drogas. Ocorre, portanto, uma adesão ao serviço, sem que exista um gesto correspondente em relação ao tratamento. O percurso que vai da adesão ao serviço até o interesse em suspender o uso de drogas torna-se uma construção gradativa, apoiada pelas intervenções da equipe técnica. Aliás, nossa metodologia foi organizada dessa forma exatamente por esperarmos um baixo interesse dos adolescentes em interromper o uso de drogas.

VI
Intervenções Breves – Grupo de motivação

Vilma Aparecida da Silva
Hélcio Fernandes Mattos

Descrevemos os tipos de intervenções breves realizadas no serviço para mostrarmos a abrangência e a variedade de formas de tratamento que no nosso entender devem ser integradas no processo de tratamento das dependências químicas em adolescentes.

Intervenções breves são procedimentos executados num período de tempo pré-estabelecido, padronizados quanto ao número de sessões, intervalo entre elas, duração de cada uma e conteúdo das mesmas. Manuais padronizados são disponibilizados para pacientes e profissionais, o que permite a replicação entre instituições. Descrevem-se ainda intervenções clínicas breves para a abordagem do tabagismo, direcionadas aos profissionais que fornecem atendimento primário (médicos, enfermeiros, dentistas, farmacêuticos etc), pois eles recebem grande variedade de pacientes e têm pouco tempo para atendê-los. Nesse caso, o objetivo é assegurar que todo paciente tabagista seja identificado e receba tratamento.

As intervenções breves são programadas de acordo com o estágio motivacional do paciente e visam a ajudá-lo no movimento da pré-contemplação à ação. Em geral, essas intervenções procuram aumentar a motivação, fazendo uso de técnicas da entrevista motivacional. Podem também conter técnicas da psicologia cognitivo-comportamental, incluir treinamento de habilidades e informações a respeito das drogas e seus efeitos sobre o organismo. Entre os exemplos mais simples de intervenção breve está a orientação quanto ao procedimento em relação ao tabagismo na clínica de assistência primária à saúde.

Os profissionais são orientados a identificar o estágio motivacional do paciente simplesmente em três categorias:

1. tabagistas que desejam parar de fumar
2. tabagistas que não desejam parar de fumar agora
3. tabagistas que pararam de fumar recentemente.

Cada tipo de paciente deverá receber intervenção diferenciada. A primeira categoria de paciente, a dos que desejam parar de fumar, receberá orientação específica de como fazê-lo, incluindo desde a marcação da data, apoio familiar, antecipação de desafios, remoção do tabaco dos ambientes mais freqüentados etc... até o uso de repositores de nicotina.

Já os pacientes que não desejam parar de fumar devem sofrer intervenção que os motive a fazê-lo. As razões para não abandonar o uso podem incluir falta de informações sobre os danos causados pelo tabaco, medos e sentimentos de desmoralização por fracassos anteriores. Nesses casos, o clínico trabalhará salientando a relevância de parar de fumar em função de aspectos motivadores para o paciente: saúde, filhos etc... Perguntará o que o paciente conhece sobre os riscos do tabagismo à saúde, os benefícios alcançados com o abandono do fumo, os problemas que o paciente antecipa se parar de fumar e sobre as dificuldades enfrentadas no passado em tentativas fracassadas. Repetirá essa intervenção a cada visita do paciente. É importante que o clínico seja empático, valorize a autonomia do paciente, dando-lhe opções para escolhas, evite discutir com ele e apóie sua auto-eficácia, identificando, por exemplo, sucessos prévios em tentativas de mudar comportamentos.

O paciente que deixou o tabaco deverá, por outro lado, ser apoiado a fim de prevenir a recaída. O clínico fará isso reforçando sua decisão, revendo os benefícios que ela lhe trará e ajudando o paciente a resolver problemas residuais resultantes dessa escolha.

É preciso lembrar que a recaída poderá ocorrer meses ou anos após o paciente ter parado de fumar. A prevenção da recaída pode ser feita de duas maneiras:

Intervenções práticas mínimas: fazem parte de todo encontro com o paciente que deixou recentemente a droga, considerando que a recaída é mais freqüente nos primeiros três meses. As estratégias já devem ser delineadas na preparação do parar de fumar, antes mesmo da data marcada. Os pacientes são encorajados a relatar para o profissional suas dificuldades, como depressão, lapsos etc imediatamente. Não é incomum que as pessoas façam uso do tabaco como auto-medicação por sofrimento psicológico.

Intervenções prescritivas: são individualizadas, baseadas em informação obtida sobre os problemas que o paciente tem encontrado para manter a abstinência. Essas dificuldades podem exigir abordagem específica, mais intensiva ou especializada. O ganho de peso e as síndromes depressivas constituem exemplos desses obstáculos.

Com esse exemplo pretendemos especificar como se orienta o profissional a proceder durante o estágio motivacional do paciente. Estudos demonstram que mesmo um tempo mínimo despendido com o paciente é de grande ajuda no caminho para a abstinência.

Os estudos de avaliação dos resultados do tratamento têm, em sua maioria, comparado procedimentos de duração relativamente curta dentro da cronicidade da dependência química (12 semanas no projeto Match, por exemplo). A conclusão, em geral, é de eficácia, tanto no que se refere à redução do consumo de drogas quanto à melhoria de aspectos gerais da vida do paciente.

Uma intervenção breve para o tratamento do tabagismo foi padronizada e implantada nos Centros de Referência para o Tratamento da Dependência Tabágica do Ministério da Saúde, sob a supervisão do INCA. O CRIAA mantém um desses serviços de tratamento, vinculado ao Ministério da Saúde. As sessões, totalmente estruturadas, são em número de quatro, uma por semana, e seu conteúdo aborda desde o "entender porque se fuma e que fumar prejudica a saúde" até as melhores técnicas para parar de fumar, incluindo exercícios respiratórios, além de finalmente fornecer elementos teórico-práticos para prevenir as recaídas. Estudos do INCA demonstraram que quatro sessões são tão eficazes para alcançar a abstinência quanto procedimentos mais longos. Após as quatro sessões, o acompanhamento torna-se mensal no primeiro ano, com aplicação de técnicas de prevenção da recaída.

O CRIAA recebe há cerca de três anos adultos de toda a comunidade para esse tratamento. Há regularmente uma considerável fila de espera, no entanto o funcionamento não pode ser ampliado por falta de implementação efetiva das disposições regulamentadas em portaria de agosto de 2002. Trabalhamos com apenas dois profissionais, que, além dessa tarefa executam inúmeras outras dentro da Universidade.

A eficácia do tratamento, avaliada pelas taxas de abstinência ao final de cada grupo, é de aproximadamente 70%, variando em função da gravidade e do grau de motivação dos participantes. Já se formou no CRIAA uma rede de apoio aos pacientes mais difíceis, compostas por ex-fumantes da instituição. Essa prática é compreendida como técnica de prevenção da recaída para os ex-fumantes.

Na literatura internacional, publicou-se recentemente um grande estudo colaborativo, realizado nos EUA, comparando algumas técnicas breves de intervenção em adolescentes dependentes de *cannabis*. Os manuais, que estão sendo traduzidos por nossa equipe com autorização dos autores, descrevem cinco sessões que utilizam técnicas de entrevista motivacional e psicologia cognitivo-comportamental com treinamento de habilidades através de "role plays".

Se, por um lado, as intervenções breves têm-se mostrado encorajadoras em seus resultados, por outro, não devemos perder de vista que a dependência de substâncias é uma doença crônica, requerendo algum tipo de cuidado ao longo da vida do paciente. Dessa maneira, no tratamento de adolescentes no CRIAA, consideramos as intervenções breves parte do processo de tratamento, complementado por outras técnicas, descritas nos capítulos anteriores. Passamos a descrever a intervenção breve de entrada no CRIAA e alguns dos resultados de sua eficácia já ao final do primeiro mês de tratamento.

Procedimento

Em quatro sessões semanais, os adolescentes, após avaliação em anamnese padronizada na entrada do serviço, passam em grupos de cinco a dez pessoas, com dois profissionais, médicos psiquiatras, pela seguinte intervenção:

Sessões 1 e 2 – São abertas ao recebimento de novos adolescentes.

Inicia-se com a apresentação dos adolescentes e seus problemas com drogas, acompanhada da construção do quadro motivacional, com prós e contras para uso das drogas licitas e ilícitas mais comuns no Rio de Janeiro.

Sessão 3 – Não se aceitam novos pacientes, sendo esta restrita aos participantes da sessões 1 e 2. Projeção de filme sobre tráfico de drogas e qualidade de vida, ou oficina interativa conduzida por psicóloga especializada em dinâmicas de grupo. Atividade voltada à motivação para a mudança de hábitos aliada ao desenvolvimento do interesse em participar da instituição.

Sessão 4 – Restrita aos participantes das sessões 1 e 2. É estabelecida uma discussão sobre as expectativas de vida, a compatibilidade com a mudança de hábitos. Em seguida, apresentam-se as condições necessárias para o desenvolvimento do nosso tratamento com a leitura do contrato de tratamento, que é, em seguida, debatido em conjunto (contrato em anexo).

Avaliação do procedimento

Todos os adolescentes são avaliados na entrada para o CRIAA e após o término do primeiro mês.

Os resultados abaixo, extraídos de manuscrito em fase de redação, foram obtidos com o auxílio de bolsistas de iniciação cientifica do CNPq[1].

No CRIAA, a avaliação da eficácia do tratamento é feita através do Inventário Christo para Instituições que tratam de usuários de drogas, traduzido e validado em colaboração com o autor, Dr. George Christo[2]. O Inventário, CISS, produz uma pontuação que reflete as condições psicossociais do paciente, com avaliação dos vários domínios da vida dele e não apenas do uso abusivo de substâncias.

A aplicação do CISS aos mesmos adolescentes após a intervenção breve de entrada no CRIAA não mostrou modificação importante na mé-

1 Adlaine Alves-de-Jesus, Isabella Santos e Marcelo C. de Lellis.

2 Christo, G. & Silva, A, V., "A Portuguese version of Christo Inventory for Substance-Misuse Services: a simple outcome evalution tool". Braz. J. Med. Biol. Res., October 2002, volume 35(10): 1111-1117.

dia da pontuação obtida, (entrada = 7,5; 1 mês = 7,0). No entanto, observamos modificação na faixa de risco, com discreto deslocamento no sentido de menor gravidade dos adolescentes abordados depois de um mês (gráfico 1).

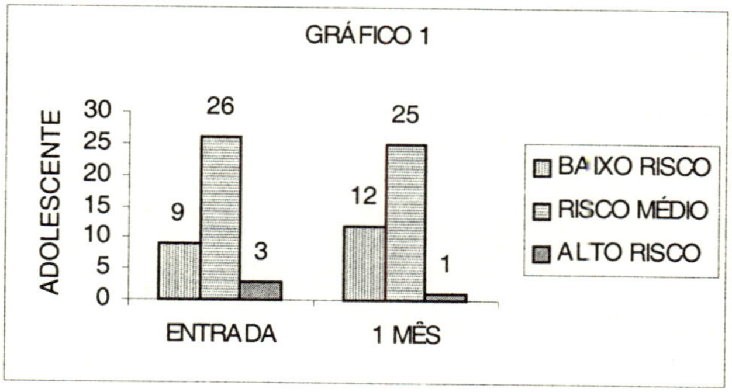

Avaliando o consumo de álcool, verificamos que 31 dos 38 adolescentes faziam uso de substância alcoólica. Após a intervenção de primeiro mês, houve uma queda de quase 58% do número de adolescentes usuários de álcool (gráfico 2).

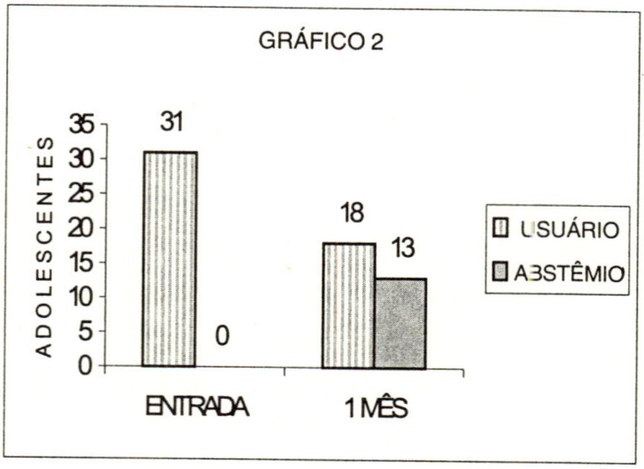

Já a redução do uso de maconha foi muito mais discreta (gráfico 3), assim como a do consumo de tabaco (gráfico 4).

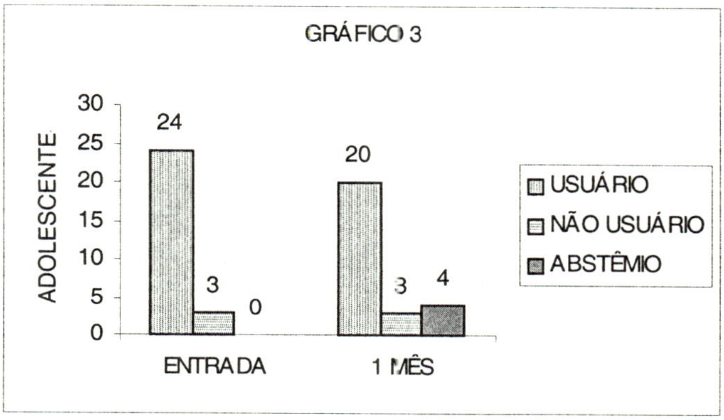

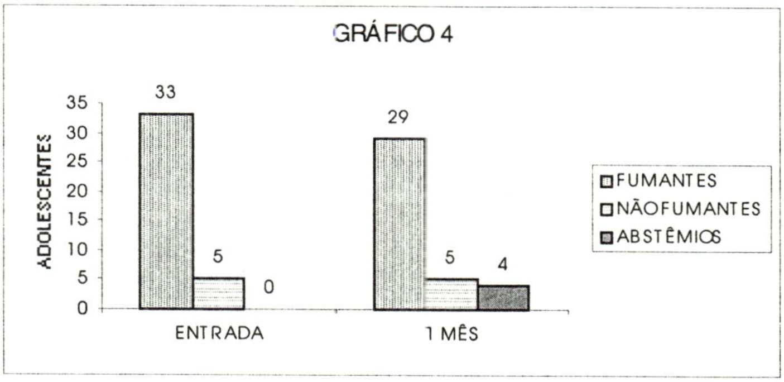

Embora discretos, esses dados são encorajadores. Apenas quatro sessões coletivas de sessenta minutos de duração têm impacto positivo na recuperação dos adolescentes. Essa informação é importante, pois essa parcela representa, no CRIAA, a mais comprometida dentre os usuários de drogas, como já descrevemos nos outros capítulos. Isso significa que, também para o adolescente, existe uma plasticidade no comportamento de usar drogas, a qual não deve menosprezada pelos profissionais de saúde. Estes muitas vezes o fazem, desiludidos pela impressão de que nada atinge o dependente ou o usuário de drogas, em vista da dificuldade da abordagem decorrente da complexidade clínica e das condições precárias de trabalho na rede pública de saúde no Brasil.

Se de 30 adolescentes quatro param de fumar, isso pode ser indicativo que, de 300, 40 pararão, de 3000, 400, e, calculados os benefícios populacionais, esses números passam a ser significativos. É interessante que, em nossos resultados, a tendência à diminuição do uso e à diminuição da gravidade clínica se mantém, embora discreta, indicando que não deve ser casual, apesar de os números serem pequenos para análise estatística. Até mesmo na pesquisa, esbarramos com a dificuldade de adesão. Os baixos números refletem os obstáculos dos estagiários de avaliarem os mesmos pacientes ao início e ao término do tratamento. Conseqüentemente, temos também o viés de que provavelmente avaliamos os adolescentes mais promissores, já que se mostraram mais aderidos. Entretanto, nossos resultados anteriores indicam que a adesão está mais relacionada a causas externas do que a características do adolescente. Os adolescentes deixam o serviço porque são assassinados ou porque se evadem das instituições onde estão abrigados ou ainda por não terem recursos para comparecer ao tratamento. Em nenhum dos casos a evasão se deu devido a um agravamento da dependência de substâncias.

É interessante que a resposta mais sensível à intervenção ocorra no consumo de álcool. Esse fato pode indicar menor dependência à substância, o que é compatível com sua farmacologia, uma vez que a dependência ao etanol demora a se instalar. Pode indicar também maior sensibilidade dos adolescentes ao alerta dos efeitos dessa droga, já que, em sua maioria, presenciaram a morte de parentes e conhecidos pelas seqüelas do alcoolismo. Em relação ao tabagismo, porém, as conseqüências talvez não se mostrem tão claras e por isso o grau de dependência é muito maior, pelas características da nicotina. Já as conseqüências do abuso de maconha, causadora freqüente de morte devido aos embates no tráfico, são negligenciadas pelos adolescentes, que não compreendem a relação direta da morte com a droga, associando a primeira ao fato de ter havido a intervenção de agentes externos, à violência da repressão e dos grupos rivais, e não ao uso da substância. As perdas de memória, mesmo quando perceptíveis, ainda não são valorizadas por eles.

Em síntese, o tratamento começa no CRIAA de maneira muito promissora. Fica o desafio de manter a adesão e mesmo de aumentá-la já na entrada, o que sem dúvida depende também de um apoio governamental, capaz de permitir a continuidade das oficinas e a manutenção dos espaços de lazer e profissionalização para crianças brasileiras que dificilmente terão chance de atingir a plena cidadania, pois, desde antes do seu nascimento, são cronicamente atingidas pelos mais perversos fatores de risco ambiental.

VII
Considerações finais

Em um primeiro questionamento sobre as origens dos empecilhos na recuperação do adolescente usuário de drogas e do dependente químico, nós veremos que as mesmas estão presentes em vários segmentos de forma concomitante. Assim, encontraremos dificuldades nos próprios adolescentes no que concerne aos valores e expectativas pessoais, na severidade da dependência em decorrência do tipo de droga e nas características de personalidade. Há ainda outras dificuldades complementares encontradas na organização das famílias e nas problemáticas do espaço social em que elas vivem. A essas dificuldades vêm somar-se aquelas derivadas do meio político-social no qual se realiza o tratamento, as decorrentes da forma de agir da equipe e as que decorrem dos programas e orientações governamentais em uma área de políticas ainda incipientes e improvisadas.

Podemos pensar em cinco grupos de problemas que devem ser enfrentados na composição dos serviços de atendimento a adolescentes dependentes químicos:

1- de ordem metodológica;
2- de gestão e amplitude política;
3- de capacitação e formação de equipe;
4- de apoio social, compromisso local e parceiros da comunidade;
5- de infra-estrutura e recursos de apoio.

1 – Problemas de ordem metodológica

Na medida em que a dependência química em adolescente não pode ser entendida apenas como um problema de ordem médica, decorrente do uso desregrado de drogas, existindo também a inter-influência de diferentes segmentos do espaço social, a estruturação dos serviços de recuperação torna-se bastante dependente dos fatores que terão ingerência seja no que se refere à composição da população recebida para tratamento, seja na determinação do prognóstico. Devemos lembrar que este último é influenciado pelas características e pelo alcance do universo com o qual trabalhamos quer na construção de programas preventivos, que devem ser associados aos modelos de intervenção, quer em função do próprio modelo de tratamento.

Essa inter-influência mostra não ser o desenvolvimento da dependência química possível de ser apreendido em um modelo meramente médico, razão pela qual a recuperação passa a exigir, para atender a complexidade das diferentes situações, a constituição de serviços com modelos de tratamento capazes de considerar a heterogeneidade dos casos clínicos e dos fatores envolvidos. Esse entendimento significa que, além de tratar, no sentido restrito do termo, precisamos encontrar, de um lado, meios de minimizar os fatores predisponentes e mantenedores de diferentes origens e, de outro, ampliar a abrangência e a cobertura dos fatores de proteção. Desse modo, melhorar a qualidade de vida do cliente e de sua família significa alterar segmentos específicos que podem contribuir para o tratamento como um todo.

Na medida em que os casos de dependência química em adolescente não têm uma determinação unicamente biológica, a distribuição deles é influenciada por fatores que circundam o desenvolvimento, como, por exemplo, as reações da família, que podem deixar o adolescente isolado, sem qualquer suporte, ou criar uma cumplicidade irrestrita, que não dá possibilidade a ele de enfrentar as conseqüências de suas atitudes. A presença de um desses dois exemplos altera significativamente o tipo de tratamento em decorrência da situação a ser enfrentada. Assim, o espaço do tratamento pode apresentar características diversas quando parte do grupo tem envolvimento com o tráfico ou não. Em nossa prática clínica, a influência maior nos rumos do tratamento vem sendo determinada pelo par tráfico e repressão, que arrasta consigo, ao mesmo tempo, particularidades comuns aos que se envolvem com a criminalidade e tipos de respostas determinados pelas atitudes meramente repressivas.

Existe uma conhecida correlação, já descrita em inúmeros trabalhos, entre adolescentes com histórico de uso de substância e a presença de transtorno da conduta (TC). Este último é um fator indicativo de risco à evolução para um transtorno da personalidade anti-social. Ambos os quadros apresentam distúrbios externalizadores, de difícil tratamento e de prognóstico bastante reservado, em especial aqueles clientes cujo transtorno decorre mais de suas características intrínsecas do que de determinantes sociais.

Existem, portanto, justificativas para se admitir a confluência de alguns fatores ligados ao tráfico. Aumenta cada vez mais o número de adolescentes originários de famílias de baixa renda envolvidos com o uso de drogas e, até mesmo, com o próprio tráfico. Esses adolescentes apresentam, inicialmente, baixa motivação para o tratamento e, na maioria das vezes, são encaminhados ao serviço pela justiça durante o período em que cumprem medida sócio-educativa. A maioria desses adolescentes tem mais de 15 anos e só chegou a ser presa após eles já terem percorrido longa trajetória no código da criminalidade.

Além dos prejuízos pessoais à conduta desses adolescentes, esse tipo de prática influencia na construção de um imaginário social favorável ao uso de drogas, circunstância que nos leva a pensar em dois planos complementares de intervenção – tratamento e prevenção – de maneira indissociável. A idade mais avançada, com o correspondente desenvolvimento físico e a experiência de ter vivido situações de risco, dá a esses adolescentes um papel de destaque perante os mais jovens e mais fracos. Essa liderança funciona, por um lado, pelas próprias características desses adolescentes, como, por exemplo, o fato de serem mais destemidos por não serem capazes de reconhecer adequadamente os riscos da situação, e, por outro, como um modelo de identificação que atua nas condutas a serem seguidas pelos mais novos. Por isso, os trabalhos de prevenção não devem ser concebidos isoladamente.

Assim, para minimizar a intensidade dos fatores de risco na recuperação dos adolescentes, precisamos utilizar alguns parâmetros de raciocínio. Um deles acentua que a influência desses fatores não é determinada apenas pela quantidade e pela intensidade dos mesmos, mas, principalmente, pelo tempo de exposição a eles. A configuração das características desses fatores tem grande preponderância na determinação do quadro clínico e, conseqüentemente, na estratégia de recuperação. Logo, quando houver o histórico de um longo período de exposição a fatores de risco importantes, é necessário não somente minimizar a presença dos mesmos, como parece óbvio, mas também oferecer uma circunstância de proteção mais duradoura a fim de neutralizar a ação de códigos de relacionamento construídos durante o tempo em que o paciente viveu sob a influência dos fatores negativos. Isso porque a longa exposição a uma mesma situação configura padrões de relacionamento estáveis que, para serem modificados, requerem outro tipo de relação, capaz de se confrontar com a anterior não somente na sua forma, mas também na constância de uma ação sistemática durante um período suficiente para que se absorvam os novos valores. Influências que se opõem ao tempo que ficou exposto ao risco e desenvolveu o aprendizado de suas condutas.

No caso desse tipo de clientela, a recuperação não se constrói com a supressão de um sintoma de forma isolada, sendo necessário um modelo de intervenção integral (atenção total) que envolva o paciente e se contraponha a um conjunto de fatores predisponentes. É de suma importância criar-se uma nova equação em que a principal escolha não seja entre usar ou não drogas, mas, sim, entre usar drogas e viver outros prazeres diferentes daqueles circunscritos ao universo da dependência, podendo, então, voltar a sonhar com um futuro de realizações.

Entretanto, criar novas condições é uma construção lenta, ampla e contínua, que não costuma ter valorização no imaginário social. Considerando as circunstâncias em que vivem esses adolescentes, o ambiente de tratamento precisa oferecer uma estrutura organizada com uma proposta, a ser seguida por eles, que represente um novo caminho, capaz de estimulá-los a abandonar o uso de drogas e o tráfico. Isso significa, para os adolescentes que chegam ao serviço, encontrar no funcionamento do mesmo uma organização dirigida para além dos aspectos morais e, para aqueles que já estão se tratando, a chance concreta de um encaminhamento para uma fonte de renda regular, por menor que seja. Nesse tipo de intervenção, portanto, é indispensável a concepção de um continuum que se estenda desde a promoção da saúde, a qual não depende exclusivamente do serviço, até o tratamento da dependência, passando pela prevenção, estes dois últimos diretamente ligados ao serviço.

Essa é uma situação muito delicada, pois, ao acentuarmos a necessidade de se oferecer um apoio social, pode parecer que entendemos a dependência química como um problema primordialmente de determinação social, o que não corresponde ao nosso entendimento. Por isso, pensamos que não basta simplesmente oferecermos recursos concretos. Ter uma fonte de renda legal é permitir que os adolescentes possam construir algo a partir do seu esforço, aprendendo a se programarem e vencerem algumas dificuldades. O aumento da auto-estima e o sentimento de serem uma parte ativa desse processo de interação transformam-se em fatores de proteção capazes de se confrontar com as condições que levaram esses jovens a terem as drogas como alternativa de vida. Para nós, essa é uma questão complementar, pois a solução não está no fato de se conseguirem os meios para devolver-lhes o direito de cidadão, que nunca chegaram a alcançar, mas sim no processo de transmissão de valores, que incluem a construção de vínculos de solidariedade com o próximo como contrapartida aos seus direitos de cidadania. É importante que entendam não existirem saídas individuais para todos, sendo fundamental, portanto, que haja uma modificação na forma de relação com os valores e recursos sociais. Aqui o conceito de "empowerment" e cooperativismo é o eixo da proposta metodológica.

É bom lembrar que a dificuldade de se conseguir uma colocação no mercado de trabalho não se restringe a esses adolescentes, não sendo, portanto, determinada pelo uso de drogas, constituindo uma ameaça também para os demais adolescentes. Esse fator amplia a dificuldade de recuperação, pois, na medida em que não é um problema específico desse tipo de envolvimento com as drogas, não basta ao paciente livrar-se das drogas para recuperar a condição de trabalho. Ao contrário, na situação desses adolescentes, há uma agravante: de um lado, a sua carreira nos códigos das drogas produz uma certa restrição a sua acolhida em estágios de capacitação e, do outro, algumas características pessoais que levaram ao uso de drogas e foram intensificadas durante o período em que ficaram envolvidos com o tráfico dificultam a sua adaptação ao novo tipo de trabalho, necessitando, portanto, de um tipo de intervenção específica. Portanto, é necessário que exista apoio a fim de ajudálos a se prepararem para enfrentar as exigências de seu novo papel social.

Quando esses aspectos deixam de ser considerados, ocorre um tipo de desvio na seleção dos pacientes em tratamento. Assim, pacientes cuja evolução do quadro clínico apresenta várias recaídas e que se originam de uma população na qual se constata a presença de muitos fatores de risco, que fazem uso de drogas ilícitas e apresentam condutas anti-sociais e, por isso, precisam de um apoio intenso, freqüentemente são excluídos dos programas de tratamento até mesmo dos serviços que trabalham com um tipo de intervenção integral. A partir dessa exclusão, esses adolescentes ficam submetidos a intervenções de ordem repressiva. Tal encaminhamento, que parece natural, pode decorrer da confluência de alguns fatores que constituem a construção metodológica. De um lado, temos a visão da droga como um mal absoluto, o qual deve ser suprimido imediatamente. De outro, a pressa de encontrar soluções imediatas, que acaba levando a resultados mais limitados, fazendo com que o paciente se adapte ao método e não com que o método seja adaptável à singularidade evidenciada pelo paciente. Essa sofreguidão é da mesma natureza da busca imediata, produzida pelas drogas.

Em função dessa compreensão e para evitar a exclusão de pacientes do sistema de tratamento, devemos considerar a necessidade de uma ampliação da rede assistencial, com a criação de diferentes níveis de serviço que ofereçam programas específicos para atender à heterogeneidade do universo da dependência química, ou a criação nos mesmos serviços de programas diferenciados para cada tipo de população de acordo com as particularidades do caso clínico.

A existência ou não desse tipo de amplitude das possibilidades de intervenção gera algumas conseqüências, que ampliam ou reduzem as influências do par tráfico e repressão. Caso não exista essa diversificação das formas de atendimento, teremos dificuldades na estruturação e no treinamento de equipes para tratar o segmento de pior prognóstico. Essa limitação faz com que, de um lado, ocorra um número de recuperação menor do que o esperado e, de outro, se consolide a impossibilidade de se estabelecer a distinção entre os determinantes predominantemente de ordem social e os de outras origens. Tal fato empurra para o espaço de exclusão os casos de TC que têm uma origem social, os quais poderiam apresentar um bom índice de recuperação caso houvesse um acompanhamento adequado. A configuração mais estreita de ofertas de tratamento intensifica a atração que o tráfico exerce sobre essa população. Não poder contar com serviços de prevenção e recuperação significa deixar o terreno livre para que o tráfico atraia os adolescentes.

Esse fator discutido acima não tem a mesma significação para as populações que não se encontram submetidas à pressão social originária do tráfico. Nesses casos, em que não existe a pressão do ambiente externo, é possível um trabalho com intervenções de menor intensidade no espaço social. Assim, se não se consideram essas particularidades, correremos o risco de criar um fosso intransponível entre as abordagens terapêuticas por excelência e aqueles que exigem fortes incursões no espaço social, igualmente terapêuticas, embora requeiram uma ação mais difusa. Desse modo, tentamos assinalar uma distinção entre intervenções terapêuticas estritas e uma forma complementar de ampliação dessas ações terapêuticas que inclua uma atuação no espaço social, podendo, em alguns casos, ocupar o lugar central da recuperação. Embora, em adolescentes de classe social média e alta, não seja prioritária a estruturação de intervenções que produzam resultados concretos como cursos profissionalizantes e oficinas de geração de renda, faz-se, da mesma forma, necessário envolvê-los em atividades coletivas de construção de laços de solidariedade. Se, por um lado, não carecem de recursos para uma formação profissional, por outro precisam de motivação para dar continuidade às suas atividades e esta pode surgir de um trabalho coletivo que parta das prerrogativas de solidariedade e dedicação ao próximo.

A conseqüência mais evidente desse raciocínio é evitar a exclusão de alguns pacientes pelos modelos de tratamento de ordem moral, pois a recusa levará ao predomínio das intervenções repressivas como o único recurso quando falham as tentativas terapêuticas. No entanto, a repressão em nada contribui para instaurar uma relação que permita a melhora do quadro clínico, pelo fato de usar como modo de transformação os mesmos valores utilizados por esses adolescentes – força e violência –, limitando, assim, a intervenção a uma intensificação do uso dos mesmos instrumentos. Por outro lado, uma forma de atenção total, com a utilização de um código de relação simultâneo ao utilizado pelos adolescentes como um segundo referencial para o estabelecimento de vínculos, capaz de competir com aquele que os adolescentes sempre utilizaram e substituí-lo, necessita de treinamento da equipe e da continuidade do apoio político e administrativo para manter um bom nível de qualidade no atendimento, na medida em que os resultados não têm a evidência imediata das ações repressivas, exigindo um tempo maior de execução para as avaliações dos resultados.

Embora mais lento, esse processo pode criar novos meios de inserção. De um lado, a participação do adolescente nas atividades inseridas no programa de tratamento preserva o vínculo de pertencimento à instituição, ampliando, graças a esse vínculo, os elementos de proteção em situações de risco. De outro, a presença desse tipo de relação funciona como estímulo para os demais adolescentes prosseguirem o tratamento. Cada uma dessas formas de intervenção tem seus próprios fundamentos, que quase sempre não se encontram no mesmo terreno de discussão. Embora as ações meramente repressivas não propiciem melhoras significativas na recuperação do adolescente, elas são bastante visíveis e são mais empregadas pelos governantes, representando uma resposta de mais fácil execução, uma vez que não necessitam de qualquer tipo de treinamento da equipe e atenuam as críticas oriundas da percepção popular pelo crescimento da violência. A observação a longo prazo mostra, no entanto, que essa forma de intervenção tem pouca significação efetiva.

Devemos considerar a existência de uma defasagem entre o tempo da execução de propostas políticas democráticas e o da ação clínica. O primeiro, para preservar a coerência intrínseca e alcançar uma melhora da qualidade assistencial, exige um tempo longo, pois, até a execução das propostas, é necessário que as mesmas sejam debatidas, assimiladas, difundidas e deliberadas com aprovação da maioria dos interessados. Entretanto, quando se trata de intervenção clínica o tempo deve ser curto, pois a função, agora, é reduzir os sofrimentos e, nesse caso, sabemos que de nada adianta oferecer um cardápio para quem está com fome se não pudermos entregar a comida. É importante que a equipe consiga ter em mente que um mesmo objetivo em diferentes espaços precisa de intervenções diferenciadas, pois o que é funcional para a ação no espaço político é disfuncional no espaço clínico, evidenciando que o tempo político é diferente do tempo da intervenção clínica; para manter a coerência das intervenções, é indispensável que possa existir a preservação dos elementos essenciais que justificam a luta pela mudança dos procedimentos e a condição para tal é ter o conhecimento das bases conceituais na construção de estratégias políticas que consigam criar condições para o funcionamento clínico e a efetivação de intervenções técnicas que possam, ao mesmo tempo, atender às necessidades imediatas do paciente e manter a perspectiva de sua participação no processo de transformação pessoal.

Como essa população de adolescentes freqüentemente ficou exposta, por longo tempo, aos fatores de risco provenientes do espaço social e da desorganização familiar, o trabalho de recuperação a ser realizado deve envolver também a família. Busca-se, assim, aumentar a capacidade da mesma de saber administrar conflitos, modificando as condições pessoais para enfrentar as pressões do meio, que continuam inalteradas, pois mudanças significativas nesses espaços de exclusão exigem um grande investimento de tempo e dinheiro.

Logo, é importante que se propicie a manutenção de um tipo de vínculo, mesmo depois da alta, permitindo que o ex-paciente possa periodicamente voltar ao serviço, mantendo uma relação com a instituição. Ele fornece informações de como está vivendo e, ao mesmo tempo, cria uma possibilidade de recorrer à equipe sempre que se sentir ameaçado. São ações que se repetem no cotidiano, sem a visibilidade das transformações midiáticas. Ações que não interessam à sociedade do espetáculo. Tais gestos constituem o produto de um entendimento de que se pode resistir à pressão social favorável ao uso de drogas. Corrobora a importância dessa atuação o fato de que freqüentemente os adolescentes, embora consigam atingir um bom nível de recuperação e se mantenham afastados do tráfico, retornam aos antigos companheiros e, conseqüentemente, às drogas e à vida de crimes quando perdem a condição alcançada, seja ela emprego, relação afetiva ou moradia.

Desse modo, o afastamento total do serviço ou a impossibilidade de que lhes seja oferecida uma continuidade no plano terapêutico e no apoio da rede social representa o aumento da tendência para o surgimento de recaídas. Temos alguns exemplos dessa situação em que o paciente, após ter deixado o uso de drogas e abandonado o tráfico, retornou ao uso e, posteriormente, retomou o envolvimento com as atividades ilícitas por não ter conseguido atingir estabilidade no campo profissional. Ficará sempre a interrogação de se de fato houve uma recuperação ou simplesmente uma atenuação da sintomatologia. Para responder a essa pergunta seria necessário um tipo de pesquisa que permitisse avaliar o peso dos fatores envolvidos no retorno ao uso. Mas, mesmo de forma empírica, valendo-se de informações clínicas, devemos lembrar que a dependência química deve ser considerada como um problema crônico, sendo a recuperação longa e tanto mais quanto se mantiver algum nível de intervenção depois de atingido a abandono do uso de drogas. Esse raciocínio justifica que se faça uma interrogação sobre a determinação de que, no momento em que é ultrapassada a idade de 18 anos, haja um desligamento imediato do tratamento ou da instituição, mesmo que essa decisão represente uma contra-indicação clínica. Talvez fosse de grande importância criar-se algum tipo de regra mais flexível que coloque em primeiro plano as motivações clínicas integradas às exigências jurídicas.

Tivemos a oportunidade de observar que, durante o período em que o serviço ficou sem receber verbas, houve uma sensível degradação da situação de alguns adolescentes que, por muito tempo, estiveram em equilíbrio com o acompanhamento da equipe, mesmo de forma descontínua. Com o passar dos meses e o distanciamento maior do serviço, começamos a ter notícia de adolescentes presos por porte de maconha, situação inexistente durante o tempo em que os mesmos estiveram em atendimento. Caso semelhante ocorreu com vários adolescentes que deixaram de usar drogas durante o tempo de tratamento e que, posteriormente, se afastaram do serviço em função dos horários de trabalho. Eles tiveram dificuldades de se manterem empregados e, tão logo perderam o emprego, retornaram ao uso de drogas e ao tráfico. Há, nessa situação, um paralelo com a afirmação de McLellan de que, com o passar do tempo, vai aumentando o percentual de pacientes que têm recaída, sendo necessário considerar a dependência química como uma enfermidade crônica e, por isso, manter algum tipo de assistência de forma constante.

No entanto, devemos insistir que da possibilidade de compreender a importância de um tratamento no modelo da atenção total, sem o caráter repressivo, dependerá a forma como será integrada ao tratamento a noção da concepção sobre a proibição do uso de drogas, constituindo, por isso, no nosso entender, uma questão metodológica da maior relevância.

2 – Gestão e compreensão política

A própria questão administrativa deve ser considerada a partir de alguns elementos clínicos, no intuito de evitar que as intervenções de urgência se sobreponham às indicações clínicas. Um elemento importante para o entendimento da postura a ser tomada diante dos pedidos de urgência é ter a percepção de que o motivo impulsionador das intervenções da equipe clínica não deve ser a piedade e sim o respeito humano, o entendimento clínico e o compromisso ético. As atitudes piedosas, embora bem intencionadas, levarão ao clientelismo e impedirão o treinamento da equipe.

Nesse sentido, devemos considerar que a transmissão de um código simbólico é tributária do tipo de relacionamento estabelecido, não se efetuando por um ato isolado, mas pela continuidade da relação. É importante, portanto, ter presente na construção do ambiente terapêutico que a socialização é um processo longo e incerto. Por isso, a atitude da equipe não deve ser improvisada e, muito menos, desprovida de referenciais conceituais que facilitem outros códigos de socialização diferentes daqueles nos quais esses adolescentes se desenvolveram. No processo de transmissão, o tipo de autoridade que sustenta a socialização define os códigos, não pelo conteúdo moral, ou pela correção do princípio transmitido, e sim pela própria forma como se realiza a relação entre a autoridade, seus representantes e os que recebem a influência desses últimos.

Calligaris[1] caracteriza, em uma compreensão psicanalítica, três formas nas quais se efetua a transmissão baseada no tipo de autoridade que sustenta esse processo de socialização. No caso de a autoridade ser real, tendo como meio de transmissão a força efetiva dos agentes, há a produção de uma conduta delinqüente, na medida em que, em sendo a força real o elemento de sustentação, é através da submissão que se implanta um tipo de código. Logo, nessas circunstâncias não ocorre a formação de vínculos de reconhecimento do papel da autoridade. São imposições violentas para instaurar valores simbólicos. Nesse sentido, o código só pode ser mantido

---

1 Calligris, Contardo, "Três conselhos para a educação das crianças", in *Educa-se uma criança?*, p. 29, Artes e Ofícios, Porto Alegre, 1994.

enquanto houver a força exterior que impõe a utilização do mesmo. Se a figura da autoridade perde essa força de imposição, imediatamente o código passa a depender daquele que ocupa o seu lugar, passando este a ocupar a posição de poder, através da força que possua e que determine o seu tipo de relação. Isso ocorre porque, de um lado, não há a percepção de uma dívida com a figura da autoridade que sustenta a transmissão e, de outro, conseqüentemente, o compromisso não se estabelece de forma simbólica, com os ideais que se associam aos códigos do tipo de relacionamento desenvolvido. O compromisso, por outro lado, se restringe ao ganho imediato, não havendo o compromisso com a realização da promessa de uma conquista comum que possa ser incorporada às metas pretendidas e mantida mesmo na ausência da força real da autoridade. O aspecto marginal surge como decorrência de existir apenas uma única vertente: de um lado, a força para impor um desejo e, de outro, a obediência pela ausência de força para se contrapor, caracterizando, assim, a exclusão da polaridade, do outro com os seus interesses e as suas esperanças.

Se considerarmos que o processo de socialização para a entrada no mundo adulto é um processo longo, que se constitui na continuidade das ações e, além de tudo, incerto, veremos que a forma de transmissão torna-se muito mais importante do que o conteúdo a ser transmitido. Não se pode pedir lealdade sem que se seja leal.

Em uma segunda forma de autoridade sustentando a socialização, temos a construção imaginária que se caracteriza pela particularidade de o indivíduo a ser socializado não poder atribuir ao agente que transmite a regra simbólica uma suposta potência, por ser esse tipo de transmissão primária e, portanto, prescindir do agente. A transmissão se efetua no registro do simples atrativo da promessa, prevalecendo sobre o dever, não existindo, em função dessa postura, o sentido de uma conquista pessoal. Ao contrário, os ganhos são atribuídos a uma espécie de obrigação da autoridade para com aquele que recebe.

Na medida em que, ao mesmo tempo, não são percebidos o esforço do agente para cumprir a promessa e o sentimento da conquista por alcançar o objetivo, também não se estabelece um vínculo de reconhecimento quer pelo gesto da oferta (intenção), quer por aquilo que foi recebido. A ausência do sentimento de conquista faz com que cada vez mais seja atribuído à autoridade o poder de realização de uma expectativa que o solicitante não sabe como realizar e, de forma inversa, com que o solicitante fique no lugar de quem deve apenas pedir, pela sua total incapacidade de conquistar. Essa situação se expressa no tipo de relacionamento que o paciente estabelece com a instituição, à qual se apresenta como incapaz, devendo retirar tudo dela e nada contribuindo para o crescimento dos demais, estabelecendo uma relação de dependência. O trabalho de reversão desse quadro começa no estabelecimento do contrato – no qual se define a participação ativa do adolescente e de sua família – e, por conseqüência, na prática de funcionamento institucional. Assim, por exemplo, a de entrega de vales-transportes deve ser entendida como um elemento para facilitar o tratamento, portanto uma conquista, e não como um dever da instituição para com aqueles que não dispõem de recursos. Para evitar uma hierarquização de poder que inibiria a participação dos adolescentes, definindo uma relação de obediência cega, é necessário preservar situações nas quais as decisões possam merecer ampla discussão e ser justificadas. Desse modo, o espaço principal de construção de um novo código de relacionamento deve ser transmitido nas assembléias gerais e nas reuniões das oficinas de geração de renda, as quais devem ter como marca o predomínio do interesse coletivo em detrimento do ganho individual imediato. Em situações como essas, surge sempre um interesse imediato em algum tipo de ganho, mas, para que todos possam se beneficiar, é fundamental que se priorizarem as decisões coletivas. Assim, estas devem servir como referência para o funcionamento cotidiano, mostrando que todos devem se submeter às regras gerais. Em primeiro lugar, portanto, devem ser considerados os critérios que norteiam as decisões, não o poder de garantir o interesse individual.

O terceiro tipo de autoridade, marcada pela sustentação simbólica, se efetua, na nossa cultura individualista, não através da própria regra simbólica, mas do poder do seu suposto agente e da suposta potência desse agente. O agente, investido de uma força imaginária, recusa essa situação, fazendo prevalecer a presença de uma lei que impede os ganhos imediatos e individuais isolados. Nesse registro, o processo de socialização impulsiona a criança, pela promessa de que será adulto e terá poder, a buscar a sua realização, que se constitui, então, graças às suas conquistas, propiciando aumento da auto-estima e da autonomia e criação de uma dívida com o agente, que se transforma numa dívida simbólica. Esse fato, a incorporação simbólica, permite que os valores e códigos sejam transmitidos e persistam, mesmo na ausência da autoridade.

Se considerarmos que a recuperação implica não somente deixar de usar a droga mas também a mudança de hábitos, que ajudará no processo de prevenção das recaídas, a possibilidade de utilizar um código simultâneo pode-se transformar num elemento importante na continuidade da recuperação. Nesse sentido, a mudança necessária à recuperação não deve se restringir apenas ao abandono do uso de drogas, mas possibilitar também modificações nos modelos de relação com os demais. É necessário que se instale um tipo de relação na qual os valores coletivos e de solidariedade sobrepujem os interesses individuais.

Para um melhor desenvolvimento dessa questão, é importante evitar um entendimento restrito dos riscos e malefícios causados pelas drogas. Há uma grande diferença entre interdição absoluta e interdição contextual. No caso da interdição absoluta, ocorre uma impossibilidade de execução, pois, no momento em que o consumo se dá, há a quebra de uma organização que separa duas categorias que não podem coexistir lado a lado em uma mesma função simbólica. Beber representará sempre um mal a ser evitado, pois significa uma transgressão. Esse é o caso da interdição do incesto, uma interdição absoluta e intransponível. Entretanto, podemos pensar em um tipo de interdição que seja dependente de determinadas circunstâncias. Estaremos concebendo um tipo de interdição de uma outra ordem. No caso do álcool, essa interdição tanto pode estar relacionada a um problema de ordem clínica, que impede o uso em função das conseqüências, físicas, uma pancreatite, por exemplo, ou a ameaça de ser preso, pela falta de controle e por atitudes inconvenientes. Em ambos os casos, estaremos diante de uma interdição contextual. Nessas circunstâncias, o álcool não é um mal em si. Em determinadas situações, porém, seu uso torna-se nocivo e deve ser evitado a todo custo.

Na primeira situação, o beber passa a ser entendido como um tipo de interdição somente para essas pessoas, e não para todas as demais, caracterizando uma interdição contextual, diferente de uma interdição moral, a segunda situação, imposta a todos indistintamente.

Como, na compreensão do grupo Vida Livre, a interdição do álcool não é absoluta, não se entende o sentido da abstinência como o contrário de beber, mas como em oposição a beber em excesso. Assim, aceita-se beber, para algumas pessoas, desde que seja preservada a sobriedade, ou seja, o indivíduo apresente uma condição que lhe garanta o controle sobre o uso do álcool. Nesse caso, o álcool deixa de ser a encarnação do mal, que deve ser proibido em todas as circunstâncias. Cada concepção se expressa em práticas distintas.

Esse conceito traz modificações na relação estabelecida com o alcoolista que ainda não conseguiu parar de beber e também nas atitudes clínicas nas quais se tolera o uso de bebidas, desde que o paciente mantenha a meta de interrompê-lo caso ocorra um excesso. Clinicamente, consente-se esse tipo de uso com dois objetivos. O primeiro é manter a adesão ao tratamento de pacientes que ainda não conseguem interromper o uso. O segundo é poder acompanhar as conseqüências desses momentos de uso junto com o paciente, visando a criar a motivação necessária para iniciar um período de abstinência. Nesse sentido, a interdição é contextualizada. O paciente até pode beber, mas sempre lhes serão mostradas as conseqüências desse ato. Se ele não tem condições de beber e continuar sóbrio, a interdição ao uso passa à condição de uma necessidade. A intervenção torna-se individualizada, não representando uma cruzada contra o álcool e sim uma luta contra a dependência, que, no caso dos adolescentes, deve enfrentar o excesso de oferta e a ilegalidade da venda.

É evidente que o sentido clínico indica como procedimento padrão a suspensão imediata do uso e a realização do apoio necessário para que o objetivo da abstinência possa ser alcançado. Entretanto, também devemos reconhecer outras formas de intervenção quando esse procedimento padrão não pode ser alcançado. Excluir o paciente do tratamento em vez de criar vínculos de aproximação com ele e os seus familiares torna-se uma forma de aumentar a exposição aos riscos. É importante haver clareza nesse tipo de conduta, que não visa a incentivar o uso, e sim a suportar as restrições, os sintomas de alguns pacientes. Suportar não é sinônimo de concordar, pois, no primeiro caso, o paciente deve participar, aceitando ter o seu uso e a sua vontade de usar álcool monitorados pelo responsável pelo tratamento e, no segundo, é deixá-lo sozinho entregue à sua sorte.

A distinção que tentamos acentuar é mais dramática em situações extremas, nas quais pode ser necessária uma segunda opção para preservar a possibilidade de tratamento, evitando uma ruptura. É óbvio que esse tipo de decisão decorre do conjunto da avaliação clínica. Não tem a menor indicação para um paciente que tenta manipular o tratamento beneficiando-se, para continuar a beber.

Essa reflexão procura destacar os desdobramentos possíveis de abordagem em função da forma como seja representado o álcool e, por similitude, as drogas ilícitas no imaginário do grupo responsável pelo tratamento. Jamais um grupo que tenha uma compreensão moral em relação ao álcool poderá suportar que um paciente não consiga interromper o uso sem lhe impor uma internação, esperando que atinja sozinho um estágio de motivação necessário para iniciar a suspensão do uso do álcool e tratar a síndrome de abstinência alcoólica (SAA).

A razão de insistirmos tanto em um aspecto que talvez represente uma pequena parcela dos alcoólicos está na transposição da concepção moral presente nessa situação para o tratamento de adolescentes usuários de drogas ilícitas. O aspecto óbvio é que o caráter ilícito transpõe o uso da droga para o plano da transgressão jurídica, justificando a aplicação de medida penal correspondente, que segue uma lógica diferente da do tratamento. Como já discutimos em diferentes momentos, o aspecto moral tende a excluir o paciente do tratamento através de medidas repressivas que funcionam como uma espécie de resposta à continuidade da transgressão; no caso, o próprio uso da droga. Com as drogas ilícitas, o risco é maior e as conseqüências imediatas, mais graves. Isso porque, de um lado, a motivação do adolescente para interromper o uso é freqüentemente muito baixa[2], pois ele ainda não sofreu os resultados para perceber que, durante o período em que usou droga, deixou de viver experiências positivas, como as que os seus pares experimentaram, ficando restrito aos efeitos encontrados na droga. Por outro lado, o fato de continuar a usar, excluído de qualquer vinculação a um tipo de tratamento e à própria família, pode facilitar sua prisão ou seu envolvimento com o tráfico, sendo a gravidade desse risco diretamente relacionada ao extrato social ao qual pertence.

---

[2] A procura espontânea para tratamento é ínfima entre os adolescentes.

As conseqüências imediatas são mais graves porque o envolvimento com a ilegalidade traz a aproximação com o tráfico, diminuindo as possibilidades de recuperação e aumentando o risco de morte, e amplia a possibilidade de um encaminhamento para uma instituição meramente repressiva, a qual, pela própria condução do tratamento, acabaria intensificando a sua vinculação com o código do tráfico como a única referência de relacionamento.

O entendimento moral apoiado nas razões jurídicas incrimina liminarmente as transgressões, colocando o adolescente como irrecuperável em decorrência de não atender de imediato às exigências da justiça, as quais, ao assumirem a prioridade sobre o processo de tratamento, conduzem-no inexoravelmente para uma vertente meramente repressiva, que tem o efeito de reforçar a criminalidade que tentam combater, como em um sistema de retro-alimentação. A característica repressiva do sistema social, expressa no funcionamento jurídico, aparece, por exemplo, em uma pesquisa realizada com os adolescentes que estão cumprindo medidas sócio-educativas no Rio de Janeiro. Apesar de eles apresentarem um alto índice de transtornos psiquiátricos, como os descritos pela literatura especifica, o que justificaria a procura de um tratamento, evidenciou-se que 93% desses adolescentes jamais chegaram a ser vistos por um serviço médico assistencial. Como a orientação é precária e a população não conta com uma rede de assistência para adolescente, é raro a família procurar auxílio para alterações da conduta.

Esse fato indica, por um lado, que a sensibilidade da rede assistencial é muito baixa para essas manifestações de ordem clínica, não oferecendo o atendimento necessário a pacientes que precisavam de cuidados antes de serem presos (e resta a dúvida de que receberão esse atendimento durante o período em que ficarem sob a responsabilidade direta do Estado). Para que se ofereça esse atendimento, no entanto, será necessário a princípio identificar a presença dos transtornos específicos e, em seguida, constituir programas destinados a esses casos. Fica patente ainda que as possíveis causas de sofrimento que possam ter levado esses adolescentes à transgressão não mereceram o menor cuidado. O alvo das atenções são as conseqüências dessa transgressão: a violência, que se constitui em tema de intervenção sistemática. Mais uma vez, o elemento que obscurece uma intervenção mais seletiva e com melhores chances de êxito deriva de uma compreensão moral e restrita sobre a totalidade do problema, o qual passa a ser enfrentado de uma forma parcial, em caráter de urgência, sem qualquer planejamento que considere outros aspectos além da repressão à violência. Insistimos na observação de que essa estratégia de abordagem não alcança os fatores determinantes da ação, razão pela qual a intervenção atinge apenas o efeito produzido, sendo incapaz de modificar as causas e, conseqüentemente, de realizar o objetivo a que se propõe.

No caso, a leitura parcial, moralista acusa e responsabiliza de forma indiscriminada todos os adolescentes independentemente da origem de sua transgressão, permitindo, com isso, que as intervenções governamentais encontrem uma justificativa. Desse modo, as ações em relação aos adolescentes deixam de ser percebidas como fatores de grande importância na determinação e manutenção da violência, que pretensamente consideram combater. Quando a culpa é imputada somente aos adolescentes e às suas famílias, não se percebe que cabe à omissão dos governantes uma parcela importante da responsabilidade pela ausência de uma política de prevenção e recuperação dos adolescentes envolvidos com droga e pela descontinuidade do apoio à construção das redes assistencial e de proteção social. Por essa postura do Estado percebemos que a resposta ao clamor público contra a intensificação da violência nas ruas da cidade se organiza em um único sentido, o incremento das ações repressivas. Nessas circunstâncias, é perceptível o aumento das forças de repressão, que, sem qualquer sombra de dúvida, são necessárias. Um outro eixo, não menos importante, porém, fica esquecido: não se fala em apoio aos centros de recuperação ou aos programas de prevenção, tão importantes quanto as ações repressivas e que estão fechando por falta de subsídio oficial, dependendo, para sua sobrevivência, da abnegação de uns poucos que ainda conseguem resistir.

É importante entender que as críticas não são dirigidas a pessoas específicas, e sim ao sistema construído, que induz e circunscreve as intervenções a uma mediação simbólica para que se instalem prioritariamente programas presos a determinações estritamente morais. Atualmente, podemos perceber uma reversão dessa tendência quando o Ministério da Saúde apresenta um plano para a criação de Centros de Apoio Psicossocial para álcool e drogas (CAPSad) e define alguns critérios e formas de acompanhamento que permitem intervenções voltadas para a atenção à saúde integral.

O sistema organizado pelo segmento jurídico, no entanto, já não apresenta a mesma inovação, na medida em que atribui à justiça a função terapêutica, permitindo, desse modo, na própria fundamentação dos papéis institucionais, que a ação terapêutica, que tem uma lógica específica, seja englobada por uma segunda lógica oposta à lógica terapêutica. A designação imprópria de "justiça terapêutica" dificulta a utilização de um recurso, que vem alcançando sucesso nos EUA, para se instituírem condições de tratamento nas quais, sob a égide do juizado, se organizam os recursos disponíveis a fim de atuarem em conjunto, preservando cada segmento as suas atribuições em prol de se obterem melhores resultados em terreno tão áspero.

Essa discussão, que deveria ser mais detalhada, será retomada em outro momento. Queremos apenas dar um exemplo de como uma conceituação pouco precisa ou distorcida pode, com o passar do tempo, ganhar entendimentos absurdos que deturpam a proposta de base. Em uma entrevista sobre a importância da justiça terapêutica, o âncora[3] abordou a história do assassinato dos pais pela própria filha, em cumplicidade com o namorado e o irmão deste. Um psiquiatra, convidado pelo programa para atuar como defensor da importância da justiça terapêutica, mostrava as vantagens de a mesma poder criar condições de tratamento no caso do usuário de drogas. Era um adepto da justiça terapêutica, portanto, alguém que conhece a prática e a teoria que fundamentam essa proposição. Entretanto, quando confrontado pelo âncora sobre o que poderia ser feito no caso da moça em foco, que era uma usuária de maconha, o psiquiatra enunciou uma resposta que destituía a justiça terapêutica da sua finalidade.

Tratava-se de um assassinato e por isso a acusada deveria ser submetida a uma perícia psiquiátrica para instruir o processo a que responderia. Ela seria julgada por um crime e, dependendo do laudo psiquiátrico, poderia ser ou não considerada inimputável e encaminhada para um manicômio judiciário. Portanto, era uma situação com as possibilidades jurídicas bem definidas.

De forma surpreendente, a resposta foi de encontro aos preceitos mais simples do processo penal, promovendo uma inversão nos trâmites proces-

---

3 Programa "Tarde total" na CBN.

suais. Em síntese, ofereceu-se como o melhor encaminhamento a "aplicação da justiça terapêutica". Provavelmente, considerando o relato de uso de drogas pelos jovens envolvidos no crime, julgou-se que a primazia deveria ser atribuída ao uso da droga, e não mais ao assassinato. Podemos supor que esse raciocínio decorre da conceituação imprecisa, evidenciada no equívoco da escolha da denominação que, se, por um lado, permite à lógica penal determinar a função terapêutica, pervertendo a natureza dessa função, a qual guarda o aspecto terapêutico apenas na designação, por outro, consente, como na resposta do entrevistado, que a justiça seja destituída da sua função em nome de uma ação dita terapêutica, mas que, em si, nada teria de terapêutica, representando uma *Contradictio in terminis.* No caso em questão, a acusada não estava respondendo a flagrante por uso de drogas, mas sim por um assassinato, devendo ser julgada por essa acusação. Fazer uso de drogas não anula o crime cometido, não podendo, de forma alguma, cogitar-se a hipótese do que foi proposto pelo judiciário dos EUA: a "corte de drogas". Ocorre uma confusão conceitual entre o papel principal da justiça, na medida em que houve uma transgressão da lei, e o papel complementar da intervenção terapêutica, que busca intervir nas origens desse tipo de transgressão. "O papel do juiz se confunde entre as funções de um *expert* ou as de um administrador, chegando ao ponto de ser necessário se atribuir uma administração própria para realizar sua missão"[4]. Essa confusão entre os papéis jurídico e terapêutico se origina de um realismo suicida que atraiu críticas como, por exemplo, as de Foucault. Entretanto, essas críticas não significam que se contra-indique um tratamento ou que o mesmo não seja recomendado. Porém o entendimento que orientou a resposta revela a distorção possível de ocorrer quando a conceituação perde a precisão devido a interesses de outra ordem que não a dos que caracterizam o conceito. No caso, procurava-se ampliar o espaço de intervenção do processo apregoado.

Em nosso entendimento, a conceituação do problema e o treinamento das equipes encontram-se interligados no espaço clínico em função da gestão determinada pelo Estado, envolvendo, nesse tópico, a política pro-

---

4 Garapon, A, "Le toxicomane et la justice: comment restaurer le sujet de droit?, p. 300, in Ehrenberg, A., *Individus sous influence, drogues, alcools, médicaments psychotropes*, Ed. Esprit, Paris, 1991.

posta, a forma de avaliação dos resultados e os critérios de liberação de recursos, sejam eles destinados aos serviços conveniados ou à capacitação da equipe responsável pela supervisão e determinação do processo a ser implementado. Esse é um ponto que mereceria um estudo mais sistemático e aprofundado por ser o responsável direto pela determinação dos programas de tratamento e pelos documentos produzidos para controle das intervenções.

A importância dessa linha de pesquisa é trazer à discussão os procedimentos do Estado através dos setores responsáveis pelas intervenções no âmbito da dependência química e comparar tais determinações com o discurso dos mandatários dos escalões superiores. Existe uma concordância entre os Secretários e o próprio Governo a respeito da política de recuperação dos adolescentes que vem sendo implantada desde 1998 no Estado do Rio de Janeiro para os adolescentes? Ou a descontinuidade decorre simplesmente da falta quadros que tenham a sensibilidade de perceber as implicações dos diferentes tipos de tratamento e consigam avaliar os resultados das propostas aceitas? Por que algumas conveniadas receberam verbas do Estado e realizaram tratamento com flagrante desrespeito aos direitos humanos, propagando a violência dentro da rede assistencial? O que determinou o fechamento de alguns serviços (Casa do Lins) e que tipo de discussão foi desenvolvida a partir desse fato para o fortalecimento da rede assistencial? Essas são algumas questões que, se respondidas, poderiam trazer uma nova perspectiva aos programas atuais e ao desenvolvimento de uma política comum aos diferentes serviços.

Existe um aspecto derivado dessa postura repressiva que muito contribui para a preservação do ideal da violência. Embora esse aspecto não seja claramente visível no campo concreto dos embates entre as forças da ordem e os grupos do tráfico, ele aparece representado no campo do imaginário social em que se destacam os feitos realizados a partir da força. Repete-se aqui um traço da nossa cultura, a qual glorifica os vencedores das grandes batalhas (mesmo que nada represente essa vitória), o herói, seja ele um defensor da justiça ou um criminoso que tenha realizado um ato de ousadia, quase como um gol que lhe tivesse conferido um momento de glória. A imagem daquele que se esforça continuamente, obtendo ganhos imperceptíveis, sem mostrar grandes vitórias, mas que resiste a toda sorte de dificuldades, não é enobrecida. Desse modo, produz-se a figura de um herói realizador de grandes feitos. O valor destacado, porém, não é o ganho obtido com essa vitória, mas sim, e exclusivamente, a forma espetacular de alcançá-lo. Valoriza-se, assim, a faceta sensacionalista da notícia, o inusitado ou a demonstração de força.

É essa figura de herói que serve como modelo de identificação para os adolescentes. Pouco se difunde das derrotas, dos sofrimentos decorrentes de uma vida construída apenas pela violência e pelo crime. O adolescente percebe no seu dia-a-dia na comunidade o poder que possuem aqueles que participam do tráfico e têm essa imagem reforçada pela mídia. As prisões, as mortes não aparecem como uma conseqüência dos riscos aos quais estão expostos, surgem mais como uma fatalidade ou são justificadas por algum tipo de traição, que, se não tivesse ocorrido, permitiria o prosseguimento de uma vida de grandes realizações. Esse destaque de um imaginário marcado pelo *glamour* torna-se um forte elemento na difusão das vantagens e, conseqüentemente, do poder de atração que exerce o tráfico sobre os adolescentes. O problema, entretanto, não se localiza nos meios de comunicação; apenas revela, através deles, uma característica da nossa cultura, que tem a mídia como um elemento fundamental de consolidação e conquista de um espaço social. Um bom exemplo disso é o processo de construção de imagem dos candidatos nas campanhas eleitorais, nas quais se definem as melhores formas de conquistar a aprovação popular independentemente da veracidade da imagem construída.

Por isso, além da repressão, é necessário que existam espaços onde se possa, ao mesmo tempo, discutir e difundir modelos alternativos de realização pessoal e mostrar de forma contínua as conseqüências drásticas às quais ficam submetidos aqueles que se envolvem com o tráfico. É fundamental deixar que os adolescentes percebam nas mortes, nas prisões dos conhecidos a interrupção de projetos e a perda que isso representa para todos os envolvidos.

3 – Capacitação e Formação de equipe

As dificuldades, nesse caso, decorrem, de um lado, da amplitude das técnicas a serem conhecidas bem como das fundamentações teóricas dessas técnicas e, de outro, da concepção de base que unifique as diferentes intervenções.

A base indispensável é o conhecimento das ações, dos efeitos e da progressão das diferentes drogas. Quando consideramos a necessidade de intervenções singulares, estamos pressupondo que os membros da equipe são capazes de identificar a diversidade do percurso desenvolvido na utilização de cada uma das drogas, a correlação evolutiva da droga na adolescência e a progressão na idade adulta. Podemos tomar como exemplo o uso do álcool na adolescência. Se comparado a outras drogas, o álcool é aparentemente menos nocivo do que as drogas ilícitas, pois independente dos comprometimentos jurídico e moral; o surgimento da dependência ocorre após um longo período de uso, diferentemente da cocaína, que, em pouco tempo, produz a dependência. Porém as bebidas alcoólicas também provocam malefícios graves. Logo, é importante que se estabeleçam estratégias de prevenção e de intervenção visando a reduzir o uso do álcool entre os adolescentes, pois, mesmo que a gravidade em relação ao uso das drogas ilícitas não seja mais urgente, na adolescência, o uso de álcool deverá ser combatido desde cedo, principalmente quando se trata de alguém que consome mais de um tipo droga.

Uma outra característica a ser trabalhada resulta da presença de fatores característicos na faixa etária dos adolescentes, os quais exigem uma intervenção específica da equipe. É o caso, por exemplo, da falta de motivação para interromper o uso e, freqüentemente, da banalização da gravidade do consumo de drogas. No caso de a equipe não ter uma visão moral da droga, que justifique posturas mais duras e até mesmo intransigentes, é indispensável algum tipo de treinamento para evitar posições condescendentes. Freqüentemente a postura moral está associada a algum tipo de experiência pessoal com a utilização de drogas ou de uso por familiares próximos. Há, portanto, a vivência de um processo de sofrimento e de recuperação, que direciona as intervenções com os usuários, dentre elas uma postura firme de oposição a qualquer indício de uso ou interesse em fazê-lo. A relação com o usuário torna-se bastante firme e padronizada, sendo este último visto como alguém que não merece confiança, pois, a qualquer momento, pode manipular a situação para obter um proveito individual contrário à sua recuperação. Nesse tipo de concepção, as ações dos membros da equipe são bem intencionadas, não havendo margem para dúvidas para eles quando precisam agir, apesar das queixas dos adolescentes. A única conduta esperada é a recusa absoluta ao uso de drogas e a adoção de uma postura de combate a elas.

Como já discutimos anteriormente, essa concepção terapêutica, embora apresente resultados positivos em muitos casos, sofre uma restrição nas situações em que não exista sofrimento capaz de produzir motivação para deixar o uso, como freqüentemente acontece com os adolescentes. Nesses casos, a postura de constante suspeição e exigência extrema constitui um fator que pode dificultar o início da recuperação ou até mesmo impedir a sua continuidade. Entretanto, não se recomenda, da mesma forma, uma postura passiva e tolerante. É comum observamos, nos profissionais das áreas humanas, incluindo a saúde, uma identificação com papéis de benfeitores e uma conseqüente espera por reconhecimento e aprovação dos que recebem as suas intervenções. Esse tipo de identificação dificulta a tomada de posições contrárias aos desejos dos pacientes, as quais são, entretanto, necessárias, pois, mesmo que não haja uma oposição moral às drogas, a meta a ser atingida é conseguir, sempre que possível, a suspensão de seu uso.

Há, portanto, no que tange ao treinamento da equipe, a necessidade de substituir a oposição moral ao uso das drogas por uma conduta técnica de promover a motivação do paciente, a qual passa a ser da responsabilidade da equipe. No caso de adolescentes de condição cultural restrita, essa atitude se expressa em procedimentos, comuns a todos os pacientes, que incentivem neles novas habilidades sociais a fim de poderem enfrentar as situações a que ficam expostos, a pressão social dos pares estimulando o uso de drogas. Os treinamentos técnicos, por sua vez, devem ser realizados em um ambiente que promova a valorização de códigos de relação coletivos. Essa simples atitude coloca os membros da equipe em várias situações de oposição aos interesses imediatos do paciente. Logo, ficam sujeitos a não receber o reconhecimento de suas ações, uma vez que os pacientes não identificaram nelas os benefícios esperados, tentando, o todo custo, obter o que desejam. Para que o profissional se mantenha firme nessa postura, é necessário entender os objetivos da proposta terapêutica e o papel de cada membro da equipe, inclusive o próprio, reconhecendo que o sucesso da recuperação do paciente depende de um trabalho conjunto, que deve ser pensado em cada etapa.

Para isso, procuramos desenvolver roteiros, nos quais as situações mais comuns vividas pelos adolescentes quando iniciam o processo de tratamento são gravadas em vídeos, apresentando soluções diversas das que eles sempre tendem a escolher (THS). A base dessa proposta é o reconhecimento de que dispomos de pouco tempo para conseguir uma reversão na forma de se relacionarem com as drogas. Por isso, diante das situações de risco, não terão os recursos suficientes para fazer uma escolha diferente da anterior. Entretanto, se insistirmos na importância de abandonarem o uso e, além disso, oferecermos a opção de discutirem e aprenderem novas respostas às velhas situações, talvez consigamos que os adolescentes, ao escolherem saídas produzidas pelo trabalho terapêutico, iniciem, na prática, um movimento de aceitação dos valores que tentamos transmitir. Assim, as discussões com os adolescentes sobre a utilização de novas atitudes que representem os ideais do grupo servirão para fortalecer, no registro imaginário, a possibilidade de mudanças almejadas pela instituição e a consolidação de vínculos com os membros da equipe.

Uma das razões de se colocar o treinamento da equipe como um aspecto primordial é a freqüente necessidade de os membros realizarem atitudes improvisadas com os pacientes. Por mais cuidadosa que seja a concepção das etapas do tratamento e o respectivo treinamento da equipe, a relação com o paciente em recuperação no espaço institucional exigirá respostas singulares, que não poderão ser padronizadas, mas que de forma alguma poderão se distanciar dos critérios comuns a serem seguidos pelos diferentes membros.

Devido à freqüente pobreza de julgamentos e à incapacidade para aprender com a experiência, demonstradas pelos pacientes usuários de drogas, é comum que eles apresentem dificuldades de modificar a sua forma de relacionamento e procurem situações antigas já conhecidas que terminem no uso de drogas e no tráfico. O enfrentamento dessa circunstância exige que a equipe, para manter o plano terapêutico, freqüentemente precise tomar iniciativas não programadas e contrárias às adotadas pelos adolescentes. É nesse instante que o treinamento fará a diferença, pois, muitas vezes, o profissional precisará ter atitudes diferentes das que tomaria pessoalmente. Nesse caso, para se manter nessa posição, precisará trocar uma postura pessoal por uma fundamentação teórica que seja bastante clara.

Nesse ponto, tornam-se importantes o entendimento, discutido anteriormente, sobre a utilização da experiência como centro das referências terapêuticas e o recobrimento da mesma por uma postura conceitual. A experiência pessoal, por mais positiva que seja, dificulta a adoção de outras possibilidades na medida em que se referenciar em outra concepção significa anular a experiência tida como única. Nesse caso, a experiência não se integra com a postura teórica de ampliar os conhecimentos; ao contrário, constitui uma oposição de base que impede o acolhimento de outra forma de intervenção. Não se trata de uma desvalorização da luta contínua dos membros dos grupos de mútua-ajuda, os quais consideramos da maior relevância, e sim da tentativa de ampliar a aceitação de diferentes propostas que possam aumentar a proteção nas diferentes fases da dependência química e fundamentar trabalhos de prevenção e promoção da saúde sem centralizar a intervenção no aspecto moral.

Nesse sentido, não se trata da negação da experiência daqueles que viveram e controlaram a dependência, mas da lembrança de que a posição do observador ganha em relevância quando se transpõe a visão pessoal, utilizando métodos que possam ser transmitidos, reproduzidos e ampliados por outros serviços. Um exemplo desse tipo de circunstância é o caso do depoimento de uma paciente que sofria de transtorno bipolar. Ela relata como pôde conviver com a enfermidade, falando, porém, do lugar de pesquisadora renomada do transtorno de que sofria. É um depoimento pungente de uma luta incessante, vencida através da aceitação das razões que ultrapassavam a experiência pessoal, sem, no entanto, destituí-la de sentido, o realizado pela Doutora Jamison em *Uma mente inquieta*[5].

O funcionamento da equipe e a função das regras

As intervenções realizadas no tratamento institucional devem ser consideradas nos diferentes componentes que a ação terapêutica pode atingir dentro desse ambiente e, também, nos desdobramentos produzidos no con-

---

5 Jamison, K. R., *Uma mente inquieta*, Martins Fontes, São Paulo, 2002.

junto dos problemas envolvidos, também fora do espaço de intervenção direta. E, sobretudo, elas deverão se adequar ao modelo conceitual que sustenta a compreensão do tratamento. Esse tipo de postura é comum a equipes que trabalham com situações psíquicas, nas quais ocorre uma invasão do espaço terapêutico por circunstâncias oriundas da realidade externa.

Por isso, é importante que se compreendam as peculiaridades da intervenção, por um lado, a partir da especificidade do tema em estudo, no caso a dependência química, e, por outro, a partir dos agentes da intervenção, a qual deve ser instituída por todos os membros da equipe interdisciplinar, evitando-se os equívocos de manter as ações dependentes apenas de um segmento da equipe. Para isso, é indispensável que os membros da equipe possam conhecer a importância das suas posturas para o conjunto do ato terapêutico de forma geral e, de acordo com o plano terapêutico específico, para cada paciente.

A distinção entre o entendimento global da situação dependência química e as intervenções particulares a serem realizadas deve ser considerada, no plano da formação específica de cada profissional, no que concerne aos conhecimentos de base, como elemento que sirva para constituir uma identidade profissional e, no plano institucional, preservar a especificidade do tema em foco, permitindo que a equipe englobe os diferentes vieses que devem ser abordados. No território institucional, essa questão demonstra a importância da construção de um modelo profissional para a equipe e, principalmente, da coerência da concepção de base em relação ao objeto de tratamento.

Nos casos de estratégia de cuidados em níveis de maior complexidade, como é o caso da dependência química, a existência de fronteiras de separação muito rígidas entre as disciplinas facilita a interrupção do funcionamento grupal, impedindo o fluxo de informações a respeito do paciente e do funcionamento da equipe, imprescindível, na proposta teórica, para as intervenções terapêuticas. Esse tipo de funcionamento proposto para a formação dos profissionais em dependência química se coloca em oposição à forma de ensino nas faculdades, as quais tendem a manter uma rígida separação entre as disciplinas e até mesmo entre filiações de origens diversas. Na situação que propomos, o princípio pedagógico em questão considera que o profissional deve ter os recursos necessários para enfrentar sozinho as suas tarefas. Mas, para isso, é fundamental que ele domine de forma segura a vertente conceitual e o modelo de intervenção.

Quando se pensa em equipe, muitas vezes se tem a idéia da soma de conhecimentos isolados, que convivem lado a lado. Entretanto, essa visão se mostra insuficiente, na medida em que assim não se produzirá a interpenetração dos esquemas psicológicos, médicos, de enfermagem e social envolvidos. A equipe é mais do que a soma das suas partes, adquirindo uma qualidade de agenciamento de habilidades, específica do trabalho em conjunto. Exatamente por esse entendimento julgamos ser da maior relevância a formação de equipe quando se pensa no ensino do trabalho com dependentes químicos. Para o desempenho desse serviço é necessário um tipo de intervenção que envolva diferentes segmentos da vida do paciente, exigindo, em função da base psicopatológica presente, ações mais diretas, capazes de produzir maior adesão do adolescente ao tratamento e de oferecer maior sustentabilidade à estrutura familiar. A fim de que essa perspectiva se consolide, é preciso existir uma compreensão e um modo de transmissão do conhecimento e das práticas de intervenção que se realizem nas mesmas condições da sua aplicação clínica, alcançando, com isso, o aspecto transdisciplinar.

A supervisão deve estar centrada no desenvolvimento das possibilidades de realização da equipe e na soma das intervenções particulares no encaminhamento dos casos clínicos, as quais, por isso, devem tomar um espaço preponderante no raciocínio de todos. Um membro da equipe não deve pensar apenas no que ele faz com o paciente, mas na repercussão, para o paciente e para a equipe, das suas ações. Um entendimento dessa ordem inscreve as ações de cada membro como o resultado de um trabalho de equipe.

Essas reflexões podem parecer uma banalidade, porém a sua realização necessita de uma grande organização funcional e conceitual, devendo começar pela forma de comunicação à equipe das intervenções individuais até a divulgação, para o público externo, do serviço que prestamos. A divulgação das intervenções intra e extra-equipe visa a contextualizar essas ações no registro simbólico, em oposição à construção imaginária. No caso da primeira, as propostas de intervenção têm como fundamento as formulações teóricas, que fundamentam as intervenções propostas e permitem segui-las, avaliando o que está sendo implementado pela equipe e o resultado alcançado. No segundo caso, as intervenções têm como único caminho a experiência de alguns, procurando repetir, em cada caso, o que viu em alguns contextos, não havendo espaço para singularizações, o que, afinal, é a tendência comum às intervenções que não podem ser dirigidas a partir de um domínio de saber, prevalecendo a visão pessoal.

Algumas exigências do trabalho em equipe

Cada membro deveria ser próximo, confiável, disponível, capaz de observar as situações de forma ampla, sem se deixar influenciar ou manipular pelas ações dos pacientes, de sua família ou de outros membros da equipe.

Deve ficar bem claro que os encontros dos membros da equipe com os clientes representam a face visível de um processo que se elabora em outros momentos: as reuniões de equipe, as reuniões de supervisão, a assembléia geral com os pacientes, as discussões sobre regras de funcionamento da instituição e o papel de cada um dos seus membros. Esses momentos se desenvolvem em vários planos. As supervisões e as reuniões de equipe têm por finalidade alcançar um entendimento clínico e estabelecer uma estratégia que preserve as diversas integrações dos diferentes níveis em jogo. Ao mesmo tempo, elas devem servir para transmitir ao paciente, de forma coerente e integrada, esta compreensão na dimensão temporal. Esse tipo de intervenção permite que, no contato do paciente com cada membro da equipe, o profissional perceba a existência de uma uniformidade nas diversas intervenções, que visam a um mesmo fim, embora sejam, muitas delas, ações aparentemente isoladas.

Sabemos o quanto é tranqüilizante, para o paciente e mesmo para a equipe, a construção de um imaginário institucional que preserve a unidade da equipe em prol de uma tarefa a ser realizada. Os pacientes usuários de drogas têm uma forte tendência a sentirem as divisões de forma ameaçadora, utilizando essa percepção para justificarem suas dificuldades de persistirem em seus propósitos. Portanto, estar em um ambiente no qual os participantes tenham instrumentos para conviver com as diferenças, sem que elas sejam vividas de forma ameaçadora, e saber como impedir que as mesmas atrapalhem a aproximação dos indivíduos pode significar uma oportunidade de encontrar novas saídas que não impliquem o caminho mais fácil do retorno ao uso de drogas.

A condição que autoriza uma equipe a oferecer assistência a pacientes com um grau tão intenso de comprometimento é a capacidade de lidar com as divisões e as diferentes tendências presentes no ato clínico. Esse tipo de trabalho exige da equipe uma intervenção ativa e estruturante, capaz de organizar as atividades dos pacientes e, mesmo, de seus familiares.

O tempo para se alcançar essa integração nasce do trabalho constante de construção – surgindo, mesmo durante os momentos de dúvida – da disponibilidade que se oferece aos pacientes em supervisões constantes, nas quais se discute a evolução dos casos em atendimento dentro da perspectiva das ações da equipe. A falta desse espaço de reflexão pode ameaçar o desenvolvimento do trabalho e diluir a equipe diante dos requisitos que essa condição de tratamento exige, gerando um trabalho conjunto, porém segmentado em tomadas de posição individuais. O risco maior, nesse caso, é permitir a ocorrência de uma indefinição nos papéis profissionais.

Esses aspectos, bem conhecidos dos planejadores de saúde, representam de fato uma garantia fundamental da boa qualidade dos serviços prestados aos pacientes com maior comprometimento sintomatológico. É importante que a instituição esteja preparada para enfrentar as situações mais difíceis, pois, se esses casos forem abandonados ou afastados da instituição, ela não terá mais a garantia de poder manter em atendimento os casos mais simples. Enfrentar os problemas mais difíceis representa, também para os pacientes, a expectativa de que eles poderão contar com o apoio institucional. O interesse demonstrado e os esforços realizados para ajudar um paciente envolvido com o tráfico ou em situações de conflito com a lei, por exemplo, permitem aos demais participantes confiar de forma mais intensa na equipe, que não abandona um de seus pacientes nos momentos em que este não pode mais receber a ajuda dos que diziam apoiá-lo. Tais procedimentos não precisam necessariamente representar uma intervenção com resultados imediatos, podendo corresponder a orientações ou a intervenções no grupo ou na família que facilitem um encaminhamento para a questão, como, por exemplo, tentar conseguir um abrigo para um adolescente diante de uma ameaça de morte. É muito mais a intenção contida num tipo de procedimento do que a busca de uma solução, sem haver o comprometimento do paciente nesse processo.

É interessante observar que, quando essas reuniões não são programadas administrativamente, as equipes, em face da incerteza, costumam inventar espontaneamente espaços de discussão. Porém, por melhor que seja esse último tipo de discussão, ele não é suficiente e não tem alcance para instaurar um verdadeiro lugar de elaboração das dificuldades dos pacientes e da equipe. A fim de que isso aconteça, seria necessário pôr em questão não somente a transmissão de informações, aliás indispensável ao funcionamento da equipe, mas, primordialmente, as bases para a formação desse funcionamento.

4 – Apoio social, compromisso local e parceiros da comunidade

O fato de considerarmos que o uso de drogas não se restringe a uma determinação exclusivamente biológica nos dirige a manter um grande interesse na constituição e no funcionamento de uma rede de apoio social, visto que, sem algum tipo de reorganização do adolescente no espaço social, tem-se evidenciado mais difícil a preservação da melhora alcançada. A maioria da população que recebemos em tratamento apresenta dificuldades para conseguir inserção social estável, fato que nos leva a constantemente recorrer a outras instituições da rede de apoio social que possuam recursos e possam oferecer algum tipo de encaminhamento integrado ao plano terapêutico proposto.

Alguns eixos de avaliação devem ser revistos sistematicamente no acompanhamento do adolescente, desde que este inicia o processo de recuperação, como uma forma de acompanhamento da evolução do plano terapêutico. Em nosso serviço, temos utilizado, para isso, o inventário de George Christo, no qual podemos verificar os seguintes eixos: Funcionamento social, Saúde geral, Risco comportamental sexual/de injeção, Psicológico, Ocupação, Envolvimento com o crime, Uso de Drogas/Álcool, Existência de suporte, Adesão, Relacionamento terapêutico. São dez campos, em função dos quais podemos caracterizar as áreas de maior dificuldade, nas quais devemos priorizar as intervenções, conjugando as ações, na busca de nova forma de integração com os recursos disponíveis. Uma vez definido um plano terapêutico, com metas determinadas em termos de prazo, podemos acompanhar o processo de recuperação, avaliando não somente os avanços conseguidos como também as razões que justificaram os mesmos ou impediram as modificações procuradas e, de forma mais organizada, a partir dessa avaliação, redefinir a proposta de intervenção.

No caso de adolescentes, é indispensável ajudá-los, procurando preencher os vazios deixados pela família ou pelo Estado. Devemos pensar que o afastamento dos antigos amigos de infância e da própria família determinado pelo uso de drogas restringe as suas relações apenas aos parceiros usuários, fazendo com que eles vivam sob uma pressão constante para manter o uso. O trabalho desloca-se da pura intervenção imediata de suspender o uso das drogas para uma intervenção mais ampla, que precisa considerar os meios disponíveis de reduzir os fatores de risco, o que significa oferecer uma eficiente rede de práticas sociais que permitam a consolidação de códigos de relacionamento nos quais a confiança no outro seja uma espécie de cimento para manter próximas as relações.

Um problema grave que pudemos constatar e para o qual não conseguimos uma razoável solução aparece nos encaminhamentos dos adolescentes à rede de apoio social. Ela é praticamente inexistente, pois os serviços ou são insuficientes para atender a procura ou se revelam ineficientes, não cumprindo os objetivos para os quais foram projetados. Essa falha demonstra que uma das razões para isso origina-se do fato de a questão social ser pensada como moeda eleitoral, não sendo instituída através de programas sistemáticos de transformação das relações sociais. Dessa forma, não há continuidade e uma avaliação sistemática dos programas, impedindo que se consolide uma formação teórica apropriada dos técnicos dotada de certa independência. Dois fatores contribuem em muito para isso: os baixos salários e a ausência de um planejamento de formação permanente, em parceria com grupos que possuam estrutura de ensino.

Nessas condições, a vertente política mostra-se como único suporte para a preservação dos trabalhos, criando um relacionamento de submissão, na medida em que as verbas para esse tipo de programa são, na sua maioria, originárias do Estado. Prevalece, então, a lógica da violência, delineada por Viewiorka, da ausência do Estado, que, por um lado, é incapaz de propor uma política sistemática, até mesmo por falta de quadros, e, de outro, não tem recursos estratégicos para operacionalizar as suas próprias propostas. Desse modo, o segmento que deveria oferecer um tipo de resposta não cria as condições indispensáveis para germinar novas formas de aprendizado profissional e transmissão de possibilidades. O poder se mantém absoluto, mesmo quando ele se dispõe a beneficiar um segmento social, produzindo uma prática completamente contrária ao que vem sendo proposto pelas concepções de *empowerment*.

A concepção propõe bem mais do que oferecer uma ajuda, constituindo-se principalmente, num trabalho para criar competências. É como o resultado de uma interação entre as motivações para tomar uma decisão (escolher), a capacidade de refletir sobre o problema, as soluções possíveis, a planificação de ações pertinentes (decidir) e como a reflexão sobre as habilidades necessárias à realização do plano escolhido (agir). Dito de forma mais precisa, é necessário que sejam criados contextos nos quais o querer se coordene ao pensar a fim de poder ser realizado. Nesse sentido, a qualidade dos contextos relacionais que sustentam esses processos é essencial. Poderíamos até dizer que, se o processo não se fundamenta nos parâmetros de uma ética de transmissão de poder, o trabalho não tem qualquer sentido de transformação.

A noção de *empowerment* implica a apropriação de um poder funcional para fazer com que o público alvo, adolescentes e suas famílias, saiba se adaptar ao mesmo, utilizando-o como se fosse um direito pessoal. O sentido conceitual circula entre uma tomada do poder e um controle do uso de determinado poder. Essa construção deve ser realizada, como postura técnica, pelos responsáveis pela intervenção, devendo funcionar como um guia e representando ações educativas que servem como modelos de relação para levar o adolescente a tomar suas próprias decisões. Tal processo deveria permitir que o adolescente e sua família conseguissem algum tipo de conhecimento e controle sobre o seu meio circundante, o seu universo familiar e social e sobre os próprios recursos de que dispõem para se desenvolver e alcançar os seus objetivos. É importante que eles possam agir como se tivessem familiaridade com os códigos sociais, como se os mesmos lhes pertencessem. Nesse sentido, a função dos profissionais será mostrar aos adolescentes as possibilidades de encontrar as competências pessoais e de conseguir um melhor controle das vulnerabilidades no processo de integração com o seu meio familiar, escolar, profissional e social.

É com esse significado que empregamos a expressão "atenção integral", acompanhando todas as linhas de dificuldades e habilidades dos adolescentes, não nos restringindo apenas ao combate às drogas. Fazemos, portanto, uma distinção da nossa proposta com a redução de danos, que se coloca como um segundo centro em oposição à luta para eliminar as drogas, na medida em que considera que não é possível eliminar-se o uso das drogas. No caso da atenção total, nos proporíamos a funcionar como um novo centro que afirmasse a possibilidade de uma melhor qualidade de vida em oposição ao que oferece o conjunto social existente e não somente aos prejuízos decorrentes das drogas. Dada a sua complexidade e sua importância, deixaremos essa questão para discussão posterior em outro trabalho a ser publicado.

A fundamentação técnica, buscando criar condições para os adolescentes e suas famílias se apropriarem de uma função social, se justifica pela necessidade de se apresentar como uma proposta de intervenção simultânea às determinações políticas. A perspectiva eleitoral, prioritária no processo de gestão política, evidencia-se na premência de efetivar-se em um período curto, o tempo entre a tomada de decisão e a execução da tarefa, para evitar qualquer tipo de contestação. A rapidez da execução mostra o poder de dispor dos recursos. Isso, entretanto, inibe qualquer procura de entendimento quer dos técnicos, quer dos clientes, que ficam circunscritos por essa forma de concepção do poder, não podendo constituir um tempo próprio, necessário à incorporação de um tipo de prática. No caso da lógica eleitoral, é a imposição de uma lógica de poder que determina o que os participantes devem fazer. Essa concepção impede que os clientes incorporem a participação de cada um deles como uma atividade diferenciada e indispensável, mesmo que a proposta represente a oferta de recursos concretos para um processo de inclusão social através do trabalho que realizem. Como sempre ocorre na imposição de códigos de relação através da força, não se desenvolve um processo de identificação com a representação simbólica, por meio da qual se atua a fim de se alcançar um objetivo, e, como conseqüência, não existe a possibilidade de unir os participantes na busca de um ideal que se tornaria o ponto de identificação do grupo. O que prevalece é o interesse individual, a procura por um ganho imediato e objetivo, obtido isoladamente. A estrutura da proposta de um poder manifestado no tempo político/eleitoral é semelhante ao que se vê no comportamento das forças do tráfico, as quais demonstram interesse em defender a comunidade, embora estejam, de fato, defendendo apenas o controle do território em que atuam e consolidando as suas formas de domínio. Freqüentemente, os defensores de propostas de cunho social, pelo empenho em conseguir resultados visíveis a curto prazo, atuam valorizando as posições individualistas dos que concordam com suas idéias, esquecendo que essa valorização somente reforça a desigualdade e as reações violentas daqueles que vão sendo excluídos. É preciso entender que na construção de redes de apoio social não se pode incluir alguns excluindo outros. É fundamental que se busque a inclusão de um modelo de relação que impulsione a moralidade coletiva em detrimento dos interesses individuais e se lute contra a implantação de atitudes que sejam desorganizadoras, não importando qual seja a sua origem, principalmente aquelas que possam surgir no seio da equipe que tenha a função de coordenar. É indispensável que se dê aos participantes do grupo com o qual se trabalha as mesmas oportunidades em função das determinações de metas comuns que sejam consensuais.

Um trabalho que escape à imposição de um poder dominante deve-se fundamentar em critérios peculiares, envolvendo quatro componentes essenciais: a participação, a competência, a valorização da auto-estima e a consciência crítica (consciência individual, coletiva, social e política). E, mais do que isso, o processo deve ser centrado sobre as forças, os direitos e as habilidades do indivíduo e da comunidade, muito mais do que sobre os seus déficits ou as suas necessidades[6, 7] (Gibson, 1991; Anderson, 1996).

---

6 Anderson, J. M., (1996), Empowering patients: Issues and Strategies. Social Sciences Medicine. Vol. 43, nº 5, pp. 697-705.

7 Gibson, C. H., (1991), A concept analysis of empowerment. Journal of Advanced Nursing, 16, 354-361.

Nesse sentido, caso não se priorize a construção de uma nova forma de subjetivação, o ganho conseguido com o trabalho não representará qualquer tipo de aquisição individual, pois as alianças que se compõem giram em torno das figuras que detêm o poder de decisão e de mando, podendo até mesmo, em função dessa posição, oferecer aos parceiros algum tipo de vantagem. Não se formarão, assim, alianças em defesa de idéias comuns de transformação. Podemos fazer conjecturas de que o problema a ser resolvido depende da possibilidade de equalização dos objetivos buscados, do tempo de execução de que se dispõe para isso em cada dispositivo de poder e da compreensão de que, para se realizarem os objetivos almejados, é indispensável garantir o poder de decisão do grupo independentemente dos resultados imediatos. Esse é o ponto central mais estruturante do que os ganhos imediatos, que são importantes e reforçadores do trabalho: o fortalecimento do poder de decisão do grupo.

Esse tipo de dificuldade decorre do paradoxo de precisarmos propor uma mudança no modo de relação de um segmento da população que não reivindica essas transformações devido à própria lógica como se constituiu no mundo. O que lhe interessa é o ganho pessoal e imediato, que se opõe à construção de um processo de possibilidades e alianças, nos quais esse segmento não chega a acreditar, pois teme que tal processo não se realize devido à fragilidade da inserção de uma proposta cuja base de sustentação é política, podendo ser suspensa por simples alterações na composição de forças locais.

Desse modo, observamos que a mesma lógica de ganhos imediatos está presente tanto nos que exercem o poder político e não querem perdê-lo como na população, que espera pelos rápidos resultados da mudança proposta, mas não percebe que o maior ganho se encontra no processo de transformação; os ganhos serão conseqüência e não o objetivo final. Assim, o tempo de construção necessário só poderá ser sustentado por outra lógica e por outro tipo de poder que não seja tão dependente das posições políticas, um tempo que se construa a partir de sua inscrição nos fundamentos que sustentam a prática, e não simplesmente na imposição da prática.

Esse impasse nos levou, no decorrer desses seis anos de trabalho, a caminhar para a construção de oficinas de geração de rendas, nas quais estava presente o ideal da economia solidária e do cooperativismo, associado a uma técnica de assembléias que permitia ultrapassar a realização de ganhos imediatos, expressos pelos conflitos pessoais. Estes últimos devem, em qualquer trabalho de reconstrução, receber uma atenção prioritária, sendo abordados dentro de estratégias que possam diminuí-los ou solucioná-los. O objetivo é levar os adolescentes e seus familiares a perceberem que a perspectiva de fazer com que os ideais da moralidade coletiva suplantem os interesses da moralidade individual torna-se a condição de fortalecimento de todos. Metodologicamente ligados a essa posição, tentamos desenvolver dois caminhos: de um lado, procurar parcerias que permitissem a integração de interesses comuns, articulados ao desenvolvimento de uma proposta conceitual que fosse desenvolvida e protegida das decisões políticas imediatas. Assim, todo o trabalho, de um lado, buscou a criação de parcerias e a formação de profissionais com maior liberdade de reflexão sobre o papel a ser desenvolvido na construção de uma política social, e não somente a realização de tarefas determinadas pelo poder político, e, de outro, procurou construir um espaço interno de prevenção da violência e do uso de drogas que pudesse se manter como uma proposta contínua a ser avaliada nas etapas implantadas e nos resultados obtidos. Esse espaço está capacitado para acolher os adolescentes em situação de risco, organizando trabalhos em parceria com escolas e criando oficinas de capacitação profissional.

Esse tipo de intervenção tem como objetivo buscar a aproximação da comunidade, integrando os recursos disponíveis a fim de criar um centro de atividades para jovens e seus familiares. Visa a promover um espaço de encontro e apoio que ajude o adolescente a enfrentar as dificuldades da entrada no mundo adulto.

Essa proposta, que se compõe numa perspectiva de atenção total, buscando promover a integração dos diferentes segmentos, não se dispõe, portanto, a excluir outros eixos de ação. Porém a leitura de exclusão utilizada por algumas instâncias envolvidas com a questão assistencial que lidam com a mesma temática tende a aprisionar os demais procedimentos, na medida em que segrega determinadas posições e, por razões morais, evita o debate. É uma espécie de leitura que interpreta uma parte dos elementos envolvidos na composição de um quadro, desconsiderando que o sentido se dá e se transforma pela interação das partes envolvidas, não devendo ser expresso a partir de cada segmento isoladamente.

Um belo exemplo desse tipo de construção segmentada, imaginária, nos é mostrado em *O olhar e a cena*[8], quando uma testemunha de acusação diante do tribunal tem como prova maior da culpabilidade do acusado uma fotografia comprometedora que ela reconhece como verdadeira. Entretanto, ao ver a situação global em uma foto de todo o ambiente, ao perceber que aquela foto na qual se baseava era apenas um detalhe ampliado de uma foto maior, que ela também reconhecia como verdadeira, ela continua, de forma contraditória, a acreditar na veracidade de ambas, embora a visão ampliada rompesse com o aspecto suspeito e sigiloso da foto menor. Isso se explica porque para a testemunha não faz diferença a moldura, o contexto do qual o instantâneo é recortado e ao qual se integra. As relações e contingências não são incluídas na interpretação do acontecido. "A reposta surpreende-nos, mas ilustra muito bem uma certa noção de verdade, noção muito mais presente no senso comum de uma sociedade como a nossa do que talvez gostaríamos. A testemunha trazia a convicção de que a verdade estava em cada pedacinho da foto, como também da realidade. Aquele canto da imagem, aquele fragmento extraído da situação maior foi obtido sem que se adulterasse cada ponto da foto, sem maquiagem, sem alteração das relações que lhe são internas. Logo, 'contém' a verdade. É uma imagem 'captada': as duas figuras estiveram efetivamente juntas diante da câmera (não importa aí o contexto). O recorte, definidor da moldura, não incomodou a testemunha para quem a verdade é soma, está em cada parte".

Esse é um exemplo, de certa forma, simples, já que a imagem da fotografia, como mostra o texto citado, é fixa, não havendo, como ocorre na seqüência de imagens do cinema, a montagem de contextos de maior eficiência, capazes de produzir novas verdades. Daí o cuidado a ser mantido ao discutirmos questões mais complexas que envolvam vários planos passíveis de gerarem grandes distorções. Por isso, insistimos que a discussão sobre a forma de enfrentar a proliferação do uso de drogas não deve se concentrar em apenas um ponto isolado, por mais grave que ele seja, quando sabemos que o problema envolve diferentes origens. Como se precisássemos mostrar uma mesma cena inserida em um quadro maior, interligada

---

[8] Xavier, Ismail, *O olhar a e cena*, p. 32. Cosac & Naify, São Paulo, 2003.

a vários outros acontecimentos que mudam o sentido original apreendido em uma visão mais circunscrita.

Nesse sentido, o fato de existir uma maior ênfase na repressão não significa que a solução se condicione apenas à quantidade necessária: maior ou menor repressão. É importante que se inclua no campo das ações possíveis a associação da repressão com outras intervenções, que, de forma concomitante, também possam auxiliar na redução da violência e do uso de drogas. Pouco adianta insistirmos somente em uma das origens, mesmo que essa seja mais visível, esquecendo as demais, que são complementares e, da mesma forma, indispensáveis aos que recebem algum tipo de tratamento. O que conhecemos ainda é pouco para excluirmos, sem uma avaliação mais detalhada, as diversas possibilidades de intervenção.

Existe uma convergência no sentido de não se excluírem as diversas propostas de intervenção, tornando-se, entretanto, fundamental que as mesmas sejam avaliadas. Gostaríamos de lembrar um estudo do sistema de saúde do Canadá, que enumera as melhores práticas para tratamento da dependência química e as indicações do tratamento eficaz dos EUA (NIDA), tentando mostrar que a nossa proposta de intervenção preserva os pontos essenciais adotados pelos países que mais pesquisam sobre esse tipo de prática, muito embora a tenhamos construído sem conhecer, naquele momento, os estudos citados.

> Embora as pesquisas ainda não possam afirmar qual tipo de tratamento é mais indicado para tal tipo de indivíduo, isso não significa que todos os tratamentos sejam convenientes para todos os pacientes.
> É necessário oferecer serviços flexíveis e personalizados e estabelecer diretrizes para escolher os serviços apropriados.
> As terapias que melhor convêm aos adolescentes são aquelas que prevêem adaptação às necessidades individuais. Os principais elementos do tratamento compreendem a terapia familiar, o aconselhamento comportamental, o apoio da família e dos pares e *cuidados contínuos*. São importantes os serviços auxiliares de escola, o aconselhamento profissional, as atividades de lazer, o desenvolvimento psicológico, a administração de crises e a orientação sexual.

Mesmo que as pesquisas ainda sejam limitadas, o tratamento integrado dos problemas da dependência química e da saúde mental parecem mais profícuos que os tratamentos seqüenciais e paralelos.

Um tratamento eficaz é aquele que atende às diversas necessidades dos indivíduos, e não apenas ao uso de drogas.

Para ser eficaz, um tratamento deve abordar o uso de drogas do indivíduo e quaisquer outros problemas associados: médico, psicológico, social, vocacional e legal.

O tratamento de um indivíduo e o plano dos serviços devem ser continuamente avaliados e modificados, quando necessário, para garantir que o plano atenda às necessidades mutantes da pessoa.

Um paciente pode precisar de combinações variadas de serviços e componentes de tratamento durante o curso da terapia e recuperação. Além de aconselhamento ou psicoterapia, um paciente, às vezes, pode requerer medicação, outros serviços médicos, terapia familiar, instruções aos pais, reabilitação vocacional, serviços legais e sociais. É fundamental que a abordagem do tratamento seja apropriada à idade, ao gênero, à etnia e à cultura do indivíduo.

5 – Problemas de infra-estrutura e recursos de apoio

Esse tipo de problema talvez represente a mais desafiadora dificuldade a ser enfrentada isoladamente, pois, ainda que tenhamos encontrado uma vertente metodológica suficientemente coerente para o tratamento da dependência química e capaz de integrar a equipe, o resultado prático – a recuperação dos adolescentes de acordo com o método proposto – só será possível se dispusermos dos recursos de infra-estrutura e de apoio para viabilizar os desdobramentos da proposta de intervenção.

Mesmo correndo o risco de sermos repetitivos para alguns, buscaremos delinear uma breve configuração das atribulações desse tipo de clínica, tomando uma perspectiva psicopatológica e abordando as implicações das propostas terapêuticas com os recursos disponíveis para efetuá-las.

Inicialmente devemos lembrar a falta de motivação e as dificuldades de os adolescentes aderirem ao tratamento, as quais devem ser resolvidas de forma ativa pela equipe através de técnicas específicas, evitando que a motivação se manifeste espontaneamente só depois de um agravamento do quadro clínico e dos problemas decorrentes do uso da droga. Essa conduta, conforme discutimos acima, causa um grande sofrimento aos pacientes e familiares; pela progressão do processo da dependência química, leva inúmeros pacientes a sucumbirem antes de criar a motivação ou ainda faz com que muitos deles cheguem ao tratamento com grande comprometimento pessoal e intenso prejuízo social.

Se o quadro clínico se manifesta apresentando disfuncionamentos múltiplos, o uso simultâneo de várias formas de intervenções é desejável, sejam as mesmas medicamentosas, cognitivas, grupais, psicanalíticas ou de apoio social. A necessidade de utilizar uma aproximação múltipla se impõe a fim de reduzir o comportamento de busca da droga e as ações impulsivas e anti-sociais. Se, além disso, encontramos na relação com o paciente algumas atitudes que evidenciam uma característica psíquica de difícil contato, apresentando limitações para focar sua compreensão em etapas distintas, produzindo generalizações abusivas com distorções na descrição do seu envolvimento com as drogas e a criminalidade, denegando toda responsabilidade, com nítida atenuação da gravidade do problema e atribuição de responsabilidade a outros ou a fatores externos, certamente teremos dificuldades para organizar um plano de intervenção que não se restrinja a ações repressivas e coercitivas.

Se também percebemos que, no campo pragmático, o paciente não consegue definir os meios para chegar a um fim, não suportando realizar etapas prévias indispensáveis à concretização do seu desejo, e apresenta um funcionamento psíquico que busca um ideal impossível, veremos que esse tipo de comportamento oferece obstáculos às intervenções terapêuticas. Se, além disso, seu funcionamento se caracteriza pela ausência de estratégias múltiplas e que, por falta de opções internas mais adequadas, repete soluções anteriores que não deram certo[9], o tratamento precisa, em virtude deste quadro, apresentar uma grande organização e ter a garantia de uma continuidade dos trabalhos práticos para alcançar a consolidação de uma melhora

9 Como, por exemplo, realizar assaltos para pagar dívidas ou usar drogas para diminuir o sofrimento.

do paciente. É bom lembrar que estamos diante de um quadro crônico. Portanto, para que sejam obtidos resultados positivos, é fundamental atingir uma integração dos procedimentos terapêuticos pela equipe como um todo.

Atentem para o fato de que, na descrição de todas essas dificuldades, não enfocamos a vertente do apoio social, extremamente problemática e abrangente. Quando associada aos aspectos psicopatológicos, essa vertente apresenta entraves que parecem intransponíveis caso não se disponha de recursos para aplicar os procedimentos terapêuticos necessários e de instrumentos para avaliar os resultados das diferentes formas de intervenção.

Vamos tentar refletir como seria a postura da ética médica diante de um tratamento que não oferece qualquer garantia de resultados e, mesmo assim ou talvez por isso mesmo, pode ter preços extorsivos quando realizado em clínicas particulares. Ou um tratamento que não dispõe dos recursos mínimos para o atendimento, quando realizado pela rede pública, por ser considerado dispensável uma vez que lida com quadros graves, de difícil recuperação. Alcançar apenas um pouco mais de 30% de bons resultados e precisar manter o monitoramento constante é um índice baixo, se pensarmos nas demais enfermidades médicas. Mas, afinal, quem pode responder por isso ou quais são os fatores responsáveis por esse estado de coisas?

Diante de tantas incertezas para retratar o estado de perplexidade de muitos, talvez pudéssemos reproduzir as palavras de um pai que, na sua humildade, espanta-se quando se vê acusado de responsável pela persistência dos problemas causados à sociedade por seu filho, dependente e envolvido com o tráfico. "Eu não posso ser o único responsável por isso, estou há dois anos tentando tirar o meu filho das drogas. Ele está agora sendo atendido em um serviço, porém, sempre que foi preciso algum tipo de ajuda exterior ao serviço, nada se conseguiu, como quando ele precisava ser internado e não houve meios de se conseguir uma vaga. Nos últimos tempos, ele estava bem, em tratamento, mas o serviço que lhe dava atendimento não pôde mais atendê-lo como antes, pois deixou de receber o repasse de verba e, com isso, os pacientes, entre eles meu filho, ficaram sem vale-transporte e sem alimento. Ele passou a vir ao tratamento de forma irregular, depois começou a ficar sozinho, na rua, com os parceiros de drogas. Com isso voltou a usar. A culpa não pode ser só minha, apenas porque eu não tenho dinheiro para ajudá-lo. Os governantes também são responsáveis por todas essas crianças que estão vivendo no tráfico"[10].

Esse pronunciamento foi realizado pelo pai de um dos adolescentes em tratamento conosco ao ser repreendido no Juizado, na presença de técnicos do serviço, em função de seu filho ter, mais uma vez, sido detido. Ele tenta mostrar que não ficou passivo e que não se atribui a função de resolver sozinho o problema. Falou como procurou os serviços existentes e como conseguiu, depois de percorrer alguns, um que lhe oferecesse apoio. Viu, então, o filho melhorar, mesmo em momentos de crise, quando era indicada uma internação e não havia vaga para ele nas clínicas públicas e, depois, o viu recair por não mais poder contar com o serviço, ficando sozinho na rua. Se a essas palavras não pode ser atribuído o sentido de uma verdade absoluta, da mesma forma elas não deveriam ser consideradas como um falseamento da situação. De fato, com os recursos de que dispunha, ele procurou os serviços que deveriam ter os meios para encaminhar uma solução. Se isso não ocorreu, ele não poderia ser considerado o único culpado. Onde estão os que devem responder pela rede de serviços? Por que os serviços não puderam orientá-lo? Quem deve ajudá-lo se ele não dispõe de recursos? Quem é o responsável por não ter tido ele oportunidade de estudar da mesma forma que não tem podido oferecer estudo ao seu filho hoje? Qual tem sido o papel da justiça que, no momento, o recrimina? Simplesmente acusá-lo de banalizar o problema e excluir-se de ter parte da responsabilidade pelo ocorrido.

Responsabilizar o pai, portanto, não somente é uma conduta injusta como também destituída de compreensão do funcionamento social, no qual a responsabilidade é distribuída por todos os cidadãos, de acordo com a função que ocupam no modelo social, e no cenário específico com que se defrontam. É tentar olhar apenas para uma parte da fotografia e considerá-la como sendo o todo. Nesse caso, estaríamos diante de inúmeras famílias destituídas de qualquer tipo de poder e, portanto, sem meios de modificar

[10] Depoimento da assistente social que esteve com o pai do adolescente no juizado e relato do próprio pai à psicóloga que o acompanha ao falar do seu desespero ao ser acusado de ser o responsável pelo que passava o seu filho.

o caso específico e menos ainda de interferir na determinação política da implantação do sistema de atenção para os dependentes químicos. Como sugere o historiador alemão Norbert Elias em estudo sobre a interação social dos indivíduos, "A margem individual de decisão é sempre limitada, mas é também muito variável em sua natureza e extensão, dependendo dos instrumentos de poder controlados por uma dada pessoa"[11]. Logo, no que concerne ao provimento de recursos de infra-estrutura e apoio logístico aos serviços de tratamento de dependência química, cabe muito mais aos profissionais e autoridades encontrar o encaminhamento para uma solução global do que esperar respostas isoladas ou responsabilizar as famílias que voltam aos serviços sem conseguir qualquer solução e precisam, isso sim, de orientação e, na maioria das vezes, de tratamento.

Entretanto, para pensarmos em um serviço de qualidade que ao mesmo tempo possa prestar bom atendimento clínico e tenha agilidade para avaliar os resultados do trabalho efetuado, sendo capaz de se reciclar de forma contínua, o suporte de infra-estrutura e os recursos de apoio são indispensáveis e devem ser tomados como motivo de reflexão nos projetos técnicos incentivados pelo Poder Público.

No estado atual, o problema mais eloqüente é a falta de uma política sistemática e bem definida envolvendo os diferentes órgãos governamentais que, de alguma maneira, participam seja da determinação de uma política de intervenção, seja da alocação de verbas em programas específicos. Voltamos a assinalar que, há dois anos, foi elaborada pelo Ministério da Saúde a criação de CAPSads, que tendem, com a efetiva implantação, a definir de forma mais coerente o funcionamento dos serviços assistenciais e a permitir que se estabeleçam critérios de intervenção, bem como o desenvolvimento de programas que possam satisfazer as necessidades particulares da população atendida. No caso do trabalho com adolescentes e adultos jovens, teremos que considerar uma dificuldade suplementar relacionada ao freqüente envolvimento das classes menos favorecidas com a criminalidade e à proliferação da violência. Nessa situação, como já discutimos anteriormente, a lógica proibicionista, centrada na repressão, restringe o espaço de atuação

---

11 Elias, Norbert, *A sociedade dos indivíduos*, p. 51. Jorge Zahar, 1994, Rio de Janeiro.

da lógica terapêutica, que, desprovida de recursos técnicos – seja de ordem diagnóstica, seja de respostas clínicas rápidas, seja de capacidade de garantir recursos para dar sustentação aos longos processos de recuperação –, inclina-se a se associar à lógica repressiva e excluir do processo de tratamento os casos mais graves, que apresentam transtorno da conduta na adolescência e, posteriormente, evoluem para um tipo de personalidade anti-social.

Existe, portanto, uma correlação indissociável entre a instalação de um funcionamento de qualidade e a provisão de meios e de apoio político a fim de dar continuidade a trabalhos nessa área que permitam o desenvolvimento de propostas para atender clinicamente questões para as quais ainda não se conseguiram resultados positivos e que sejam reproduzíveis em outras circunstâncias. O raciocínio imediato derivado dessa observação nos faz considerar que se não houver uma avaliação dos resultados, como critério para o apoio institucional, ficaremos prisioneiros na escolha clientelista dos serviços, que atende apenas aos interesses de preservação do poder imediato e em nada contribui para o atendimento da população ou para a formação de equipes.

Pretendemos desenvolver duas linhas de intervenção para circunscrever alguns problemas e fornecer subsídios para o avanço do ponto que consideramos de maior dificuldade: a associação do transtorno de conduta com o quadro da dependência química.

No que tange às intervenções preventivas, acreditamos ser indispensável a organização de programas detalhados de prevenção seletiva da violência e do uso de drogas a serem realizados com alunos que estejam expostos a situações de risco. Nosso serviço tem caminhado nessa direção e, a partir do cadastramento como CAPSad, iniciará, em parceria com a Secretaria Municipal de Educação, um projeto de prevenção seletiva. No plano da intervenção indicada, realizará acompanhamento sistemático dos clientes em tratamento, fazendo uma distinção entre as estruturas de personalidade (principalmente anti-social e neurótica), buscando relacionar os tipos de respostas ao tratamento proposto com a estrutura que apresentam.

Sabemos que pacientes com estrutura neurótica tendem a apresentar algum tipo de inibição que dificulta a progressão dos mesmos na destreza para enfrentar as complexidades do jogo social, sendo freqüente a recomendação clínica de procurar melhorar a auto-estima com incentivos e apoio necessários. Podemos tomar como exemplo uma situação na qual o adolescente tenha transgredido uma regra institucional com a finalidade de se exibir diante dos demais companheiros. A atitude terapêutica a ser tomada é diversa se estivermos lidando com uma estrutura neurótica ou com uma anti-social.

No primeiro caso, é importante que o paciente perceba o significado que tem para ele ser respeitado pelos demais e entenda que, muitas vezes, os riscos aos quais se expõe são desproporcionais ao ganho obtido, sendo possível conseguir a valorização de que necessita sem correr tantos riscos. Mesmo diante de uma situação de transgressão, o adolescente precisa ser valorizado, ficando a crítica restrita apenas à ação que realizou, a qual pode até mesmo ser passível de punição. Ele, portanto, deve ser preservado, como uma forma de manter o seu valor, embora tenha cometido um deslize. O que deve se avaliar não é o caráter ilícito ou inadequado da sua transgressão, e sim, acima de tudo, a sua intenção.

Entretanto, em se tratando de personalidade anti-social, qualquer tipo de estímulo vazio de sentido aumentará a sua dificuldade de avaliar as conseqüências dos seus atos e se somará às razões que encontra para justificar a correção das suas atitudes. Na medida em que tem um ego inflado, contra-indica-se qualquer tipo de reforço a ações transgressoras que tenham como base o próprio prazer em transgredir, sendo, portanto, vazias de outras intenções e visando à transgressão por ela própria.

Desse modo, podemos verificar que uma mesma atitude terapêutica diante de uma situação idêntica pode ser captada de forma oposta, criando conseqüências negativas ou positivas para a evolução clínica, dependendo da estrutura de personalidade de base. Por um lado, isso significa que a mesma regra não deve ser aplicada sempre da maneira igual, e, por outro, que é necessário à equipe dispor de recursos técnicos e instrumentais para fazer esse tipo de diferenciação clínica e conseqüente intervenção terapêutica.

Quando se fala em prevenção, pensa-se logo nas campanhas publicitárias que caracterizam a chamada Prevenção Universal. Esse tipo de prevenção é importante, mas tem ação restrita. É dirigida à população como um todo, não atingindo de forma semelhante os diferentes segmentos que recebem a mensagem. Por isso, esse trabalho só tem o alcance pretendido se complementado por outras ações mais específicas de prevenção seletiva, atingindo os segmentos mais expostos a fatores de risco, e, também, por prevenção indicada, com grupos já envolvidos com o uso de drogas. Esses dois últimos tipos de intervenção são os que apresentam menores níveis de organização. É freqüente que os serviços oficiais não ofereçam nenhum subsídio ou apoio a esse tipo de intervenção, que, na maioria das vezes, se restringe a palestras para adolescentes, não investindo na continuidade de programas estruturados com as escolas que possam envolver também os professores. Do mesmo modo, os serviços que trabalham na recuperação de pacientes já envolvidos com o uso de drogas não são incentivados a realizarem simultaneamente um trabalho preventivo mais amplo, ficando restritos ao tratamento.

Em termos de planejamento de resultados, seria bem mais efetivo se houvesse um maior nível de investimento no trabalho com alunos que apresentassem algumas características preditoras de um envolvimento com drogas no futuro. Esse tipo de intervenção poderá ser realizado por programas conjuntos entre as escolas e os centros de recuperação, os quais, seguindo programas definidos, poderiam acompanhar, inicialmente em projetos experimentais, o desenvolvimento psíquico e o rendimento escolar de uma população considerada de risco.

Esse tipo de raciocínio se justifica por sabermos que a procura dos adolescentes pelos serviços de recuperação ocorre de forma tardia, quando já existe um comprometimento expressivo pelo uso de drogas, com a presença de graves problemas que tornam a recuperação mais difícil e tortuosa. Nesse sentido, a perspectiva de um trabalho de prevenção sistemático teria muitas vantagens, na medida em que poderia, por um lado, reduzir o número de casos mais graves e, por outro, questão da mais alta relevância, aumentar a experiência de profissionais das áreas social, de educação e de saúde para esse tipo de atuação.

No espaço clínico, para enfrentar a multiplicidade de fatores, precisamos criar um ambiente capaz de poder conter e trabalhar cada uma das vertentes envolvidas, o ambiente terapêutico. Para se garantir esse espaço haverá um contrato objetivo e justo, que será assinado pelas partes envolvidas, definindo sem ambigüidades os comportamentos desorganizadores a serem evitados. A base da recuperação deve ser a constituição de um processo ativo que procure eliminar os fatores predisponentes e, ao mesmo tempo, encontre meios de não se deixar envolver e enfraquecer pela fragilidade dos recursos sociais e de não depender exclusivamente do apoio da rede social implantada.

Nesse tipo de intervenção, o principal é conseguir trabalhar com aquilo que nos é estrangeiro, podendo acolher as diferenças, sem recorrer à violência da exclusão. Entretanto, para isso precisamos dotar a equipe de recursos teóricos, apoiando-a nessa postura difícil tecnicamente. Em função dessa ordem de dificuldade, esses compromissos devem ser reavaliados periodicamente, em supervisões com a equipe, e discutidos em assembléias gerais, ou seja, publicamente, com os adolescentes. Logo, o vínculo se fortalecerá no e com o plano coletivo, devendo suplantar os interesses individuais.

Os programas com baixo grau de estruturação, valendo-se de intervenções gerais ou improvisadas, têm, em geral, menor índice de resposta terapêutica favorável. Por isso, as reuniões precisam preservar uma regularidade semanal (o ritmo deve ser independente das urgências), contar com todos aqueles que realizam qualquer intervenção no paciente, cabendo a cada um se exprimir sobre o desenvolvimento de suas entrevistas com o paciente. Isso porque é necessário perceber o sentido global das intervenções segmentadas.

As decisões relativas à continuidade da intervenção devem ser tomadas desse contexto, fazendo-se necessário planificar regularmente as reuniões, ao curso de cada intervenção. Essa planificação é totalmente diferente de reuniões de urgência, que ocorrem devido a acontecimentos ou necessidades do paciente, as quais ficam sob a responsabilidade do coordenador do turno. A tentativa de evitar reuniões de urgência corre de forma paralela à busca de levar o paciente a realizar os planejamentos de suas atividades, evitando assim as saídas imediatas e incompletas, que não afastarão o problema a ser resolvido. A equipe, evitando apenas solucionar as urgências, precisa também lidar com a ansiedade de não ter soluções imediatas e prontas (modelo da regra moral). Deixar de utilizar a urgência como critério único de intervenção é permitir o acompanhamento, com discussões regulares, dos casos que aparentemente evoluem sem grandes novidades ou modificações. A equipe deve aprender a atuar na urgência, mas preservando sempre uma compreensão global do problema.

A presença de todos os técnicos concernidos pressupõe uma organização antecipada. Mesmo que algum membro por algum motivo não possa comparecer à reunião, é importante que ele tenha o cuidado de passar aos demais as informações que julgar relevantes. A falta de regularidade pode provocar uma evolução deficiente, por incorreções, na forma de intervenção. A participação de cada membro revela uma faceta do conjunto, permitindo que o movimento global apareça progressivamente. Nessas condições, torna-se possível reunir os elementos necessários para as tomadas de decisão e as intervenções que se fizerem necessárias a cada momento do processo. Assim, cada membro percebe o papel que tem a desempenhar e a importância de suas ações no trabalho de equipe.

Essa forma de intensificar as intervenções de cada membro é possivelmente um dos fatores de avanço com esses pacientes, que têm dificuldades de estabelecer vínculos. A intervenção, nesse modelo, representa muito mais do que a soma das diferentes relações produzidas no conjunto terapêutico, fazendo com que compromissos individuais transcendam o plano coletivo, na medida em que se preserva, em todas as condutas realizadas pela equipe, a mesma direção. Essa é uma forma de enfrentar a dispersão, também presente na equipe, a qual impulsiona para as rupturas.

No terreno das dependências químicas, se, por um lado, as dúvidas são freqüentes quando nos deparamos com casos clínicos de difícil condução, por outro, podemos constatar, como contrapartida, muitas certezas absolutas para escapar da posição incômoda de avançar com recursos técnicos insuficientes. Conta-se, em muitos momentos, apenas com uma espécie de missão fundamentada em certezas, incorrendo, por isso, no pior tipo de erro, o praticado em boa fé. O erro de boa fé não permite nenhum tipo de reparação, pois está fundamentado nele próprio, não havendo qualquer outra referência contra a qual se opor. Por isso, quem o realiza mantém-se tranqüilo, convencido da importância do seu ato uma vez que o realizou imbuído de boas intenções. Esse tipo de ação não é percebido como um erro, reforçando a arrogância do praticante, pois eleva o seu executor à perspectiva de um paladino do bem. Essa posição se reforça se considerarmos que a droga pode ser concebida como um mal absoluto. Por isso, no intuito de relativizar essa postura, tomada por muitos como modelo, citamos o grupo Vida Livre, que também combate o alcoolismo pregando a abstinência. Estabelece, porém, de acordo com Fainzang, uma distinção fundamental no que concerne à relação do grupo com a abstinência. O álcool não é vivido, na ideologia do grupo, como um mal absoluto, que atinge todas as pessoas indiscriminadamente. Algumas pessoas, por determinadas condições específicas, tornam-se incapazes de beber sem perder o controle. Devemos fugir das posturas limitadas, evitando ter como única perspectiva a de querer afogar o peixe.

Esse tipo de problema é bastante atual e freqüente. Decorre da falta de políticas definidas, a qual impede a realização do planejamento e o desenvolvimento das fases de execução. No momento atual, com a intermediação do Ministério da Saúde e a inclusão de uma perspectiva que se volta para o aprimoramento da rede de apoio social, esperamos que os serviços deixem de ser o resultado do esforço de alguns grupos isolados que, junto com as associações específicas, procuram incentivar o estudo, a pesquisa e a formação de profissionais e possam se transformar em linha de prioridade em relação à qualidade e às pesquisas.

Não basta a mudança de nome para haver transformação da prática, porém a não correspondência de uma denominação pode trazer inúmeras dificuldades à constituição de uma prática social bem definida na sua função. Desse modo, um conjunto de fatores (uma série de acontecimentos de uma mesma categoria – expressões do vazio do Estado) pode contribuir para a cristalização de um tipo de prática autoritária e corporativista. Da mesma forma que é necessária a incorporação de uma figura de autoridade na liderança da desarticulação de sistemas de funcionamento contrários ao interesse coletivo, como a corrupção, também é fundamental que se perceba a importância da alocação adequada de verbas para o funcionamento mais efetivo e abrangente dos trabalhos de recuperação e prevenção da violência, como ocorre no caso do uso de drogas. A utilização equivocada de recursos, sem qualquer critério de avaliação dos resultados pretendidos, torna-se tão grave para a consolidação de uma política que mereça confiança como a presença da corrupção no interior da máquina do governo. O único atenuante reside no fato de não ter havido um ganho pessoal deliberado e indevido. O prejuízo, porém, é do mesmo modo devastador para a construção de uma forma de participação na qual os clientes possam utilizar o poder do Estado como um elemento de promoção da conquista de recursos sociais politicamente estruturados para produzir algum tipo de autonomia.

Se a autoridade não tem a possibilidade de perceber esse tipo de desvio, cabe a nós, na condição de cidadãos, o dever de trazer esses elementos para o terreno da discussão e, com isso, buscar algum tipo de modificação que permita um uso mais adequado dos recursos que podem melhorar as condições de vida de forma ampla. Pois, no caso da violência, as conseqüências não ficam restritas àqueles que sofrem a pressão da exclusão, estendendo-se aleatoriamente a todos os segmentos da sociedade. Negar verba a um tipo de serviço sem uma justificativa explícita, esperando que o trabalho defendido venha a se extinguir, não afeta exclusivamente o serviço em foco. Por um lado, atinge as concepções que sustentam a proposta conceitual do mesmo e, por outro, a credibilidade do próprio Estado, que deixa de usar a sua capacidade de definir explicitamente políticas a serem seguidas, afirmando, desse modo, a sua potência, e busca a eliminação das divergências pela tentativa de enfraquecer as condições de sustentabilidade dos serviços de que discordam. Afinal, afirmar a própria força, contrapondo-se às divergências das posturas teóricas das quais se discorda, além de ser mais produtivo permite que uma questão particular possa ser enriquecida ao ser debatida com maior amplitude. Ao contrário, insistir em encobrir a verdadeira discussão, transferindo as divergências do plano das idéias para o campo dos recursos de infra-estrutura, destacando, então, as fraquezas dos adversários, ao mostrar que não dispõem de recursos, caso não concordem com aquilo que lhes é imposto, é apequenar a importância do momento histórico em que vivemos.

De acordo com a perspectiva adotada no campo das dependências químicas, podemos considerar que as intervenções são induzidas e ficam circunscritas às mediações simbólicas construídas para o utilizador de drogas ilícitas, devendo este ser tratado como delinqüente na concepção proibicionista, como dependente químico na concepção terapêutica e como usuário de drogas injetáveis (UDI) na redução de danos, havendo, portanto, uma relação entre a operação do jogo de linguagem e os dispositivos de intervenção permitidos na realidade construída[12]. Nesse sentido, a redução

---

[12] Carrier, N. et Quirion, B., Les logiques de contrôle de l'usage de drogues illicites: La réduction des méfaits et l'efficience du langage de la périllisation. *Drogues, santé et société*, v. 2, nº 1, Réduction des risques et des méfaits. Montreal, 2ème trimestre 2003.

de danos, por ter obtido maior penetração política, pode ser caracterizada, por um lado, como fator de primeira grandeza na luta contra a disseminação dos danos decorrentes do uso de drogas, seguindo uma lógica de saúde pública. Mas, por outro, restringe a vertente de promoção da saúde, que é mais ampla, porém de mais difícil implantação na medida em que carrega uma fundamentação ecológica que interfere nos interesses lucrativos de diferentes empresas multinacionais e precisa, para sua implementação, de grande disposição e organização política, intervindo na educação, na saúde, no desenvolvimento socioeconômico e na distribuição de rendas.

Nesse mesmo sentido, o entendimento dos adolescentes envolvidos com o tráfico apenas pela vertente jurídica como criminosos porque cometeram uma infração, um ato ilícito, produz uma restrição para as intervenções terapêuticas ou preventivas, uma vez que a tônica da intervenção reside nas medidas repressivas. Essa observação se faz necessária na medida em que existe uma tendência para esse tipo de raciocínio, facilitado pela transposição metonímica do mal absoluto, identificado na droga, para aquele que se envolve com o seu uso, sendo reforçada tal identificação pelo comprometimento com o tráfico.

Por isso, pensamos que a identificação das origens do problema deve ser determinante na estruturação da resposta procurada. Sem esse entendimento, estaríamos propondo ações que não conseguiriam alcançar e modificar as múltiplas causas da constituição desse tipo de realidade que tentamos transformar. A proposta de não fundamentar o trabalho em bases meramente repressivas, pela incompletude destas últimas, tem o sentido de oferecer uma forma de relacionamento capaz de alcançar o processo que determina o ato a ser modificado, criando um código simultâneo àquele que o adolescente e seus familiares utilizam. Essa seria uma forma de ampliar as possibilidades de decisão, oferecendo alternativas antes inexistentes.

Caso considerássemos como econômico o objetivo das disputas territoriais que produzem a justiça do tráfico, a proposta de uma solução apenas repressiva se tornaria inconsistente, pois, nesse caso, estaríamos usando o mesmo código da marginalidade: repressão e violência. Ao contrário, nossa vertente de tratamento é oferecer recursos concretos que permitam alternativas de ascensão fora das linhas do tráfico. Entretanto, essa operação não deve ser pensada apenas como uma ação pragmática, pois não podemos excluir da compreensão das origens o próprio desenvolvimento psíquico desses adolescentes e a presença dos fatores de risco. O domínio do pragmatismo, que busca soluções rápidas, dificulta o treinamento de equipes, quando em um tipo de procedimento habitual à nossa sociedade, embora não tão intenso quanto nas regiões cujo território se encontra dominado. Podemos tomar como exemplo a questão da corrupção, que funciona como um importante elo na composição da influência do tráfico sobre os adolescentes. Ela reflete a participação do Estado, que, ausente, se manifesta por seus representantes oficiais, mostrando, de um lado, que o interesse do tráfico não se expressa em movimentos para ocupar o lugar do Estado, não sendo, desse modo, um poder concorrente dele, e, de outro, que ocorre um aumento da violência sem que a mesma seja acompanhada de conflitos de interesse com o Estado. Podemos, seguindo essa linha de raciocínio, considerar que a violência aumenta de forma incontrolável porque ela não segue os mesmos critérios que fundamentam a formação do Estado moderno, a auto-administração de suas próprias leis, as quais deveriam presidir as condutas de todos os cidadãos, representantes do governo principalmente. Uma condição para preservar a força de operacionalização do Estado é manter o respeito à lei, como condição indispensável de sustentação dos valores por eles defendidos.

A corrupção evidencia a falha do funcionamento do Estado, que se mostra incapaz de controlar os seus representantes, ficando, portanto, sem meios de operacionalizar as estratégias definidas. Logo, ela é mais um dos elementos que denunciam a ausência de Estado no mundo moderno e corroboram a concepção, defendida por Wieviorka[13], da constituição de uma violência sem conflito.

No plano imediato, a corrupção, para os que convivem com a sua existência, percebendo os efeitos, no plano social, do desmando individual de algumas autoridades, representa a descrença no próprio Estado, pois não há, no modo de entender da população desfavorecida culturalmente, distinção entre o Estado e o seu representante oficial, corruptor. Essa impossibilidade de separação entre o agente executor da ação e a instituição que ele

---

13 Viewiorka, 1997.

representa, no caso da corrupção do tráfico, decorre da conjugação de dois fatores simultâneos. Um deles relaciona-se às características da própria população, que apresenta um baixo nível de desenvolvimento cognitivo e cultural, até mesmo em decorrência da falta de estímulos necessários, utilizando, basicamente, um raciocínio de oposição binária entre o bom e o mau, com ausência de categorias intermediárias. A separação se faz unicamente entre o bem (sangue bom) e o mal, não merecendo este último (sangue mau) nem mesmo uma designação. A ele não se faz sequer referência. O segundo é simplesmente a presença do fator continuidade. A corrupção das forças da ordem não é a exceção, sendo um elemento constante, com o qual convive diuturnamente a população sob o domínio do poder do tráfico. Diferentemente do traficante, que enfrenta as ameaças, luta, mata e morre, a figura do corrompido não provoca admiração, pois não luta de forma explicita e quando o faz é em função de não ter recebido a propina, sendo sempre um ato injusto. Por isso, até mesmo os legítimos representantes das forças da ordem, as autoridades estaduais com as quais convivem, não são admirados e não se colocam como referenciais identificatórios para os adolescentes, que continuam a ver no tráfico uma possibilidade de ascensão na escala do poder, já que é, praticamente, impossível para eles conseguir riqueza por outros caminhos.

Desse modo, podemos considerar que a corrupção apresenta duas vertentes negativas: uma imediata, contribuindo para o mau funcionamento do Estado, no descumprimento das suas funções, e outra mediata, determinando o nascimento do desprezo dirigido aos membros e às instituições do Governo, que aparecem sempre mantendo essa população na condição de excluídos. Há um desprezo pelo ato, não se consolidando uma aliança entre os corruptores e a população, mas tão simplesmente uma aceitação dos benefícios do dinheiro. Essa prática é caracterizada, na pesquisa de Dowdney[14], como a inexistência de uma defesa contínua da lei. Ao contrário, o que ocorre é a presença eventual da polícia dentro das favelas devido a alguma insatisfação particular, em geral o não recebimento da propina. Presença intermitente, que se dá sempre através de desmandos e arbítrios, em contraposição à continuidade da corrupção, marcando a atuação das polícias.

[14] Dowdney, 2003.

Algumas questões mais gerais não foram abordadas em função do envolvimento, na origem da dependência química, de múltiplos fatores que determinam uma complexidade peculiar, exigindo uma explanação mais detalhada. Entretanto algumas temáticas, pela sua atualidade, não devem deixar de ser assinaladas. A perspectiva que adotamos de trabalhar com focos específicos sem, no entanto, perder a noção do cenário que os contém e configura as diferentes vertentes poderá nos permitir esboçar essas temáticas, para as quais ainda não se encontraram respostas conclusivas.

Temas como descriminalização e redução de danos, se, por um lado, são defendidos como um avanço, na medida em que permitiriam enfrentar, de forma mais direta, alguns problemas que ficam mal delineados, por outro, criam novas configurações, capazes de poder encobrir outras questões relevantes.

É bastante pertinente para orientar esse percurso a problematização proposta em *O prazer e o mal*[15] ao questionar a implicação do status da redução de danos para o momento atual do debate sobre a dependência química.

Embora a redução de danos represente um aprimoramento no combate à disseminação de prejuízos determinados pelo uso de drogas, sendo de inegável valor pragmático e político quando se opõe à lógica proibicionista, que exclui liminarmente problemas de relevância, ela, no entanto, não tem o mesmo vigor conceitual no encaminhamento e resolução da problemática da recuperação e na da prevenção. Dessa forma, acaba induzindo a um certo nível de vulgarização da dependência química, que passa a ser aceita quase como uma decorrência do tempo presente. Tal postura minimiza a gravidade do uso de álcool e maconha entre os adolescentes. Por sua vez, essa vulgarização obscurece a tomada de algumas decisões, que passam a ser dirigidas pelo sentido utilitarista, visto que, no plano conceitual, ainda não dispomos de fundamentação suficiente para permitir decisões sem riscos ou conseqüências graves. Existem sobre a liberação das drogas argumentos bem fundamentados no sentido de defendê-la ou de se contrapor a esse caminho. Poderíamos dizer que, no atual estágio de conhecimentos, é uma

15 Sissa, Giulia, *O prazer e o mal, Filosofia da droga*. Civilização Brasiliense.

questão "*indecidable*", pois nos falta um encaminhamento capaz de responder a todos os fatores envolvidos e, ao mesmo tempo, de liberar das ameaças, hoje controladas pela proibição.

Como assinalamos na introdução, existe um paradoxo no fato de que, por um lado, defendermos um tipo de sociedade na qual cabe aos indivíduos se autodeterminarem através da formulação de leis, abandonando a posição de assujeitamento e atingindo a condição de sujeito, e, por outro, não protegermos essa mesma sociedade de fatores que retirem do indivíduo a possibilidade de se auto-determinarem, como a instauração do trabalho escravo ou a liberação de substâncias que escravizam o indivíduo, impedindo a manifestação da condição de sujeito e da autodeterminação.

No que tange à descriminalização dos usuários de drogas ilícitas, a vantagem evidente é evitar o agravamento de problemas decorrentes do uso das substâncias e, com isso, instituir o tratamento. Logo, é uma medida que, por si só, não traz nenhum ganho, precisando, para alcançar o resultado proposto, ser complementada com a montagem de redes assistenciais médicas e de apoio social para acolher os que necessitam de tratamento. Por uma questão de coerência, a descriminalização implica que as propostas de recuperação sejam múltiplas e não se restrinjam à lógica repressiva. Nesse sentido, acabar com a ilegalidade do uso deve ser correlato ao apoio à infra-estrutura indispensável para o planejamento dos programas de prevenção e recuperação, condição que implica a formação de pessoal e o desenvolvimento de pesquisas.

Um aspecto mais sutil é a crítica aguda, realizada por Giulia Sissa, sobre a maneira como a dependência química e, conseqüentemente as drogas, a partir das concepções que reforçam a redução de danos, têm sido vulgarizadas no espaço social, recebendo um tipo de tratamento que não as diferencia de outras substâncias. Esse tipo de problematização estabelece uma situação delicada, pois as vanguardas defendem, quase de forma irrestrita, a redução de danos quando comparada com a lógica proibicionista. Entretanto, essa reflexão pode ampliar a compreensão do envolvimento de outros fatores nessa questão e abrir possibilidades alternativas de intervenção.

A desdramatização do uso das drogas induz a uma familiaridade com as ameaças que elas representam, deixando, por exemplo, as propagandas e os novos produtos alcoólicos dirigirem-se aos adolescentes sem qualquer embaraço ou constrangimento. Esquece-se, assim, que esse período do desenvolvimento requer uma proteção e que as drogas já são em si o produto dos sonhos de todo diretor de *marketing*, fidelidade absoluta do cliente, que, para obtê-lo, é capaz das maiores transgressões, como matar e roubar.

O ponto central da discussão de Giulia Sissa, que tentaremos reproduzir, sem entretanto fazer jus às nuances e à complexidade do pensamento da autora, é o cuidado de não perder a perspectiva do que a droga tem de peculiar, evitando o movimento atual de banalização, que tende a circunscrever o imaginário social. Para ela, a droga não pode ser igualada a outros produtos, nem mesmo no plano farmacológico, pois os antidepressivos – o paralelo é feito com o *prozac*, que também procura produzir um estado de bem-estar – têm como objetivo relançar o indivíduo no contato com os objetos do mundo, enquanto as drogas estabelecem, cada vez mais, uma relação apenas consigo mesmo, destemporalizando o mundo. Por essa característica única, assim como a droga não pode ser igualada a qualquer outro produto, merecendo, por isso, um tratamento especial, o desejo da droga não deve ser equiparado ao desejo humano.

Sobre a natureza insaciável do seu apetite, os toxicômanos estão de acordo. Sabem disso, porque é a lição que a droga lhes ensina: o desejo do estado que esse objeto provoca não cessa nunca [mesmo que, com o decorrer do tempo, o uso da droga não mais lhes traga o prazer que procuram[16]]. Ora, tal consenso nos dá o argumento mais pertinente sobre a razão pela qual um desejo tornado insaciável cria problema. Para além das razões morais ou médicas, eis uma consideração filosófica: uma necessidade que monopoliza seu tempo não é boa, porque seu tempo é sua vida, sua vida é você. Se, além disso, supostamente você descobrir a insaciabilidade, há um mal-entendido. Na filosofia, o remédio aconselhado contra o insaciável é o pensamento; é necessário comprometer-se com outro regime de preocupação[17] .

A possibilidade de se fundamentar a contraposição do pensamento em relação ao insaciável nos leva a uma conjectura clínica e outra no terreno da prevenção, que se integram em um único sentido: uma alternativa ao

16 Comentário de Mattos, H. F.

17 Sissa, Guilia, ibidem, idem, p. 176.

uso de drogas. No contato clínico, é freqüente observarmos que os pacientes com problemas mais intensos e evolução mais grave são aqueles que apresentam dificuldade de suportar um estado de incerteza, de dúvida, e que, por isso, procuram uma solução imediata, sem se valer do recurso ao entendimento parcial, único possível nesses momentos e indispensável como etapa para se alcançar um raciocínio mais completo e integrador. São pacientes nos quais a passagem ao ato substitui o processo do pensamento. Não falamos aqui em inteligência, mas sim no processo do pensamento, que implica suportar o desconhecimento do não saber como condição de criar novas soluções para aquilo que ainda não havia sido pensado ou aprendido. O retorno ao entendimento binário do certo ou do errado leva às decisões inconseqüentes e, com elas, ao uso de drogas e à manifestação das condutas violentas. Esse tipo de aceitação é do que precisamos atualmente: suportar que ainda não temos todas as respostas para os desdobramentos da dependência química sem cair em dogmatismos ou ficarmos paralisados pelas incertezas, utilizando os conhecimentos disponíveis e procurando formas de condução do tratamento e da prevenção que atendam a necessidade do universo com o qual lidamos.

A conjectura na prevenção parte da questão que os dependentes químicos nos lançam como um desafio desconcertante: encontre-me uma boa razão para não usar drogas. Por que perder o direito à busca desse estado de felicidade que, muitas vezes, é o único que conseguem encontrar?

As razões encontradas sempre falam dos prejuízos, do mal que as drogas trazem, entretanto elas também produzem um prazer que os dependentes conhecem e difundem e que os curiosos, ao experimentarem, reconhecem como verdadeiro. No terreno da prevenção seletiva e indicada essas razões tornam-se, por isso, um argumento inútil. Como encobrir com as palavras, imagens e propagandas um prazer vivido e divulgado tão intensamente pelos usuários? Prazer que é capaz de cegá-los para todos os riscos, no afã desenfreado de consegui-lo mais uma vez. No sentido estrito da propaganda, o prazer das drogas, descrito na voz dos usuários, tem mais credibilidade do que os prejuízos decorrentes do uso das mesmas.

Se não adianta simplesmente contrapor os malefícios, então não deveríamos ter medo de falar do prazer. Dessa forma, mostraríamos que se encontra na sua estrutura negativa o problema a ser enfrentado. Essa volúpia seria perfeita "se não fosse bela demais para nós: tão bela que nosso cérebro se empenha todo para receber a causa desse bem-estar e se torna então cronicamente desejante e em estado de necessidade, tão bela que tudo mais perde o seu atrativo"[18]. Falamos, então, de um prazer que anula todos os demais prazeres da vida, que centraliza em si próprio todas as finalidades da existência. Nesse sentido, como afirmamos no transcorrer do texto, a opção não deve ser colocada entre usar ou não drogas, mas sim entre usar drogas ou voltar a sonhar com outras realizações de vida. Se a droga não faz esquecer todas as demais opções que a vida nos oferece, a prevenção seria, então, dar condições, criar os meios e ajudar os usuários a funcionarem em outro registro de entendimento que lhes permita viver o prazer de outras realizações. Logo, a prevenção não deve ser contra as drogas, e sim a favor da vida. A ênfase deve estar em melhorar as condições de justiça e garantir os direitos, com o aparelhamento necessário ao desenvolvimento dos diferentes grupos sociais. A prevenção, desse modo, envolve um projeto integrado de saúde, educação e apoio social, no sentido ecológico do termo. Tarefa que envolve fundamentação técnica, mas também mudança de uma herança política de baixa cultura cívica no que diz respeito às responsabilidades sociais compartilhadas e orquestradas por um Estado social forte e justo.

Nesse sentido, fazer prevenção da violência e do uso de drogas na adolescência é, em primeiro lugar, lutar por uma melhor distribuição dos bens sociais, implementar a primazia de valores éticos, oferecer oportunidades transformadoras aos adolescentes e apoiá-los para que enfrentem as dificuldades pessoais na constituição do seu destino.

Assim o tratamento da dependência química requer uma intervenção específica, baseada na constatação de ser um quadro clínico que precisa de cuidados médicos inseridos na lógica da integralidade. Este trabalho, entretanto, representa uma das muitas abordagens necessárias, devendo ser complementado com a constituição de espaços sociais capazes de produzir regras de funcionamento coletivo e de desenvolver valores relacionados à cultura da solidariedade.

---

[18] Ibidem, idem, p. 177.

Anexos

Ciclo da dependência química

A - Curiosidade em relação ao uso das drogas

Expectativa positiva do uso das drogas, aprovação e pressão do grupo, distanciamento dos pais.

Intervenção, Prevenção universal, Identificar fatores de risco e de proteção.

B - Uso das drogas

Efeitos positivos iniciais: euforia, bem-estar, redução da ansiedade, da timidez, melhora no desempenho de algumas funções especificas.

Estado de inquietação sem a droga.

Afastamento das relações anteriores com familiares e amigos.

Intervenção: os próximos devem estar informados para buscar auxilio.

Prevenção universal e seletiva, sem o sentido moral.

Avaliação, orientação, início de tratamento.

Além dos fatores de risco e proteção, fatores predisponentes e mantenedores.

Especificidade da droga, comorbidades, estrutura de personalidade, problemas determinados pelo uso das drogas.

C - Desenvolvimento de tolerância e dependência física

Formação de associações do momento do uso das drogas com situações ou estados psicológicos, servindo como estímulo e reforço para o uso das drogas.

Intervenção: busca de tratamento, participação em grupos de autoajuda, orientação da família, reestruturação de projetos de vida, mudanças de hábitos.

D – Instalada a síndrome de abstinência/ síndrome de DEPENDÊNCIA QUÍMICA

As atividades giram em torno da aquisição e uso da droga; prejuízo nas atividades.

Tentativa de parar, sem sucesso.

Sintomas de Abstinência.

Volta ao uso para evitar os sintomas incômodos da síndrome de abstinência.

Recaída, novo ciclo.

Intervenção: tratamento, reorganização dos projetos de vida.

Início do uso

Choque pela descoberta de que o filho usa drogas. O que fazer? Como administrar esse tipo de conflito?

Brigar? Punir? Esperar? Procurar ajuda de profissionais?

Em momentos como esses, os familiares e aqueles que têm envolvimento emocional com o adolescente vivem uma profusão de sentimentos: raiva, medo da perda, medo de um futuro de sofrimentos, desespero, impotência, sentimento de fracasso, tristeza etc.

Nos dias atuais, não devemos negar essa possibilidade. É melhor estarmos preparados para ela, mesmo que não aconteça, do que sermos tomados pela surpresa de enfrentar uma situação jamais imaginada.

A primeira atitude dos pais é ouvir o filho, demonstrando que a família pode entendê-lo e está disposta a ajudá-lo.

É preciso, para essa função, alguém que possa manter essa posição e tenha com o adolescente uma relação satisfatória. É preciso deixar claro para ele que não será tolerada a continuação do uso de drogas e que a ajuda visa à eliminação do consumo.

Com motivação insuficiente, ele dirá que não existem maiores problemas, pois não é viciado, usa pouco, podendo parar quando quiser. NÃO ACEITE ESSES ARGUMENTOS COMO VERDADEIROS. Mostre que a família não poderá obrigá-lo a interromper o uso, mas é contra e sofre com o seu comportamento. Ele terá todo apoio para deixar as drogas e nenhum incentivo para continuar a usá-las. É importante informá-lo e orientá-lo quanto aos problemas decorrentes das drogas.

INSISTA PARA QUE TENHA UM ENCONTRO COM UM PROFISSIONAL.

Não tente minimizar o problema.

Uma posição firme, nesse momento, pode servir como uma orientação no futuro. Se ele aceitar, ótimo. Se não, ficará sabendo claramente, sem ambigüidades, da posição da família.

Ele deve sofrer as conseqüências dos seus atos. Isso é uma forma de fazer com que ele seja responsável pelo que faz. Não resolva os problemas por ele.

EVITE FAZER AMEAÇAS QUE NÃO PODERÁ CUMPRIR DEPOIS DE PASSADO O MOMENTO DE RAIVA.

Se ele precisa de limites, lembre-se de que para deixar de fazer alguma coisa que lhe dá prazer não serão suficientes as ações meramente repressivas sobre o ato reprovável. Para abandonar um comportamento, é necessário se reconhecer como ator dentro de um cenário e compreender as conseqüências futuras do seu ato, não se prendendo, apenas, aos prazeres imediatos. Dar limite não deve ser entendido somente no sentido repressivo de impedimento, mas também como a possibilidade de fazer uma escolha derivada da capacidade de simbolizar o sentido do seu gesto.

Esse entendimento nos permite intervir no processo que determina o uso em vez de somente reprimi-lo. Por outro lado, devemos entender que alterar um processo requer um trabalho contínuo e sistemático com a utilização de vários recursos técnicos. Cada gesto e cada palavra são essenciais na construção de um determinado tipo de comportamento.

Se você entender desse modo, verá que é muito importante, desde cedo, estar ao lado de seus filhos, tentando ajudá-los a compreender o sentido dos acontecimentos e a entender as repercussões de seus gestos.

SE ISSO NÃO FOR SUFICIENTE PARA IMPEDI-LO DE EXPERIMENTAR DROGAS, SEGURAMENTE SERÁ FUNDAMENTAL *PARA EVITAR QUE PROSSIGA USANDO.*

Proposta de conduta para familiares de dependentes em tratamento

Caso se esforce para modificar suas condutas, é possível que consiga algumas transformações nas suas relações, pois saiba que suas ações influenciam as reações dos demais. Se tem expectativa de chegar a um resultado diferente, não faça como sempre fez. Mude a forma de fazer para obter uma nova resposta. Um dos nossos maiores erros é fazer tudo como sempre fizemos e esperarmos que aconteça algo de novo. Não vai acontecer. Se as ações continuam as mesmas, os resultados também serão os mesmos. É preciso mudar nossas condutas para que haja mudança nas nossas relações.

1. Faça com que as pessoas se sintam mais contentes, felizes, menos preocupadas e ansiosas, conseguindo visualizar atividades, sentimentos ou situações positivas, que contribuam para um clima favorável a uma boa saúde mental.

Querer que alguém resolva todas as dificuldades ao mesmo tempo resulta de uma incapacidade de perceber as prioridades, aquilo que se torna mais importante e possível naquele momento. É necessário valorizar as pequenas conquistas, pois representam a possibilidade de que se consigam soluções mais decisivas e abrangentes. Coma o prato inteiro, mas mastigando uma garfada depois da outra.

2. Não demonstrar sempre zanga ou frustração, tente mostrar capacidade de falar sobre seus sentimentos. Ao abrir um espaço para falar sobre os sentimentos, as pessoas envolvidas tornam-se mais conscientes de suas reações de violência, podendo evitá-las.

Fale sobre o que está sentindo sem rancor. É diferente dizer "estou chateada pelo que você fez" e dizer "estou muito chateada com tudo que estamos vivendo". Fale das dificuldades, sem apontar os próximos como culpados. Assim, eles poderão ouvir sem ficar na defensiva e, aos poucos, também poderão falar dos próprios sentimentos. Mas lembre-se: a situação não se modifica porque você mudou uma vez. É preciso mais do que isso. É necessário haver continuidade, perceberem que você mudou ou quer de fato mudar.

3. Não fale o tempo todo a respeito de drogas. Procure manter um diálogo saudável sobre outros aspectos da vida.

O sofrimento com o uso de drogas é imenso, mas não justifique todos os acontecimentos negativos pelo uso da droga. Afinal, uma das características do dependente é viver em função da droga; não faça como ele. Fale de outros temas, converse sobre outros acontecimentos do dia-a-dia. Aborde outros problemas, certamente eles existem. Não veja o dependente apenas como um drogado que não merece qualquer confiança. Pergunte como está passando. Pergunte se precisa de alguma coisa. E, ao mesmo tempo, deixe clara sua oposição ao uso de drogas Deixe-o perceber que você está contra o uso de drogas, e não contra ele.

4. Trabalhe a sensação de que nada pode ser feito ou a sensação de estar amarrado. Perceba que existe a possibilidade de fazer algo ou simplesmente de aceitar o fato de que não se pode fazer nada em determinadas situações.

Como a situação é grave e não depende apenas de você, não se atribua a responsabilidade de ter que resolver tudo sozinho de uma hora para outra. É preciso haver um avanço por metas. Isso exige um planejamento de etapas a serem ultrapassadas. Saber esperar, sem se desesperar, é um fator muito importante e de grande sabedoria. Muitas vezes, existe uma comorbidade e sem medicação nada será alterado na vida do paciente.

5. Tente fazer o melhor pela família e para si mesmo, levando em conta as necessidades de todas as pessoas envolvidas.

Pense no equilíbrio de todos na família, apóie o filho com problemas, mas não esqueça os demais. Em situações difíceis cada membro tem as suas percepções e necessidades. Tente percebê-las. Esse esforço ajudará todos, inclusive você. Não deixe a família paralisada em torno do membro que usa drogas. Ajude todos a manterem as suas atividades.

6. Esteja apto para ouvir, pois muitas vezes o simples fato de dar atenção a alguém pode ser terapêutico. Seja capaz de contar aos outros o que pode ser feito e não fique chateado quando as coisas não acontecerem conforme o esperado.

Para que possa ser ouvido, o primeiro passo é se calar e saber ouvir. Se toma a iniciativa de responder sem ouvir as explicações, você estará interrompendo um fluxo de pensamento e sentimentos, paralisando a situação em um mesmo ponto. Fale sobre o que imagina que poderia ser feito, mas não fique chateado se não conseguir o resultado esperado. Mesmo se nada acontecer de imediato. As palavras sempre entram nos ouvidos e podem ficar guardadas lá dentro e, logo, serem ouvidas mais tarde, em outro momento mais favorável.

7. Estimule a capacidade dos membros da família de saírem e se divertirem, sem sentirem culpa por ter bons momentos, tomando-os como aptos para realizarem atividades fora do lar.

Se pode falar de outros acontecimentos além dos problemas e das drogas, procure, também, experimentar outras coisas mais divertidas. Estimule os familiares a terem atividades fora de casa: visitar parentes, passear, ir ao cinema.

Drogas: uma proposta de intervenção

Há pouco tempo, ouvimos de uma profissional do nosso serviço a observação de que ela própria deveria estar maluca. Isso porque comentara em casa, com o marido, que estava iniciando um atendimento a um menino de 13 anos, que era o gerente do tráfico em determinada favela. Falava do espanto de ver uma criança usando armas, envolvida com problemas graves e perigosos, que haviam determinado sua reclusão. Lembrando a forma com que ele lhe falava, a maneira com que o menino se portava, disse: "ele é uma gracinha". Naquele exato momento, o marido, que nunca vira o menino e conhecia pelos jornais, como todos nós, as funções de um gerente de tráfico, comentou: "Você está ficando maluca. Esse menino é um traficante".

A colega ficou espantada com o inusitado da situação. Ela e o marido falavam de dois meninos diferentes, embora os dois existissem em um só. Ela via, ao conversar com o paciente, o menino bonitinho, simpático, inteligente e gentil. O marido via, pelas informações gerais, um indivíduo perigoso, capaz de atirar sem piedade, um bandido. Ela falava a partir da singularidade do seu encontro e ele, a partir de uma visão geral.

Esse relato nos leva a refletir sobre quais fatores podem estar envolvidos em situações desse tipo, que chegam a confundir o raciocínio, fazendo com que uma profissional se dê conta de estar envolvida em tal contradição. Teriam os meninos "em conflito com a lei" alguma chance de recuperação?

A simples adjetivação "em conflito com a Lei" permite uma aproximação de vertentes jurídicas às concepções psíquicas para delimitar um campo específico de intervenção, com particularidades que devem ser preservadas para que se conservem algumas possibilidades de êxito no trabalho com esses adolescentes.

Vamos abordar a questão a partir da nossa experiência de intervenção para recuperação de adolescentes usuários de drogas, muitos em situação de semi-liberdade ou liberdade assistida.

O entendimento psiquiátrico atual desse tipo de população é expresso na categorização de "transtorno de personalidade anti-social", classificando aqueles que são incapazes de se comportar dentro das regras exigidas pela cultura e que, por esta incapacidade de utilizar conceitos abstratos nas condutas cotidianas, acabam por transgredir o código penal e sofrer as sanções daí decorrentes. Na compreensão do conceito de personalidade, é estabelecido que a incapacidade referida não é um acontecimento isolado, sendo umas das expressões de um tipo de estrutura de personalidade. Além desta incapacidade, existe um grupo de outras características. Portanto, estaremos considerando um conjunto de atitudes que expressam uma forma de subjetivação. Logo, qualquer tipo de intervenção não deve ser dirigida a manifestações isoladas, e sim visar eixos que sustentem esta estrutura como um todo. Essa concepção servirá para nortear a forma de intervenção e as possibilidades de sucesso nas transformações esperadas.

De toda forma, recuperar um anti-social significa reintegrá-lo aos valores sociais vigentes. Ora, se a ação anti-social pode se confundir com o crime, ocorre uma concomitância de intervenções – legal e terapêutica. Na medida em que a ação legal se desenvolve no espaço social, público, ela passa a ter ascendência sobre a intervenção terapêutica, que se estabelece em um espaço individual.

Há um preceito da ciência do Direito que faz uma metáfora a partir da concepção de uma justiça sem punição e da imagem de um sino sem badalo. Há uma noção de conjunto com o intuito de afirmar que só podemos conceber o sino se existir um badalo, pois para a realização de sua função específica são imprescindíveis as duas partes. Essa concepção estabelece, no espaço concreto, três tempos no desdobramento da ação: um antes, um agora e um depois.

A lei define o espaço possível de ações aceitáveis ou criminosas. Enquanto elemento simbólico, ela sempre esteve presente desde que existe uma organização social. E, como base de sustentação, torna-se imprescindível.

A ação ocorre no tempo presente, no agora, implicando uma conseqüência futura, o depois. Assim, se constrói a equação: a realização de uma ação delituosa no presente tem como conseqüência uma punição no futuro porque, no passado, antes da ação, a lei sempre esteve presente.

A lei cria a possibilidade da reflexão, permitindo que se faça uma representação de si próprio ou das coisas no futuro.

No plano psíquico, a vantagem desta concepção é o fato de ser correlata à capacidade do indivíduo de se representar no futuro. Ele pode, assim, com a antecipação do conhecimento da implicação da ação, conceber as possíveis conseqüências e decidir se quer enfrentar a situação que vai produzir. Essa capacidade de reflexão, lançada no futuro, funciona como instrumento de decisão, no presente, da ação a ser realizada. É imprescindível a compreensão desse conjunto passado, presente e futuro no entendimento da função da lei e, conseqüentemente, na proposta de intervenção.

Na prática, o conjunto justiça e punição permite o desenvolvimento de diferentes tendências. Algumas defendem a ênfase na punição. Outras clamam pela orientação no lugar da punição.

"Quanto mais forte for a punição, maior será o desestímulo para uma ação criminosa". "Algumas pessoas, por medo da punição, evitam correr riscos e se inibem diante da possibilidade de uma ação criminosa". Essas são algumas teses a favor da intensidade da punição.

Se tomarmos como referência a função institucional, deparamo-nos com algumas restrições a essas formulações. Apenas punir, com violência, provocando um sofrimento como forma de intimidação, preserva os mesmo códigos que dirigem o mundo do crime. É difícil distinguir se a punição, nesta seqüência, preserva a sua acepção simbólica, tal como deve ser entendida, ou se é realizada em momentos de ira, apenas como uma vingança pessoal entre grupos inimigos em uma guerra particular.

A penalidade não tem a função de ser violenta, principalmente por estar representando o sentido de justiça, de lei. A violência pela violência, como vingança, tem o sentido oposto ao da justiça. Enquanto a justiça transcende o individual, colocando-se no plano do social, a vingança tem o caráter particular, circunscrito a questões pessoais. Por isso a mera aplicação da violência como forma de se contrapor à violência sempre será injusta. Punir como manifestação da vontade de realizar uma violência preserva as mesmas regras de um código que os adolescentes já conhecem. Ora, se as regras e o código que justificam as punições aplicadas em nome da justiça, no momento de punir, não diferem em nada das utilizadas pelos infratores, no momento da ação criminosa, o representante da justiça e o infrator não se diferenciam em substância, na medida em que usam a mesma lógica, podendo, apenas, ser diferenciados pela posição que ocupam, e jamais pelas condutas que adotam.

Caso não seja introduzido um outro modelo de relação entre o representante da lei e o adolescente, a punição ficará sem vinculação com a ação delituosa que determinou a punição. A mudança alcançada pela punição será fruto do medo, da submissão, mantendo os dois campos em luta. Em cada um desses campos surgirão cumplicidades, mas jamais haverá respeito recíproco.

No meio dos adolescentes, crescerá a cumplicidade contra os representantes da lei. Não existirão pontos de inserção entre os dois segmentos, apenas confronto em todas as linhas.

Ao ser punido, o infrator vivenciará o sentimento de ter sido vítima de uma injustiça. Esta é uma decorrência inevitável da falta de relação entre a ação perpetrada e a sua conseqüência, pelo fato de não existir uma articulação simbólica entre os dois momentos.

Outro segmento, porém, considera que a punição mostra-se desnecessária. Segundo esse ponto de vista, o esclarecimento do erro e o respeito aos direitos individuais seriam suficientes para redirecionar o adolescente. O erro desse raciocínio está no fato de não se considerar a importância dos critérios de diferenciação para o enfrentamento das situações de vida. Se não existirem esses elementos de discernimento, surgirá um estado de indiferenciação, insuficiente para produzir uma hierarquização dos valores das condutas adotadas. Logo, haverá uma grande dificuldade em dar peso diferente a ações substancialmente diversas. Nesse caso, a conseqüência é a banalização da violência. Matar um mendigo tornar-se-á indiferente diante do prazer encontrado na simples "diversão" de ver o coitado gritar com o fogo nas roupas.

Deve ficar claro que existem ações impróprias que podem ser suportáveis e outras, que excedem todas as possibilidades de justificativas. Há ações que se perdem no tempo pela freqüência com que se repetem, como se divertir, e outras que têm um peso decisivo no caminho a seguir, como roubar ou matar. Logo, não devem ser tratadas com o mesmo nível de tolerância.

Em nosso trabalho consideramos que o ponto central não estaria nem no castigo, nem no esclarecimento, mas sim na articulação entre os três tempos da ação. O papel da lei como um terceiro, organizando a relação de um sujeito com um outro sujeito, permite que os pacientes e a nossa equipe sigam as mesmas regras que organizam a vida societária. Usar regras como forma de contextualizar os compromissos é uma oportunidade para o serviço de funcionar como o intermediador entre o individual e o social, tentando fazer valer a presença do terceiro, da Lei, como uma nova possibilidade de estabelecer uma forma de relação no registro do simbólico, que não está presidindo a vida desses indivíduos.

O movimento pendular entre atividades grupais e espaço individual se integram e são complementares. Quando os adolescentes e os familiares concordam com o plano terapêutico, é firmado um compromisso, um contrato, que amplia a palavra individual empenhada no contrato verbal com o terapeuta para um contrato grupal, transformando o esforço de alguns no trabalho que passa a ser de todos os adolescentes, familiares ou responsáveis e equipe.

Entendemos que esse movimento em báscula do espaço individual para o coletivo cria as condições que alteram qualitativamente a experiência, permitindo a incorporação de regras gerais que dirigem os movimentos singulares. Quando os compromissos são assumidos diante de um grupo, é o grupo que passa, simbólica e concretamente, a funcionar como fiador desse compromisso. As cobranças deixam de ser individuais e podem ser realizadas por qualquer um dos membros do grupo.

Em relação ao menino do início, podemos considerar que existe uma possibilidade de intervenção, mas restrita se for feita individualmente. Esse trabalho deve ser coletivo, no sentido de instaurar um funcionamento simbólico da punição e alterar qualitativamente a relação entre justiça e adolescentes em conflito com a lei.

Certamente, é uma função dos que representam a lei iniciar este movimento. Afinal, podemos considerar que o pedido de respeito aos direitos humanos dos presos não representa a abolição da pena, mas a busca de instaurar uma justiça que preserve seus aspectos simbólicos. Ele estará nesta situação não porque é um bandido, mas porque cometeu um crime. Precisamos de uma justiça que não seja apenas vingança. Uma justiça mais equânime, afinal não se trata de uma guerra.

A violência da repressão para onde leva?

As práticas de recuperação para adolescentes dependentes químicos em conflito com a lei se defrontam com uma peculiaridade que merece reflexões pelo fato de a ação cometida se estabelecer em dois planos conceituais distintos: o médico e o sócio-legal. Segundo a concepção médico-psicológica, há uma estrutura psíquica que determina o comportamento transgressor registrado no plano sócio-jurídico, a ação passível de uma medida jurídica. Nesse último plano, a intervenção só pode se efetuar depois de o evento ter acontecido, pois uma ação jurídica anterior ao acontecimento estaria baseada em uma pressuposição e seria, na melhor das hipóteses, um desrespeito aos direitos individuais, permitindo a produção de arbitrariedades.

Logo, no plano jurídico, não existe a possibilidade de tratamento. Para isso, é necessária a interação das ações jurídicas com outros domínios de conhecimento, definindo estratégias conjuntas que possam preservar uma proposta consistente de tratamento, buscando um tipo de reintegração. No plano médico-psicológico, a intervenção deve tratar da estrutura determinante da conduta como forma de evitar novas transgressões. Entretanto, o elemento de continuidade nas ações delituosas é o próprio funcionamento da essência que caracteriza a manifestação do sujeito: a personalidade. Estaremos, portanto, ao propor um tratamento, buscando modificar a essência que caracteriza o sujeito. É uma questão tão delicada que, para alguns autores, existe uma impossibilidade de intervenção exclusivamente clínica.

Tratar de doenças é bem menos complexo, pela possibilidade de delimitação conceitual do problema. No caso dos transtornos da conduta, o tratamento corre o risco de restringir-se às tentativas de controlar e reprimir os atos inadequados, traçando um limite impreciso entre punição e tratamento. O não entendimento dessa questão pode levar a grandes distorções no desenvolvimento de propostas de recuperação.

O que fica em destaque é a coerência entre as propostas de intervenção e os resultados alcançados. Existe uma dificuldade conceitual na aceitação de que técnicas centradas somente na repressão possam alcançar a complexidade das causalidades envolvidas e conseguir uma transformação positiva em um número significativo da população atendida, como, aliás, é retratado na literatura específica e, também, de forma eloqüente, nos grandes motins das instituições sócio-educativas que centralizam suas ações na repressão. Uma outra alternativa seria priorizar a responsabilização do adolescente pela quebra de um compromisso assumido, o respeito às regras gerais da instituição, conhecidas no momento da entrada, e às regras de funcionamento, desenvolvidas a cada fase do trabalho.

Reintegrar alguém significa devolver-lhe o direito de ter um futuro melhor e, para isso, precisa que cada adolescente se comprometa a participar, realizando a sua parte. É necessário, portanto, elaborar um programa que considere esse fator e comprometer o adolescente a participar do objetivo comum. Essa postura permite, em primeiro lugar, focar nossa cobrança no processo da transgressão às regras que deveriam ser seguidas dentro da instituição. A transgressão, o rompimento do compromisso, impede o funcionamento institucional, inviabilizando qualquer transformação. Faltar a uma atividade programada é uma transgressão, da mesma forma que tentar usar droga. Em ambas, estarão sendo priorizados os interesses individuais, em detrimento dos valores coletivos. Pois usar droga na instituição, além de ser proibido, significa expor os colegas e a equipe à condição de cúmplices de uma transgressão e, mais do que isso, inviabilizar um projeto coletivo. Transgredir é entendido como um desrespeito para com todos e uma falha no compromisso assumido diante do grupo.

A gravidade do ato aparece somente no segundo momento, quando se discute a medida a ser tomada em decorrência do ato transgressor. A intervenção dirige-se ao entendimento do processo que determina a ação inadequada, e não simplesmente à repressão à realização do ato. Punir o ato, sem criar uma oportunidade de que o adolescente perceba e reconheça a sua falha, só pode se manter pelo uso da força, que deverá aumentar de forma constante para vencer as resistências. Já a busca de elaboração, ultrapassando a decisão de punir, até mesmo pela posição assumida pelo grupo, que, curiosamente, costuma exigir punições exemplares, como o desligamento do transgressor, não concordando com o desrespeito à regra, funciona, para o faltoso, como uma desaprovação e uma exclusão simbólica do grupo, por não estar ele aceitando os valores que a instituição tenta instaurar.

Dessa forma, a força da imposição é substituída pela representação simbólica que o participante recebe do grupo. A continuidade desse tipo de procedimento em todas as práticas realizadas pode permitir que se estabeleça uma competição entre dois códigos: o código presente no mundo das drogas e o proposto na instituição. Ao contrário, a exclusiva repressão ao ato, sem uma tentativa de caracterizá-la como a conseqüência da ação realizada pelo adolescente, reafirma o mesmo código que ele segue: usar a força como meio de castigo e punição. Nesse caso, estaríamos exigindo dos adolescentes, ao mesmo tempo, uma modificação de conduta, usando, porém, a mesma lógica que queremos combater. Um equivalente, no plano do aprendizado de novos códigos, seria tentar ensinar um outro idioma falando apenas em português.

O que está em jogo é a oportunidade de oferecer um outro modelo de funcionamento que se oponha ao modelo da violência e das drogas. Instaurar um novo código não se restringe a exigir mudança de atitudes, mas visa principalmente a promover uma transformação de valores éticos e de vínculos afetivos que norteiam a relação com os demais. A maior dificuldade dos jovens é entender o funcionamento das convenções sociais e uma das queixas, daí derivadas, é o que consideram a hipocrisia do mundo adulto. Não se consegue combater esse sentimento somente com repressão ou críticas. É preciso construir, na prática, a continuidade de uma relação que preserve a importância do compromisso com o próximo como elemento de construção coletiva. A força necessária para manter a repressão deve ser substituída pela rapidez em poder assinalar o rompimento do compromisso e cobrar uma retratação que restaure a participação de todos na decisão a ser tomada. Não se trata, portanto, de abandonar a punição, mas sim da tentativa de implantar uma estratégia de combate ao código da violência. O modelo repressivo muitas vezes é necessário, mas sua ação é sempre limitada, na medida em que não alcança todos os fatores envolvidos, e injusta, pois atinge sobretudo as classes pobres e favorece posições arbitrárias. A punição é substituída pelo comprometimento com um projeto coletivo e pela responsabilização das ações cometidas. A pura repressão tem como conseqüência transformar o território das instituições em mais um palco da luta das facções de tráfico, sem poder fazer valer um outro código, representado e veiculado pela instituição.

Tá tudo dominado!

Ter como objetivo acabar com a violência e o desrespeito ao semelhante simplesmente por acreditar que sejam essas características reprováveis e recusadas pela maioria da população é uma pretensão irrealista por várias razões. Em primeiro lugar, devemos reconhecer que nem todos são prejudicados por uma idéia equivocada; ao contrário, muitos se beneficiam dela. O ruim para alguns pode ser bom para muitos, de diferentes formas. Em segundo lugar, o fato de se pôr do lado da razão e do bem não aumenta as chances de vitória. Esta última é tributária da capacidade e da força para seguir lutando. Portanto, não basta estar do lado do bem. Em terceiro lugar, cometer erros é inerente à condição humana. Esse raciocínio não significa uma desqualificação; ao contrário, representa um mérito, pois é preciso muita força e desprendimento para lutar contra forças que sabemos nos oferecerem o ganho fácil e a recompensa imediata. Destruir e ganhar com o prejuízo alheio é um ato isolado, muito mais fácil do que construir respeitando o próximo, atitude que exige uma realização contínua e a participação de outros. Logo, a ameaça maior não vem das más idéias e dos seus desdobramentos, e sim de todos aqueles que permitem, por omissão ou por ganhos diretos, que a violência passe à condição de regra.

Nesse sentido, podemos considerar que alguns equívocos podem ocorrem devido a uma compreensão parcial do problema, gerando algumas práticas que, se não forem alteradas, justificarão, cada vez mais, a perenização e o agravamento do problema que tentam resolver. A questão da violência é um exemplo dessa situação.

Um ponto de partida para essa reflexão é compreender a necessidade do equilíbrio entre a realização do desejo individual e a preservação dos valores coletivos, representado pela lei e garantido pelo Estado. Portanto, os direitos individuais só podem ser garantidos com a presença das forças do Estado. Sem um Estado capaz de fazer valer a justiça no seu sentido mais amplo não poderá existir um completo exercício dos direitos individuais.

No caso da violência, temos dois segmentos em oposição: de um lado, os transgressores da lei e, do outro, o aparelho judiciário e os seus instrumentos. Conceitualmente a ação das forças da lei só pode ocorrer depois do ato delituoso, tornando-se repressiva quando se trata da ação individual. Somente no âmbito coletivo há a possibilidade de uma atuação preventiva, como no caso de policiamento ostensivo a fim de evitar crimes. A ação repressiva não deve ser considerada ilegítima. Muitas vezes é indispensável, mas podemos considerá-la limitada, na medida em que não alcança todos os fatores envolvidos na produção da violência, e injusta, pois atinge sobretudo as classes pobres e favorece as posições arbitrárias. As justificativas para esse tipo de intervenção não consideram a totalidade dos problemas que levam à violência, mas apenas o medo causado por ela em cada um de nós. No entanto deve ficar clara a impossibilidade de se fazer alguém respeitar uma lei sem que existam momentos de repressão. Vamos tomar um exemplo no qual a ação meramente repressiva é insuficiente, injusta e torna-se ameaçadora à população como um todo.

Em uma recente apresentação de um estudo sobre a existência de transtornos mentais na população de adolescentes infratores, realizada em um congresso em SP, verificou-se que a maioria deles apresenta problemas de ordem psíquica bem acima do que é encontrado na população em geral. Um dado mais surpreendente indica que 93% dos casos estudados não chegaram a ser diagnosticados antes de cometerem o delito e, na vigência da medida sócio-educativa, 100% não estão sendo tratados. Podemos supor que a ausência de diagnóstico ocorreu porque o Estado não oferece serviços que possam acolher esses adolescentes.

Seguindo a lógica vigente, institui-se uma medida para punir a ação delituosa, mas não se oferece tratamento a um transtorno que pode ter influenciado a ação punida. Ora, se um adolescente vive sem perspectivas de ter suas necessidades mínimas atendidas e, além disso, apresenta um comprometimento que justifica um tratamento e não pode tê-lo, ele vai estar pressionado por dois fatores distintos a cometer uma transgressão: um de ordem social e outro de ordem psíquica. Adolescentes como esse, sem família para orientá-lo, fora das escolas, sem formação profissional adequada, em estado de sofrimento pelas condições sociais, agravadas por fatores psíquicos, tornam-se sérios candidatos à criminalidade. Se o Estado só intervém para punir, é fácil entender que estará contribuindo para o agravamento da criminalidade, pondo em risco não apenas os meninos, mas também toda a população, que sofrerá os atos de violência e viverá dominada pelo pânico. Observem que, na situação abordada, um elemento localizado

– o transtorno mental – não mereceu qualquer atenção. A ação do Estado é dirigida somente à repressão do ato criminoso. Entretanto, se as causas psíquicas forem importantes como parecem, esses adolescentes, caso tenham sorte de não morrer, serão candidatos à população carcerária de amanhã.

Talvez esse dado nos permita pensar que as prioridades do Estado no enfrentamento da violência devam ser reavaliadas e, ao lado da repressão, seja também realizado um esforço, até mesmo financeiro, para a criação de centros de apoio à juventude que possibilitem aos adolescentes a compreensão de suas dificuldades. Enfim, um espaço integrado capaz de construir as referências que deveriam ter recebido da família ou do Estado. Não queremos justificar a violência como sendo decorrente de problemas psíquicos, mas mostrar como a lógica meramente repressiva pode encobrir as possíveis causas e realizar uma prática incompleta e injusta. Nitidamente, essa situação, da qual abordamos apenas um dos fatores envolvidos, nos mostra ser necessário mais do que simplesmente punir. Pois, por maiores que sejam as forças repressivas, elas sempre dividirão a cidade entre os excluídos e os ameaçados. Assim, a saudação tão desejada por todos nós – "está tudo em paz, graças a Deus!" – nunca será ouvida em nenhum dos lados, sendo abafada e substituída pelo júbilo do grito de guerra, agora banalizado: "Tá tudo dominado!".

Do conflito é que nasce a luz

Alguns juízos, que, no passado, tiveram importância capital, abrindo caminhos e orientando gerações, nasceram de observações pertinentes a um tipo de realidade, podendo ter perdido o significado com a mudança dos referenciais que os produziram. Desse modo, continuar a utilizar os mesmos entendimentos pode, no presente, significar a permanência na escuridão.

A violência sempre esteve associada a conflitos de interpretações ou de interesses, representando o Estado a instância capaz de dirimir as divergências, o qual, por isso, sempre pôde usar legalmente a violência para fazer valer sua interpretação. Atualmente já é anunciada, por muitos autores, a noção de ausência de Estado na execução de suas obrigações, caracterizando a falência do mesmo. Nessas concepções, surge a idéia de violência sem conflito, havendo a percepção clara dos atos violentos, sem que o conflito seja evidenciado com a mesma nitidez.

Temos vários exemplos em nossa cidade. Os mais tocantes são os que envolvem cidadãos comuns, como a recente morte de Sandra, quando, pela manhã, ia para o trabalho e foi brutalmente ferida por um assaltante, não chegando a receber socorro médico. Mais do que isso, teve o seu socorro impedido por representantes do Estado, que, incapazes de protegê-la do tiro, ainda contribuíram para que morresse sem qualquer atendimento. Não sei se aqueles que tiveram notícias do acontecido conseguem dimensionar a dramaticidade da situação vivida por parentes e amigos, os quais, perplexos e desesperados, tentavam salvá-la e eram impedidos por policiais, que agiam cumprindo ordens superiores.

Um ponto importante é entendermos a lógica da explicação do tenente, a de cumprir ordens tentando impedir que uma atenção inadequada pudesse piorar o estado crítico da vítima. Até que o socorro médico chegasse, passaram-se trinta minutos e, durante o tempo em que Sandra ainda estava viva, não houve argumento capaz de convencer os policiais a deixarem os amigos e parentes tentarem transportá-la até um hospital, buscando a única chance de salvar sua vida. Certamente eles foram treinados para oferecer um tipo de atenção antes de chegar o serviço médico. A finalidade dessa capacitação é realizar alguns procedimentos que possam manter a vítima em boas condições até a chegada do socorro e, sobretudo, que evitem agravar o quadro clínico. Caso esses procedimentos sejam bem administrados, aumentam-se as possibilidades de recuperação. No caso contrário, porém, o paciente pode morrer não em função do acidente, mas em função da ausência de uma intervenção capaz de mantê-lo vivo até ser socorrido.

Quando um paciente está perdendo sangue e não existem meios para estancar a hemorragia, o único recurso é o socorro médico imediato, no local, se este chegar a tempo, ou, se não, a saída é transportar a vítima até algum serviço. Trata-se de avaliar os riscos inerentes às duas possibilidades, sem que possamos extrair certezas absolutas. Uma situação difícil. A maioria dos observadores queria transportá-la, até mesmo colegas próximos, mas, diante da presença de autoridades, a decisão não mais cabia a eles, dependia do entendimento da autoridade, que representava o Estado. A decisão foi pelo mais fácil: aguardar a chegada do socorro. Talvez levá-la em busca de atendimento pudesse ser inútil, talvez não. Havia uma chance que foi descartada, representando, com esse ato, uma violência exercida pelo Estado. Isso se a atitude não for justificada com coerência, pois o que garante ao Estado o uso da violência é poder solucionar o conflito; na história em questão, fazer o melhor para salvar a vida de uma cidadã.

A tentativa de explicação, considerando apenas os fatores visíveis e imediatos, cria um impasse e, além de não incluir a complexidade maior dos elementos envolvidos, não traz nenhuma luz ao problema, impedindo, desse modo, a sua solução e repetindo situações que têm a mesma natureza e são tomadas como diferentes. No mesmo contexto, cabe lembrar outra situação dramática, a morte de Gabi nas escadas do metrô, atingida por balas do policial que acreditava estar cumprindo a sua missão. Mais uma vez, podemos nos interrogar sobre a falta de um treinamento adequado para situações extremas, freqüentes no cotidiano de um policial, significando, portanto, treinamento a decisão de escalar alguém capacitado para cumprir uma função. Quem não tem capacitação não pode estar como a autoridade em situações de tamanha importância. A falha, desse modo, não deve ser atribuída ao policial, pois, se ele não estava capacitado para cumprir sua missão, não deveria estar lá.

Entretanto, o Estado não dispõe de condições para realizar treinamento desse tipo no tempo necessário sem realizar modificações estruturais, pois, para tal, depende de dois fatores: de um lado, de características pessoais mínimas, que não dependem de treinamento específico e, do outro, de um programa de média duração, que deverá ser claro e apoiado pela população para prosseguir independentemente de reeleições. Ou seja, o programa não deve estar baseado na pretensa capacidade de um governante, mas num entendimento mais amplo e mais abrangente do problema. Se não tivermos essas questões minimamente esclarecidas, veremos sempre a autoridade defendendo a ação faltosa para preservar a própria imagem perante a população. Esse tipo de justificativa ocorreu no assassinato da adolescente, em que uma autoridade deu declarações justificando a ação do policial, que teria cumprido corretamente a sua função: atirar parar proteger a população. É claro que a função primordial é resguardar a população das ações criminosas, mas essa ação deve ser complementada por uma segunda observação, a de não expor a riscos desnecessários a população. Perseguir um assaltante dentro das dependências do metrô atirando a esmo seguramente não é uma medida cautelosa. E, se pensarmos nos sentimentos dos familiares, veremos o absurdo que representa para os pais ouvir de uma autoridade que o policial cumpriu corretamente sua missão acertando um tiro em sua filha, sendo a morte dela um mero acidente. É o mesmo sentimento dos que tentaram salvar Sandra, numa quarta-feira, mas foram impedidos pelo representante do Estado, e ainda dos familiares e amigos do Capitão-médico do Exército, assassinado numa sexta-feira.

Nessa situação, o conflito de interesses não traz nenhum esclarecimento, apenas acirra as posições e anula a voz dos cidadãos, que não têm como se opor à voz da autoridade. Nas atuais circunstâncias, somente a indignação dos cidadãos, incluindo nessa categoria os governantes, que também são cidadãos, acuados pelos bandidos, pode permitir uma integração de propósitos e um luta conjunta contra a violência a que estamos expostos. Nas circunstâncias atuais, não vale a antiga máxima. Devemos reconhecer, sem medos, a nossa incapacidade de enfrentar a violência sozinhos; afinal, isso é uma tarefa do Estado e, por isso, devemos expressar nossa indignação para impedir que se banalize o sofrimento de vermos nossos parentes e amigos assassinados.

Será que ainda podemos dar uma chance à vida?

Imagine um mundo sem guerras; imagine um mundo justo; imagine um mundo de amor; imagine o que cada um de nós pode fazer, senão para impedir que o sonho acabe, ao menos para evitar que vivamos constantemente no terror de um pesadelo, totalmente inseguros.

Parece que, para sobreviver diante da violência atual, nos acostumamos a conviver com cenas de ameaças e injustiças que encaramos como distantes quando mostradas pela televisão e descritas nos jornais. Talvez por não nos sentirmos em segurança e sabermos que também poderemos ser atingidos, nos imaginamos impossibilitados de fazer qualquer gesto de proteção dirigido a um próximo para com o qual não tenhamos responsabilidades familiares. Os gestos espontâneos, atualmente, representam um risco. De forma cada vez mais generalizada, cada um tenta resolver apenas os seus problemas, quando isso é possível. Perdeu-se o sentimento do valor do coletivo e da importância da solidariedade, estabelecendo-se uma fragilidade nas relações sociais. As seguidas experiências que vivenciamos ou conhecemos pela mídia tornam a confiança no próximo cada vez mais frágil. Porém, se não houver um outro no qual possamos confiar, estaremos condenados a contar somente com a própria capacidade como a única solução possível. E confiar unicamente em si mesmo significa perder as referências do funcionamento social e da noção de solidariedade, que, para existirem, carecem de que cada um possa, em alguns momentos, abrir mão dos interesses imediatos em favor dos valores coletivos, até mesmo do prazer narcísico de resolver tudo sozinho. Dessa forma, se todas as vezes que nos sentirmos desprotegidos não tivermos confiança de pedir ajuda, temendo que esse pedido possa aumentar ainda mais a nossa exposição e, conseqüentemente, o risco, só nos restará fugir, caso a ameaça seja insuperável.

Dentro desse cenário, não é estranho que, individualmente, muitos deixem de tomar qualquer iniciativa, ficando omissos e vendo as injustiças como se as conseqüências das mesmas nada significassem para terceiros. Entretanto, na medida em que nada pudermos fazer a fim de restaurar a importância da vitória da justiça, do predomínio dos valores da moralidade individual e da restauração da confiança no próximo, estaremos contribuindo para o crescimento das forças da violência e do arbítrio.

Mas será que não podemos fazer nada, nem mesmo ajudar outros a ajudarem?

Imagine alguém que, como muitos outros meninos, sempre viveu ao "Deus dará". Alguém que precisou lutar sozinho para conseguir estar vivo, mas sempre guardou princípios, não cedendo às tentações de lucros sem trabalho e cujo único erro, visível, tenha sido usar maconha. Alguém que não teve forças para resistir à curiosidade pelos efeitos da droga, despertada por uma expectativa favorável difundida por pessoas que amava muito. Se a sua vida já era difícil, a droga a piorou, fazendo com que ele perdesse a chance de mudar o seu destino, transformando-se em jogador de futebol. Foi, por causa dela, desligado da escolinha de um grande clube. Imagine, então, alguém que tem a humildade de reconhecer que errou e procura ajuda para voltar a lutar pelo seu sonho, deixando a droga. Imagine alguém que, como qualquer um de nós, no meio de inúmeras decisões e dificuldades, conhece uma menina, 15 anos, nordestina, na beleza da sua adolescência, e se deixa apaixonar. A partir daí, sua vida ficou mais doce. Eles podiam construir sonhos juntos e encontrar, na relação que se iniciava, mais força para lutar contra o mundo.

Entretanto, o fato de criar uma responsabilidade aumentava o compromisso de conseguir recursos e, com isso, crescia a ansiedade de ter uma regularidade que marcasse a passagem do tempo, como um salário a cada mês. Viver a cada dia o vazio da falta de compromisso e de dinheiro trazia muito tédio e dificultava ficar longe das drogas. A programação das atividades do centro de tratamento o ajudou, pois fazia com que ele pudesse perceber as diferenças entre os dias. Dia de consulta, dia de esportes, dia de teatro, dia de assembléia. Criar um compromisso ensina a saber esperar, o que, por sua vez, permite perceber a possibilidade de um amanhã, que começou a ser preparado ontem. Nesse sentido, jogar futebol, agora, não era apenas a obrigação de tornar-se um grande jogador, mas também, como qualquer mortal, aprender os passos que podem levar do surgimento de um desejo à construção de uma realidade. Uma coisa é o prazer de viver apenas aquele momento, como se fosse o único, como quando usava drogas, outra situação é criar uma representação do que poderá ser o futuro, deixando de realizar alguma coisa no momento a fim de preparar o depois mais agradável, sem viver o desprazer por abrir mão de algo. Agora, seu problema não era mais drogas, e sim a falta de encontrar boas oportunidades.

Criar referências foi muito importante na medida em que pôde retirar dele a sensação de desespero, sentida no instante em que quase se afogou e tentou, para se salvar, segurar alguma coisa e via a água passando entre os dedos. É verdade, a água não tem cabelo É atraente para quem sabe nadar, mas perigosa para o nadador que não se cuida.

Ele começava a aprender que ter cuidados não é ser fraco nem covarde, é simplesmente reconhecer as dificuldades e preparar-se para suplantálas. Mas a vida, em alguns momentos, se faz em turbilhões. Uma noite, o morro em que vivia com a família foi tomado por uma outra facção. Muitos tiros, mortes, mas tudo isso estava distante dele, acreditava. Porém a sua posição de não ter envolvimentos com a facção derrotada, somado ao fato de ser admirado por alguns, transformou-se em atributos para os novos senhores do morro. Sua menina-mulher, grávida por acidente, é expulsa de casa por convicção da família. Ele, sem emprego, com mais uma boca em casa para alimentar, na espera de um filho, sentia-se sufocado quando recebeu o convite para entrar no tráfico: R$ 300,00 por semana, uma moto, armas e chance de "progressão na carreira". Talvez fosse a solução. Graças aos seus valores, reforçados pelas palavras ouvidas no centro de recuperação, teve certeza de que aceitar essa oportunidade era abandonar de vez todos os sonhos de uma vida diferente da dos amigos. Era não poder ficar com o filho e renunciar ao amor.

Mas essa decisão lhe custaria caro. Não aceitar a proposta era igual a ser visto como um inimigo. Não havia lugar para independência de propósitos: ou aceitaria a oferta e agradeceria ou estaria condenado à morte. Não aceitar significava também perder tudo que sonhara. A fim de continuar vivo, só lhe restou fugir para o interior do Nordeste. A família da menina-mulher, que a expulsara pela gravidez, agora poderia acolhê-los, salvando-lhes a vida, mas oferecendo apenas a mesma miséria que, anos antes, a havia expulsado do árido sertão. Há quinze dias, ele está perplexo, sozinho, distante, procurando o apoio nas palavras em que acreditou: poderia mudar a vida se seguisse valores diferentes daqueles que dirigem o mundo do tráfico e das drogas.

Se, pouco a pouco, a confiança nas instituições, a crença na honestidade, o respeito ao próximo forem destruídos pela falta de segurança, pela falta de novas oportunidades, nada nos restará para oferecer aos jovens. Precisamos fazer chegar às caatingas um brado de esperança, que resgate não apenas esse menino que, para manter-se vivo, foi obrigado a colocar em dúvida os valores da condição humana, os valores da moralidade, da honestidade e da justiça. Se não tivermos condição de trazê-lo de volta à sua casa, pelo menos deveríamos devolvê-lo à sua cidade. Ele necessita de outras escolhas que não somente a possibilidade de optar entre as facções rivais. Ele merece ter o direito a outras decisões entre as boas oportunidades da vida, sem submissão às drogas e ao tráfico.

Devemos resgatar as nossas falhas, que permitem acontecerem cotidianamente barbáries como a descrita. Nosso serviço pede apoio, buscando fazê-lo voltar a confiar em alguém que possa oferecer-lhe algo que ele não pediu e nós não podemos lhe oferecer: a solidariedade alheia. O que ele precisa está além daquilo que somos capazes de realizar sozinhos. Não podemos enfrentar a indiferença de muitos e a ganância de poder de outros.

Precisamos resgatar nossa dignidade e esse menino e, com ele, milhares de meninos, que vivem até mesmo em condições piores, para dar uma CHANCE À VIDA, nesse outro Brasil, que começou a existir com o nosso voto e, agora, volta a sonhar.

Equipe do CRIAA-UFF

Germinar

Estamos sempre aprendendo sobre a importância do diálogo no processo de construção. Tanto ouvimos essa afirmação que ela nos parece óbvia. Entretanto, há uma diferença entre falar e estabelecer um diálogo. Este último exige um interlocutor para não ficarmos falando as mesmas coisas, cumprindo, desse modo, apenas uma obrigação de sobrevivência. Essa banal distinção nos levará a outras conclusões óbvias, mas também nos permitirá algumas reflexões sobre o momento no qual o ISC está mergulhado.

A mais evidente é percebermos que normalmente todos falam, mas muitos não conseguem criar um diálogo. Uma segunda, menos patente, é nos darmos conta de que, em muitas situações, o diálogo se faz sem palavras.

Nas relações mais íntimas, que se estabelecem ao longo do tempo, as palavras podem ser negadas pelas ações e perderem todo o sentido. Se cada um de nós não confirmar pela ação o que afirmou na sua fala precedente, o diálogo se deteriora. Em outras circunstâncias, quando há maior intensidade de sentimentos, as palavras afogam o entendimento se não transmitirem o que as impulsiona. Já em situações mais dramáticas da vida, as palavras são pequenas para conter a intensidade do vivido. Nesses momentos, somente a cumplicidade dos pequenos gestos, a melancolia de um olhar, a alegria de um sorriso podem traduzir a união que sustenta as relações.

Creio que vivemos no ISC um momento especial, que vai nos exigir encontrar as palavras certas e os gestos necessários. Devemos evitar que cada um fique falando sozinho e agindo motivado apenas por interesses pessoais. É um instante em que, muito mais do que soluções, precisamos desvelar uma metodologia para envolver e dar consistência aos interesses de cada um na construção do Instituto, da Universidade com que sonhamos. Ou transformamos o impasse que nos assola em novos sonhos e, com isso, despertamos as esperanças perdidas, ou veremos os nossos compromissos profissionais e o nosso engajamento institucional escapar de nosso controle como a água foge entre os dedos. Mas, se nossos dedos não podem reter a água, temos a capacidade de criar utensílios para essa tarefa.

Nenhuma instituição pode carregar sozinha os interesses de muitos, abandonando os valores coletivos que a constituem enquanto estrutura. Nesse sentido, precisamos construir instrumentos unindo os nossos esforços e, com isso, permitir o surgimento de sentido do coletivo, da comunidade, sobrepondo-se aos interesses individuais.

O gerenciamento de uma estrutura universitária tem particularidades que o fazem diferir do de outras atividades institucionais. Independentemente de serem essas particularidades melhores ou piores, devemos construir a partir delas um tipo de trabalho que nos valorize como profissionais e cidadãos. O nosso maior potencial, enquanto universidade pública, é, ao mesmo tempo, a nossa fragilidade: a missão de transmitir conhecimento e capacitar profissionais e equipes. Se cada um de nós pudesse se sentir realizado nessa função certamente o nosso cotidiano seria mais leve, apesar de apenas 1% de aumento. Se a nossa universidade pudesse ser mais criativa e as relações, centradas no compromisso com a transmissão de um tipo de saber, entendido como difuso e diluído em diversas áreas do conhecimento, e não centralizado em espaços de poder, acredito que seríamos contaminados pelo desejo de produzir.

No espaço privado e no funcionamento governamental, há necessidade da verticalização das decisões, direito legitimamente conquistado seja pelo voto, seja pelo poder econômico. Nós, na universidade, também temos um espaço de verticalização para fluir os projetos e atividades, existindo, portanto, um planejamento de ações, ou, na pior das hipóteses, o espaço para isso. Diferentemente do que ocorre no espaço governamental, nossos dirigentes de hoje são e continuarão a ser colegas na mesma instituição, ligados por uma missão comum: a transmissão de conhecimento. Logo, existe um objeto fim, uma tarefa a ser realizada. Os alunos precisam participar do processo de aprendizado e devem adquirir condições de exercer uma profissão com fundamentos teóricos que justifiquem as práticas desenvolvidas. A missão do professor, portanto, gira em torno da conformidade que se pode dar a esse modo de transmissão. Nesse sentido, o nosso poder é exercido na função de transmitir códigos de relacionamento do saber para a instauração de uma prática. O saber, diferentemente de uma prática, não pode ser imposto, consistindo, antes, numa conquista, resultado de um processo ativo que precisa germinar, criar redes e entrelaçamentos. A verticalidade, entre nós, não pode provocar uma ruptura do tempo de germinação. Nossa maior tarefa é proporcionar as condições e oferecer o tempo necessário para o processo de enraizamento. O exercício desse tipo de poder permite-nos aprender, ao mesmo tempo que ensinamos. Logo, o poder exercido fica incorporado à nossa capacidade, não estando sustentado apenas pela verticalidade da relação. Aquilo que conseguir germinar o faz no espaço institucional, mas, principalmente, no interior de cada um dos participantes. Se, de fato, transmitirmos algum ensinamento, teremos aprendido muito. Essa aquisição do diálogo entre professor e aluno se transforma em um patrimônio individual. Deveríamos, por isso, ao decidir os procedimentos para programar o ensino, estar orientados pelo desejo de produzir conhecimento, e não pela simples vontade de impor uma decisão administrativa. O processo ensino aprendizado, como um diálogo, tem que aprender a lidar com a transitoriedade e a dúvida incrustadas nas decisões; sem essa nuance perderia a sua essência. Já uma decisão administrativa pode ser sustentada pela certeza absoluta da pressão do imediato, não precisando avaliar as conseqüências e o alcance do ato realizado, conservando, porém, a sua finalidade de manter inalterado o poder de alguns.

No modelo gerencial do Estado, vemos a transitoriedade do poder na forma como os cargos são ocupados. Esse é o espaço do poder político. Enquanto a universidade no exercício da sua atividade de ensino deve funcionar considerando a transitoriedade do conhecimento, o gerenciamento governamental no exercício da sua atividade denega a transitoriedade do cargo ocupado, impondo decisões utilitaristas, como se significassem uma transformação do processo em discussão. Desse modo, percebemos que a força da determinação é maior do que aquela que podemos exercer na universidade. Se o aprendizado revela-se uma conquista pessoal, bom seria que não apenas os alunos, os quais têm necessidade e obrigação de aprender, mas também os colegas professores sentissem prazer em participar dos processos de ensino e propusessem novos empreendimentos.

O ISC precisa de um tempo para germinar. É necessário construir uma estrutura que contenha esse processo, ainda não iniciado, embora, no momento, seja visto como possível.

Mais do que palavras, creio que já nos dissemos tudo que podia ser dito; agora, carecemos de gestos que consolidem uma estufa para dar a todos o espaço comum que nos une: o processo ensino/aprendizado. O ISC precisa encontrar nos seus projetos e atividades os pontos comuns do planejamento, do coletivo, integrados à especificidade do objetivo particular de cada um deles dentro de uma concepção de saúde coletiva própria, defendida em diálogos institucionais. O Centro de Estudos, a participação organizada em congressos, a discussão do Promed, o intercâmbio com programas exteriores são alguns caminhos que podemos seguir agora. Outras possibilidades surgirão dos nossos encontros, do entrelaçamento de nossos esforços, do desejo de realizar os sonhos que deram origem ao Instituto.

Temos como impasse atual a necessidade de dar conformidade orgânica ao ISC e de colocar as nossas representações, nas diversas territorialidades nas quais atuamos, em condições de expressar idéias que nasçam de um diálogo interno, caracterizando uma das possíveis correntes da ramificação que deve sustentar a instituição. Pediria a todos que pensassem nas conseqüências de continuarmos sem uma Direção eleita com legitimidade. Mais do que palavras, precisamos, de um lado, do gesto de acolhimento que proteja as práticas que possam surgir e, do outro, do desprendimento de cada um de nós de participar na composição da chapa eleitoral que consolide a representação do ISC no coletivo.

A Pátria precisa de ética, o governo apenas do poder

"Assim, apanhados pela mãe, éramos dois e contrários, ela encobrindo com a palavra o que eu publicava pelo silêncio". A posteridade, além da beleza dessa passagem, ficou com o legado desse ensinamento de como o não-dizer pode revelar o que as palavras escondem e, por isso, naquilo que transmitem, encobrem e, ao mesmo tempo, revelam o que tentam dissimular. O grande constrangimento que suscitava o silêncio de Bentinho decorria do fato de que pudesse ser percebido como um transgressor de convenções sociais. Na verdade, são necessárias algumas características particulares para transgredir e ficar tranqüilo; nem todos conseguem. O incômodo dessas situações decorre da ameaça de ser reconhecido como alguém que foi incapaz de realizar uma expectativa que se tinha dele. No jogo psicológico, é muito importante preservar o papel que acreditamos dever desempenhar. Assim, somos influenciados pela forma com que o conjunto social recebe as nossas ações, pois o espaço social funciona com regras implícitas que as guiam e caracterizam. Em função disso, nem sempre fazemos ou dizemos aquilo que estamos pensando. Dadas as convenções sociais, a ironia, por exemplo, pode substituir o xingamento ou o murro.

La Rochefoucauld diz isso de forma sutil, colocando mesmo como condição da vida social a aceitação de relações que são falsas, porém indispensáveis: "Os homens não poderiam viver em sociedade se não se deixassem enganar uns pelos outros". Esse movimento de desvelamento/recobrimento aparece nos memorialistas quando tentam revelar alguns segredos. Entretanto, na maioria das vezes, eles apenas podem insinuar o que gostariam de dizer.

Esse tipo de insinuação aparece na narrativa de "Jack definitivo", o executivo do século, ao falar de suas experiências na relação com o governo dos EUA. É importante entender quem é Jack, como pensa e qual papel atribui ao governo no funcionamento social. Jack Welch pode ser visto como um americano modelo, com marcados valores humanistas, grande sensibilidade nas relações pessoais e preocupado com o melhor desenvolvimento para sua empresa, priorizando, como administrador, o desempenho e a criatividade. Ele não via, no mundo empresarial, incompatibilidade entre, de um lado, honestidade e integridade e, de outro, excelência e competitividade. Diante das mais difíceis situações, buscava soluções, sem ficar paralisado ou recuar. Note-se que apenas fala em recuo quando relata suas experiências com os membros do governo, que passou a conhecer em função do seu papel de comando na GE. O governo aparece nas suas lembranças como parte da família, um membro amado que deve ser respeitado e que sempre está pronto a defender os seus. Segundo seu relato, foi o choro de sua mãe por ocasião da morte do presidente Roosevelt que o fez perceber, aos nove anos, que o governo é muito próximo e deve ser respeitado. A admiração pelo governo incorporou-se como um valor. Por isso, foi com certo constrangimento que contou como conheceu um outro lado e, apesar disso, pôde preservar, com menor idealização mas ainda com respeito, a importância dos governantes. Jack narra dois fatos. No primeiro, o momento de lutar, relata uma situação na qual viu sua empresa ser acusada de falta grave, sendo inocente. No segundo, conta como sofreu ao perceber que nem todos os 275.000 funcionários eram totalmente íntegros e podiam abandonar os princípios da GE, apesar de todos os cuidados. Era o momento de recuar. Compara, em seu relato, a população da GE com uma cidade de porte médio, como Saint Paul (capital do Minnesota), lembrando, em depoimento no Congresso Americano, que, sem juízes ou policiais, contando apenas com a consciência moral, 99,99% dos funcionários, em anos de existência da GE, sempre foram íntegros o bastante. Isso foi dito perante uma subcomissão cujo presidente Jack qualificou de "duro, porém honesto e justo". Nessa situação, recuou e declarou-se culpado em nome da GE, pagando uma vultosa multa.

O contraste com a sua idealização do funcionamento do governo apareceu na primeira situação relatada. Deparou-se com uma funcionária que "parecia disposta a indiciar-nos e nada a demoveria dessa decisão". Para a empresa poder escapar do indiciamento, ela propôs a Jack que a GE se "declarasse culpada por outras contravenções e pagasse uma multa". Nessa situação, sabendo da inocência da empresa na acusação de estar manipulando o preço dos diamantes, ele lutou por três anos. Antes de defender-se, foram contratadas firmas de auditores e investigadores independentes que concluíram não existirem irregularidades no comportamento da GE. Mesmo com a apresentação dessas provas, foram contratados pelo governo novos advogados, fora dos seus quadros, para constituir um processo de acusação. Depois de três anos de luta, o juiz recusou as acusações sem precisar ouvir a defesa. Acontecimento raro. Jack faz, então, duas considerações: "O governo não tinha fundamentos, apenas uma aversão compulsiva a uma grande empresa" e "Essa era a pior faceta do governo". Ele fala, desse modo, da sua decepção com uma instância que, no seio da sua família, aprendeu a respeitar, mas de quem posteriormente conheceu o lado sombrio.

Teria ele dito tudo que gostaria nas suas memórias? Qualquer informação além do que foi contado dificilmente poderia ser provada e, por conseqüência, se Jack Welch entrasse em maiores detalhes, ficaria exposto a processos judiciais. Porém a comparação que fez dos personagens envolvidos nas duas situações abre a possibilidade de inferirmos que ele apenas pôde insinuar certas coisas, o tipo de pressão que sofreu, por exemplo, e que, se pudesse, teria falado mais sobre a conduta desses funcionários. Além da possibilidade de interesses pessoais terem dirigido essa pressão, outro entendimento pode ser deduzido do seu relato: como o papel desempenhado pelos representantes do governo é determinante na relação que cada cidadão desenvolve com a construção da Nação.

Lutar por três anos contra funcionários decididos, apoiados em um Estado forte, é uma capacidade que apenas poucas empresas possuem. A maioria delas não teria recursos econômicos para enfrentar o ônus de não ceder às exigências dos funcionários do governo. Isso significa que o uso do poder, que alguns funcionários podem fazer com a força do Estado, define o modo de funcionamento da relação estabelecida entre o governo e as empresas e (ou) cidadãos. Este fato é decisivo para a maneira com que será concebida a nação. A passagem de nação a governo é importante, pois é com a primeira que se desenvolvem os vínculos mais fortes de identificação, os ideais e valores que suscitam o sentimento de fraternidade e integração com o próximo, na medida em que todos podem se considerar filhos de uma mesma pátria, por vezes dura, mas sempre justa e honesta. Nas demais situações, a relação com o governo tende mais para cumplicidade. Quando predominam os interesses pessoais dos funcionários, cada um passa a perceber, de forma mais clara, a injustiça e, por isso, busca as suas próprias soluções, sem esperar que o seu direito seja reconhecido. Nessas circunstâncias, não adianta lutar. O caminho é recuar e reconhecer que não se pode esperar muito de um governo que legitima esse tipo de representante.

Um outro dado importante é como se monta a percepção de Jack do momento de recuar e da hora de lutar. Ele luta quando aparentemente tem poucas chances de vencer. Não podemos esquecer que sua maior qualidade sempre foi a de estrategista. Ele sempre soube reconhecer o cenário no qual se desenvolvia a ação a ser enfrentada. E, graças a essa qualidade, escolher o caminho possível para conseguir o que almejava. No caso descrito, decidiu lutar porque confiava em existir uma estrutura íntegra no governo. Ele acreditava no *modus operandi*, certo de que, mesmo enfrentando fortes interesses pessoais, poderia prevalecer a coerência do sistema. A existência dessa estrutura garantia a possibilidade de haver outros funcionários que agissem de forma "honesta e justa". Mais do que na sua força como bom estrategista, ele acreditou no sistema. De pouco adiantaria ter força se não existisse uma estrutura coerente, capaz de reconhecer essa força e os direitos inerentes a ela. Ele conhecia o sistema porque havia clareza e transparência. Pois, sempre que não houver transparência, será possível prevalecerem interesses pessoais na medida em que os representantes do governo sempre estarão investidos de um poder maior, outorgado por sua posição.

Neste ponto, talvez possamos destacar uma diferença na concepção de nação entre EUA e Brasil. Nelson Rodrigues dizia que a seleção é a pátria de chuteiras. Uma singela e arguta constatação de que apenas podemos nos orgulhar e nos sentirmos, como brasileiros, unidos nos ideais de vitórias da nossa seleção, nos dribles de nossos jogadores, que sempre foram a nosso favor. Quando pensamos no funcionamento do governo, temos que nos conformar com os dribles que levamos porque o sistema não está montado de forma transparente e nem sempre é a favor do cidadão, mas se organiza de acordo com os interesses de momento de alguns.

Ficando no mesmo terreno de Jack, podemos constatar que entre nós, brasileiros, os impostos e as regras do sistema tributário são modificados de acordo com a conveniência da hora em função da necessidade de maior arrecadação. Quando o sistema é injusto, impossibilitando as empresas de cumprirem aquilo que delas é exigido, fazendo com que tenham que sonegar ou transgredir de alguma forma, cria-se o terreno fértil para os interesses individuais em detrimento dos valores coletivos condensados no Estado. Nesse caso, os agentes podem fazer o "favor" de não apontar as irregularidades, beneficiando-se com isso. Aparentemente os dois lados ganham, mas, na verdade, todos perdem, pois os vícios do sistema fortalecem a base exclusiva dos ganhos pessoais. Fica estabelecida uma assimetria: acima o governo e abaixo o cidadão.

Seguramente é muito difícil mudar comportamentos que trazem vantagens e prazeres imediatos. Não sei o que deveria ser feito para conseguir uma reversão, mas sem essa mudança não atingiremos os valores que constituem a concepção de Pátria. Não existe uma atitude única a ser realizada, porém é necessário que se promova a participação de muitos. Em linhas gerais, creio que algumas ações já foram sugeridas, mas penso ser necessária uma estratégia com diferentes níveis de ação que envolva o cidadão comum, levando-o a perceber a importância da sua participação. No plano maior, faz-se indispensável a reforma tributária para que se crie um sistema de encargos mais justo, o que daria uma chance ao cidadão de não transgredir as normas estabelecidas, criando, assim, transparência no sistema. Sem isso, pouco poderá ser transformado, pois os vícios de base continuarão presentes. Para complementar esse passo e, ao mesmo tempo, fortalecer a disposição de mudança, mostrando que é para valer, é preciso que a condição de representante governamental seja encarada não apenas como um espaço de poder, mas principalmente como o exercício de deveres e compromissos. Pleitear esses cargos deve exigir desprendimento que implique aceitar condições especiais como, por exemplo, ter a declaração de IR e suas contas sem a proteção do sigilo. Dessa forma, inverte-se a necessidade de ter que se obter autorização para conhecer um possível enriquecimento incompatível com o cargo. E, por último, é fundamental criar a consciência de que os interesses pessoais não devem, em nenhuma circunstância, estar acima dos compromissos coletivos. Além de tudo, criar barreiras contra a corrupção é lutar contra a violência, o tráfico de droga e de armas, que minam as instituições que deveriam combatê-los, fazendo com que excelentes estratégias se tornem inoperantes no momento de sua operacionalização.

Uma solução curiosa encontrada para enfrentar problema semelhante foi sugerida em uma reunião com adolescentes dependentes químicos em tratamento. Buscavam resolver a situação criada por aqueles que deixavam de cumprir as regras comuns e obrigavam a equipe terapêutica a ter constantemente uma conduta policialesca de cobrança e vigilância. Depois de muito debater, decidiu-se que todos deixariam de interagir com o transgressor, que assim deixaria de existir para as relações do grupo, como se ficasse invisível. Ninguém brincaria ou responderia às suas solicitações. Essa solução mais caseira, aparentemente inútil, tem a vantagem de se estabelecer em um espaço simbólico, de não precisar de grandes investigações, pois, na rede social próxima, não existem anônimos e são poucos os segredos que se consegue manter preservados, salvo se houver cumplicidade. Devemos abandonar a posição de cúmplices. A sociedade pode ter dúvidas sobre a origem do dinheiro quando percebe que alguém enriqueceu repentinamente. A sociedade tem dificuldades de identificar um corrupto, pois ele pode estar sob qualquer vestimenta ou corporação, mas o vizinho certamente não as terá. Um parente sente com segurança o cheiro do dinheiro ilícito. Um colega de trabalho pode comparar o que faz com o seu rendimento e entender como o colega conseguiu subir na vida. A companheira, com muito mais razão, tem motivos para evitar a interação, pois certamente não vai querer que seus filhos tenham um pai do qual não possam se orgulhar. Nesses casos, a recusa em interagir funcionaria como uma desaprovação. Devemos lembrar que a testemunha, o outro, é quem valoriza e dramatiza nossos atos. Se pudéssemos mudar a expectativa que cada um dos cidadãos tem dos corruptos, se a sociedade repudiasse os meios dos ganhos e não valorizasse o dinheiro da corrupção, se houvesse uma recusa em interagir, uma recusa ética em participar das suas festas, churrascos, a vida dos corruptos seria mais difícil e o sentimento cívico poderia surgir, completando, no plano mais comezinho, a substituição dos valores éticos.

Se não mudarmos nossa direção, acabaremos por chegar ao nosso objetivo inicial

Antigo provérbio chinês (Citado por Philip Kotler em *Marketing para o século XXI*).

Esse provérbio é um bom exemplo da mudança dos valores que presidem o funcionamento do mundo moderno. A sentença era originalmente uma exortação à persistência e à continuidade como condições necessárias para a realização de uma tarefa: o objetivo primeiro será alcançado se mantivermos a mesma direção. Há uma complementação entre a persistência, o discernimento em perseverar na mesma direção e a conclusão do objetivo inicial. Existe, portanto, como um "não-dito", a concepção de que as metas necessárias para o objetivo inicial manter-se-ão como fundamentais, independentemente do tempo transcorrido, ou seja, as alterações que poderiam influenciar na importância de se atingir o objetivo inicial eram tão lentas que a realização da tarefa, tal qual fora programada, representava uma meta em si mesma. Como se fosse um exercício de persistência continuar sempre na mesma direção. Aquilo que uma equipe era capaz de planejar permanecia imutável por um bom período de tempo e algumas missões até mesmo poderiam estender-se por gerações.

Atualmente a alteração da velocidade com que os acontecimentos se inter-influenciam modifica o sentido desse antigo provérbio. O objetivo inicial, estabelecido como meta a ser atingida, freqüentemente torna-se sem sentido e, em alguns casos, inadequado em função de modificações ocorridas no cenário da decisão. Atingir a meta proposta pode significar um erro estratégico na medida em que o objetivo inicial pode descolar-se da meta que o realizaria. Alcançar um determinado objetivo poderia ser bom no momento em que foram analisados os fatores envolvidos na tomada de decisão. Caso um fator envolvido no cenário da análise se modifique, a decisão inicial, proposta com acerto, torna-se imprópria e inadequada para aquilo que se esperava atingir com o objetivo proposto. Assim, conservar a mesma direção é uma garantia de que poderemos alcançar o objetivo inicial; entretanto, não temos mais a certeza de que realizá-lo trará os resultados esperados quando a decisão foi formulada. A importância atualmente está na capacidade de perceber a necessidade de mudança de direção para manter-se fiel àquilo que o objetivo inicial buscava. Mas, com esse novo direcionamento, a persistência e a continuidade deixam de ser valores no mundo moderno?

É preciso perceber que esses valores, persistência e continuidade, estavam, em função da velocidade com que transcorria o tempo passado, colados com o objetivo. Atingir as metas era decorrente da paciência de suportar as dificuldades e adversidades que se interpunham para a consecução das mesmas, mantendo-se sempre na mesma direção. Ser paciente e persistente significava uma expressão de sabedoria, considerada um privilégio dos velhos e dos sábios. O importante era saber fazer poucas coisas, mas ter paciência para fazê-las bem feitas.

Nos dias atuais, é muito mais valorizada a habilidade de fazer várias coisas ao mesmo tempo. Ter essa capacidade de mudar de direção sempre que necessário é indispensável no funcionamento da sociedade de hoje. No entanto, há um grande risco nessa mudança da forma de representação. A noção de valor passa, agora, a estar colada à capacidade de alcançar objetivos. Os valores antes ligados a uma representação moral passaram a ficar vinculados a resultados objetivos, no sentido utilitarista. Os valores que devem sustentar as condutas sociais não são mais bem definidos. Cada vez mais ganha força a concepção de que "construímos uma sociedade sustentada por pilares invisíveis". Como transmitir aos jovens que a paciência, antes relacionada com a resignação em saber esperar as transformações que viriam com o tempo, hoje ainda é uma virtude, porém relacionada com a capacidade de suportar a impossibilidade de realizar algo e permitir a preservação da capacidade de elaborar outro encaminhamento? Como mostrar que a persistência deve ser cultivada mesmo com as freqüentes mudanças de direção?

Podemos perceber que a cultura da nossa civilização cultua os valores do prazer imediato, da realização plena em cada objetivo e glorifica as imagens de sucesso, a qualquer preço. São valores que se colocam no mesmo eixo no qual se apóia a cultura da droga: o prazer imediato encontrado no efeito das drogas e a predominância de condutas desafiadoras e ardilosas para conseguir a droga sem qualquer reflexão sobre as conseqüências que poderão advir.

Se esses valores são perigosos como elementos de base de uma cultura, no entanto os avanços e as conquistas do mundo moderno não justificam qualquer tentativa de impedir a velocidade acelerada em que vivemos. Além disso, tal atitude seria inútil, porque as mudanças presentes são irreversíveis. Entretanto, devemos considerar que realizar freqüentes modificações exige reflexão, sendo preciso que a persistência e a continuidade fiquem aderidas à preservação da reflexão. Uma regra comum atravessa a cultura, em geral, e o mundo das drogas em particular: o que deve ser preservado para que seja mantida alguma coerência diante das inexoráveis mudanças de direção são as condutas ÉTICAS, como, por exemplo, o respeito ao próximo, que servirão de elemento para a construção da cidadania.

A preservação de uma postura ética merece a maior atenção, pois são os jovens, que ainda não têm os valores morais totalmente definidos, os mais aptos a funcionarem na velocidade exigida. Antes a sabedoria era atributo dos velhos, hoje é um requisito para os jovens.

Nós que trabalhamos com adolescentes comprometidos pelos problemas da dependência química montamos nossa forma de intervenção considerando o desafio que representa o crescimento do uso de drogas para a sociedade atual. No entanto, mais do que o desafio, tomamos como elemento de reflexão o inusitado de uma problemática médica que se coloca no entrecruzamento de vários campos de saber e de várias áreas de intervenção. A dependência química é um problema que parte de um campo médico, precisando, portanto, da proposição de tratamento, mas é influenciada de forma direta por questões de ordem social, como a questão da disputa de um espaço no mercado de trabalho, atingindo eixos econômicos, quando se defronta com as implicações do tráfico. É uma problemática que se desdobra na área policial, ao confrontar a sociedade com a violência e a criminalidade. O inusitado aparece na necessidade de uma ação conjugada em diferentes campos, que precisa de apoio e sustentação política, no seu sentido mais puro de legislar quanto às novas exigências de ações legais, de apoio de programas governamentais, que permitam a sistematização de formas de tratamento e prevenção. A intensidade destas linhas que se cruzam e a urgência de se produzir soluções dão essa visão do inusitado que nos é evidenciado pelo problema das drogas.

A proposta de um centro integrado, como forma de tratamento, visa a poder sistematizar os diferentes segmentos que merecem uma forma de intervenção estruturada. A constituição das oficinas culturais, esportivas e de cunho profissionalizante é um instrumento terapêutico que busca sustentar, integrar e impulsionar a intervenção médica. Nos casos mais complexos, nos quais não existe uma motivação suficientemente forte para deixar os prazeres da droga, a intervenção médico-psicológica precisa ir além dos limites tradicionais, mas, ao mesmo tempo, deve preservar alguns parâmetros para manter-se como uma função terapêutica, procurando promover nos clientes o discernimento e a autonomia necessários para suportar a substituição de um mundo dos prazeres imediatos e totais oferecido pelas drogas por outro tipo de prazer, que deve existir ao lado das dificuldades inerentes ao cotidiano. Não poder realizar todos os desejos não é uma posição de derrota e resignação, mas, ao contrário, é a possibilidade da construção de um tipo de prazer que pode existir em continuidade.

Esse ir além dos limites, presente na proposição do serviço, é um correlato da necessidade do profissional de tomar partido em face do problema das drogas não apenas como profissional de saúde, mas principalmente como cidadão. Portanto, como qualquer cidadão, ele precisa estar envolvido na luta contra a escalada crescente do uso de drogas.

Quando podemos transmitir a um adolescente que aprender computação, por exemplo, é um trabalho que exige a disciplina de suportar receber algo de alguém, que necessita de uma obediência às regras de convívio societário, que as conquistas são resultados de um plano de intervenção, no caso um plano terapêutico, no qual todos os elementos são importantes, as consultas, as reuniões com as famílias, o respeito aos horários, etc, estamos transmitindo também a nossa confiança de que é possível a construção de um futuro melhor do que aquele que parecia já traçado. Para esse universo de adolescentes que não têm tido a possibilidade de viver sem os prazeres das drogas, tentamos oferecer os prazeres de outras conquistas através da compreensão da interação entre o funcionamento psíquico e a construção realizada no espaço social.

Em síntese, se aqueles valores fixos que delimitavam com precisão as fronteiras entre o certo e o errado deixam de ficar como os pilares visíveis de sustentação, tentamos, com o nosso trabalho, fazer com que o adolescente aprenda os códigos que dirigem as práticas sociais e, com isso, colocamos o funcionamento simbólico como a substância dos pilares invisíveis que sustentam a nossa sociedade. A partir dessa compreensão, buscamos criar as condições para reinseri-lo nas tarefas do cotidiano.

A participação no programa é uma decisão que deve surgir como decorrência do entendimento do funcionamento simbólico que sustenta a nossa sociedade. Para nós, é por demais evidente que só poderemos conseguir avanços caso consigamos tecer uma rede de sustentação que envolva diferentes segmentos da sociedade civil. Apresentamos uma proposta de tratamento para dependentes químicos, definimos nossas linhas de atuação, formulamos nossa proposta de capacitação para novas equipes e tentamos ampliar nossa metodologia de intervenção, mas estamos seguros de que só conseguiremos um bom resultado se transmitirmos que essa é uma luta de todos nós CIDADÃOS.

Programa piloto: prevenção da violência e do uso de drogas

1. Apresentação

> Por isso, a democracia deve ser o norte da política educacional. A educação pode ser democrática, mas a prática da democracia é, em si, educativa. A prática social tem de se converter numa prática democrática, esse movimento é um movimento pedagógico na sociedade e da sociedade[1].

Propõe-se a estruturação de um novo espaço de intervenção direcionado aos adolescentes para solucionar os problemas que eles e seus familiares estão impossibilitados de resolver sem um apoio institucional sistematizado.

Partindo do atendimento a crianças e adolescentes já realizado no Município de Niterói pela rede pública de saúde, educação e promoção social, numa área geográfica previamente delimitada, propõe-se articular algumas ações dessas unidades de atendimento existentes, visando a um trabalho integrado que, ao mesmo tempo, possa, no plano dos resultados, reduzir as práticas de violência, uso de drogas, exclusão e, no plano da formação de capital humano, capacitar e treinar técnicos para atuar numa rede integrada de intervenção.

Um primeiro segmento de trabalho deve ser desenvolvido com os adolescentes matriculados regularmente nas escolas municipais (e estaduais) e, de forma concomitante, um segundo segmento, com aqueles que se desvincularam das áreas de formação.

A exclusão econômica e social impede o acesso à construção de uma cultura de solidariedade, cristalizando uma forma de relação na qual cada um procura um ganho imediato sem, em algum momento, considerar a

---

1 Ciavatta, Maria, A construção da democracia pós-ditadura militar – Políticas e Planos Educacionais no Brasil. In Fávero, Osmar e Semeraro, Giovanni (orgs.), *Democracia e construção do Público no pensamento educacional brasileiro*, Rio de Janeiro, Vozes, 2002, pp. 101-2.

importância da aceitação do desejo e da participação do próximo na construção de ganhos coletivos. Essa lógica de funcionamento sustenta as práticas de violência, uso e tráfico de drogas.

Em função da dramaticidade e dos riscos determinados por esse tipo de ação, surge a necessidade de medidas emergenciais. Entretanto, essas medidas, indispensáveis, têm um fraco potencial de resolução, não arregimentando os recursos para impedir o reaparecimento das mesmas situações. As origens e as causas dos problemas em questão não são nem mesmo tocadas.

Um dos problemas básicos, com a anulação da alteridade na relação com os demais, é o desaparecimento da confiança depositada no próximo. Se não houver um outro no qual possamos confiar, só restará a cada um de nós, para sobreviver, acreditar unicamente na própria capacidade como uma solução emergencial. Com isso perdermos as referências do funcionamento social, o qual precisa, para existir, de que cada um possa, em alguns momentos, abrir mão dos interesses imediatos em prol dos valores coletivos.

Confiança não se pode restaurar apenas com palavras, devendo ser renovada cotidianamente no decorrer de uma relação.

A metodologia e a intenção política do programa se colocam no sentido de poder contribuir para restaurar a confiança nos serviços públicos, criando um funcionamento ágil, com potencial de resolução e inventividade capaz de associar a força e a habilidade dos adolescentes aos valores coletivos. Uma parte do trabalho é cuidar das necessidades básicas que não estão sendo consideradas, a outra vertente é a geração de renda por meio da criação de cooperativas de trabalho, que permitam, na realidade prática, criar a esperança de se poder viver com a utilização dos recursos próprios.

Considerando a importância do uso do dinheiro público em favor da melhoria da qualidade do atendimento à população, é importante, metodologicamente, haver uma integração dos recursos púbicos das diferentes origens, para que não sejam usados de forma dispersa e concorrente. Essa postura representa uma economia em custos e um crescimento nos resultados, principalmente pela incorporação de um modelo de moralidade individual que coloca em destaque o funcionamento do coletivo.

A atuação do CRIAA-UFF consistirá em:

1. Junto com as Secretarias de Saúde, Educação e Integração, Cidadania e Ação Social conceber e implementar atividades de prevenção voltadas para o conjunto da clientela específica de cada unidade, bem como para seus familiares e, sempre que possível, para a própria comunidade em que se inserem.

2. Realizar cursos de capacitação e prestar assessoramento continuado ao pessoal das unidades envolvidas, preparando equipes para realizarem avaliações preliminares com suas respectivas clientelas de crianças, adolescentes e jovens, de modo a identificarem aqueles com necessidade de atenção especial individualizada. Nos cursos, são apresentados os aspectos a considerar nessas avaliações, inclusive a dimensão ética, bem como o embasamento teórico dos procedimentos propostos. Contribuir para detectar, segundo critérios padronizados, necessidades especiais da clientela é, primeiramente, um valioso subsídio ao gerenciamento interno da unidade (escola, posto de saúde etc) no sentido de uma atenção imediata ao cliente por parte de seus profissionais. Além disso, o encaminhamento ao CRIAA-UFF dos casos detectados constitui uma oportunidade de diagnóstico que considera não só uma dimensão médica, baseada em metodologia reconhecida nos principais centros de estudo de prevenção e tratamento do uso de drogas, mas também as condições socioculturais em que aquele adolescente e sua família se inserem.

3. Além da realização do diagnóstico médico-sócio-cultural, cabe ao CRIAA-UFF, em parceria com setores do Município de Niterói, a implementação – aproveitando em grande parte a infra-estrutura de que já dispõe – das atividades que se fizerem necessárias à redução dos fatores de risco e à ampliação dos fatores de proteção, tanto para os adolescentes em situação de risco como para os que necessitam de tratamento. As atividades são sempre definidas considerando as necessidades e possibilidades de cada pessoa atendida e sua família, atividades que sejam capazes de oferecer ao jovem e seus familiares recursos para enfrentar problemas diante dos quais eles sozinhos não têm a menor chance de êxito. Toda a condução do plano de intervenção pós-diagnóstico terá a participação das demais unidades envolvidas no programa, sobretudo da unidade que encaminhou o adolescente ao CRIAA-UFF, respeitando-se, contudo, a disponibilidade de parti-

cipação das mesmas a cada momento. Ressalte-se, ainda, que a importância de existirem várias atividades centradas em um mesmo espaço – o CRIAA-UFF – tem como objetivo permitir a formação de vínculos entre os clientes participantes e entre esses participantes e a equipe terapêutica e, fator indispensável, poder avaliar a implantação das fases do programa e os resultados obtidos.

4. Implementar um sistema de avaliação de todas as fases do processo, bem como dos resultados alcançados utilizando a CISS – escala de avaliação de George Christo, usada no Reino Unido e já validada para o Brasil. Nesse sentido, vale lembrar que o CRIAA-UFF é um Centro de atendimento a adolescentes oriundos das camadas populares e, ao mesmo tempo, um centro de estudos com o objetivo de sistematização de instrumentos e metodologia de intervenção em condições de serem reproduzidas e implantadas por outras equipes e, portanto, também de capacitação de pessoal em diferentes níveis.

2. *Justificativa*

Muito se tem escrito sobre a relação entre violência, criminalidade, uso de drogas e exclusão social (em suas várias faces). Na medida em que existem diferentes vertentes, devemos ser mais cuidadosos, pois uma compreensão parcial do problema pode conduzir a alguns equívocos, gerando práticas que, se não forem alteradas, justificarão, cada vez mais, a perenização e o agravamento do problema que tentam resolver. A questão da violência é um exemplo dessa situação.

Um ponto de partida para essa reflexão é compreender a necessidade do equilíbrio entre a realização do desejo individual e a preservação dos valores coletivos, representados pela lei e garantidos pelo Estado. Portanto, os direitos individuais só podem ser garantidos com a presença das forças do Estado. Sem um Estado capaz de fazer valer a justiça no seu sentido mais amplo não poderá existir um completo exercício dos direitos individuais.

No caso da violência, temos dois segmentos em oposição: de um lado, os transgressores da lei e, do outro, o aparelho judiciário e os seus instrumentos. Conceitualmente a ação das forças da lei só pode ocorrer depois do ato delituoso, tornando-se repressiva quando se trata da ação preventiva realizada visando ao indivíduo. No âmbito coletivo, pode existir atuação preventiva na sua acepção mais restrita, como no caso de policiamento ostensivo a fim de evitar crimes. Nesse caso, o que chamamos prevenção é uma utilização de técnicas repressivas controlando o espaço e a movimentação das pessoas. Entretanto, a ação repressiva no âmbito da prevenção da violência e do uso de drogas não deve ser considerada improdutiva ou ilegítima, mas sim limitada, na medida em que não tem recursos para alcançar todos os fatores envolvidos. Além disso, mesmo quando ela é necessária, corre o risco de ser injusta, pois atinge, sobretudo, as classes pobres e, pelos seus métodos, favorece as posições arbitrárias. Muitas vezes esse tipo de intervenção é indispensável, mas, caso ele não disponha da possibilidade de usar outros recursos que considere, se não a totalidade, pelo menos, os mais importantes problemas que levam à violência, trabalhará apenas com o medo causado por ela em cada um de nós para justificar as ações meramente repressivas que, por sua vez, agravam ainda mais o problema, sem reduzir o crescimento do uso e do tráfico de drogas.

O programa aqui apresentado propõe ações de prevenção da violência e do uso de drogas entre adolescentes. Nos seus pormenores, o funcionamento de cada fase deve estar associado à compreensão dos fatores que ajudam a constituir o cenário no qual se desenvolve a adolescência e, graças a essa compreensão, oferecer um tipo de procedimento que contribua para evitar a violência.

Um desses fatores decorre de a adolescência implicar um tempo de preparação de condições psíquicas e físicas que permitam conquistar uma destreza no espaço social para enfrentar a complexidade do mundo adulto. De uma forma sintética, poderíamos nos centrar em duas exigências feitas aos jovens para ingressar no mundo adulto: ser capaz de poder encaminhar de forma satisfatória as suas relações amorosas e sexuais e estar preparado para conseguir sucesso social (trabalho profissional, ganhos econômicos, sustentação da família etc). Esse tempo de espera mais longo surgiu no século passado, sendo um atributo da modernidade, que, em função do desenvolvimento de novos conhecimentos sofisticados, ao mesmo tempo exige maior tempo e dedicação para a formação profissional. Assim, o atual funcionamento das relações sociais impõe ao jovem a capacidade de espera.

Por outro lado, a sociedade se encarrega de oferecer condições para que o jovem não precise entrar no mercado de trabalho e tenha a formação exigida para que possa desempenhar as atividades do adulto. De uma forma geral, o núcleo familiar fornece os meios necessários apoiado pelo Estado. Quando, porém, não existem os recursos na família, cabe ao Estado arcar com essa responsabilidade.

Entretanto, podemos considerar que, do ponto de vista do amadurecimento físico e sexual, o adolescente já dispõe de condições para desenvolver uma vida sexual e de meios para obter o sucesso social. Simplesmente isso não ocorre porque a família supre os filhos de suas necessidades durante o tempo necessário para eles aceitarem tal moratória.

Quando as famílias apresentam condições de suprir as necessidades de seus adolescentes, quer na estrutura psíquica que oferece quer nos recursos econômicos de que dispõe, é possível a manutenção de um equilíbrio durante o tempo de espera. Nas situações em que a família não dispõe de recursos psíquicos e/ou econômicos para oferecer ao adolescente ou naquelas em o próprio adolescente tem algum tipo de problema que o impede de aproveitar esse período, ou no somatório das condições citadas, ele vai fazer uso de suas capacidades sem o preparo necessário e fora do tempo esperado. Vemos, então, nesses casos, de um lado, adolescentes sem vínculos e sem preparo que utilizam apenas os valores de seus pares, sem os recursos simbólicos de entendimento dos processos sociais, agindo fora dos cânones estabelecidos, no espaço da transgressão e, de outro lado, um sistema de intervenção do Estado que privilegia as ações repressivas.

Dentro desse quadro, apenas os atos de violência são percebidos em ambos os lados. Os adolescentes realizam o ideal de sucesso social transgredindo as leis e conseguindo dinheiro através de assaltos, participação no tráfico de drogas. E o Estado só intervém após a ação transgressora, restando, portanto, apenas a opção de punir. Os sofrimentos, as dificuldades dos adolescentes e dos seus familiares não são considerados em nenhum momento, mesmo depois da transgressão. Isso significa que não existe qualquer tipo de intervenção que busque resolver os problemas para os quais essas famílias não encontram soluções.

A violência, portanto, surge nas relações interpessoais desiguais e conflituosas, quando não existem, no plano social, formas de administrar transformações para essas desigualdades e, no plano pessoal, recursos para encontrar saídas em médio prazo. A incapacidade de entender os fatores estruturais da desigualdade incita à busca de soluções pessoais e imediatas, que se manifestarão como expressão de violência.

Podemos considerar que existe violência desde que haja agressão, imposição do desejo de um indivíduo sobre o outro, que tem negada a sua condição de sujeito, ao ser tomado como um meio para alcançar algum objetivo. Nesse caso se enquadram os atos de violência executados contra pessoas, como os crimes, os assaltos, a organização de quadrilhas etc, estando os indivíduos excluídos econômica e socialmente mais expostos a esse tipo de transgressão, quer na condição de agressores quer na condição de vítimas.

Por outro lado, devemos igualmente considerar, no plano institucional, como um ato de violência do Estado a ausência de proteção adequada para os indivíduos mais desprotegidos. Essa situação aumenta a vulnerabilidade e a impotência das vítimas, no caso agressores e agredidos.

Tendo em vista o Programa de Prevenção ora proposto, faz-se ainda necessário mencionar algumas dimensões do problema que exigem solução integrada. Assim, a relação entre violência e baixo nível de escolaridade entre jovens vem sendo apontada, há anos, em diversos estudos, vários deles tratando dos diferentes fatores psicológicos, socioeconômicos, culturais e políticos, intra e extra-escolares, como causa de exclusão do sistema educacional de um expressivo contingente da população. Um deles, no momento com grande repercussão na mídia, "Educação de jovens em situação de risco", realizado pelo ISER[2], ressalta o elevado número de jovens de 15 a 24 anos – faixa de maior vulnerabilidade à atração exercida pelos traficantes – que está fora da escola sem ter completado o ensino fundamental e que sente as conseqüências dessa exclusão quando vai procurar emprego.

Outra pesquisa em curso, em fase de conclusão[3], com jovens infratores indica, entre suas constatações, uma forte incidência de transtorno mental

---

[2] O estudo fundamenta o projeto de assinatura social lançado pelo jornal O Globo em parceria com o Viva Rio, em 13.10.02.

[3] Trabalho de mestrado, Dra. Renata Candido de Almeida, estafe do CRIAA.

no grupo estudado, sendo a quase totalidade dos casos não diagnosticados antes do delito, além de permanecerem esses jovens sem tratamento durante a medida sócio-educativa. Seguindo a lógica vigente, institui-se uma medida para punir a ação delituosa, mas não se oferece tratamento a um transtorno que pode ter influenciado na execução da ação punida. Ora, se um adolescente vive sem perspectivas de ter suas necessidades mínimas atendidas e, além disso, apresenta um comprometimento que justifica uma intervenção e não pode tê-lo, ele vai estar pressionado por dois fatores distintos a cometer uma transgressão: um de ordem social e outro de ordem psíquica. Adolescentes como esse, sem família para orientá-lo, fora das escolas, sem formação profissional adequada, em estado de sofrimento pelas condições sociais, agravadas por fatores psíquicos, tornam-se sérios candidatos à criminalidade. Se o Estado só intervém para punir, é fácil entender que estará contribuindo para o agravamento da criminalidade, pondo em risco não apenas os meninos, mas também toda a população, que sofrerá os atos de violência e viverá dominada pelo pânico.

Não queremos justificar a violência como sendo decorrente de problemas psíquicos, mas mostrar como a lógica meramente repressiva pode encobrir uma das possíveis causas e realizar uma prática incompleta e injusta. Nitidamente, essa situação nos mostra ser necessário mais do que simplesmente punir.

Também no sentido de evitar práticas pouco operantes, é importante registrar que, entre os jovens em situação de risco e, sobretudo, entre os que necessitam de tratamento, um ponto central a ser trabalhado constitui a utilização, nas relações vividas em todas as atividades desenvolvidas com eles, de um novo código de valores, centrado no respeito ao próximo como condição de preservação do próprio espaço. Assim, no planejamento e na condução das atividades – sejam esportivas, de recuperação da escolaridade, iniciação ocupacional etc –, para além da simples melhoria da autoestima, do estímulo à criatividade etc, é imprescindível uma intencionalidade quanto à utilização de um novo código, uma vez que não se pode esperar que a ação, espontaneamente, produza uma reorganização interna, com substituição do código de violência que lhes é familiar. A mudança de valores que interferem no momento das decisões se realiza de forma distinta do aprendizado de habilidades específicas, sendo semelhante à forma como aprendemos gramática. A internalização da moralidade individual é um aprendizado contínuo e ininterrupto, seja nos diálogos, seja nos exemplos, seja na transmissão em si. Portanto, se pretendemos que consiga uma transformação na sua relação com o coletivo, devemos mostrar a todo instante como essa força coletiva é fundamental, mas como depende do esforço individual para conter os interesses pessoais.

Na esfera da prevenção seletiva ou indicada, com adolescentes que já têm algum tipo de problema, resta destacar que o atendimento aos adolescentes e sua família não deve se restringir às necessidades mais urgentes. As intervenções em situação de urgência visam a impedir o agravamento da situação, sendo, portanto, indispensáveis, mas apresentam baixo poder de resolução das causas. Em outras palavras, as atividades proporcionadas precisam ser capazes de oferecer ao jovem e a seus familiares recursos para enfrentar problemas contra os quais eles sozinhos não têm a menor chance de êxito por dependerem de transformações nas condições de vida e na maneira de perceber a realidade.

Em suma, na tessitura social descrita, na qual identificamos os fatores de risco, fica ausente um dispositivo que possa intervir inibindo o surgimento da violência e também seja capaz, ao mesmo tempo, de oferecer propostas de organização de projetos de vida formais ou alternativos para os adolescentes e suas famílias, e as condições de ajudá-los a viabilizá-los. Esse tipo de dispositivo cria um novo dimensionamento da utilização do tempo, que passa a deixar em segundo plano as soluções imediatas, terreno da violência, e ensina o funcionamento dos projetos em relação ao tempo futuro, com a construção de soluções coletivas e participativas.

Em função de todos os fatores enumerados, essa nossa proposta de desenvolver um espaço integrado para os jovens, com recursos da área de saúde, educação e promoção social em parceria com a universidade, tem como objetivo desenvolver uma metodologia capaz de apoiar os adolescentes e suas famílias no enfrentamento dos problemas diante dos quais não sabem como agir e, em conseqüência, sucumbem juntamente com as possibilidades de ter um futuro feliz.

A escolha de constituir um espaço físico para a implantação da metodologia decorre de uma decisão estratégica de enfretamento das práticas de violência.

Em primeiro lugar, devemos considerar que esse espaço deve ser entendido como mais um recurso dentre outros para se associar aos esforços a fim de modificar o cenário da cultura da violência.

Em segundo lugar, é um espaço que servirá para, em um território protegido, construir um tipo de funcionamento que substitua, em todos os detalhes, as ações repressivas por intervenções de acompanhamento do processo, visando a modificar os determinantes da violência. Essa situação estratégica permitirá, além da realização de uma prática diferenciada, o treinamento e a capacitação de técnicos de outros setores que poderão disseminar os princípios dessa prática.

Em terceiro lugar, a constituição dessas ações básicas deixa livre o caminho para outros projetos específicos fundamentados na mesma metodologia, como por exemplo, o projeto "Gestos que salvam".

Finalmente, os adolescentes e seus familiares serão acompanhados com o uso de recursos integrados, seguindo uma metodologia que poderá ser avaliada, apresentada, comparada e reproduzida.

3. *Objetivos*

- Desenvolver programa integrado de prevenção da violência, criminalidade e uso de drogas em suas três vertentes: prevenção universal, seletiva (com adolescentes em situação de risco) e indicada (com adolescentes que necessitam de tratamento), em uma atuação articulada que integra a capacidade física e humana das unidades da rede pública de saúde, educação e promoção social, no Município de Niterói, com a infra-estrutura física e a experiência acumulada do CRIAA-UFF.
- Reduzir os fatores de risco e ampliar a cobertura dos fatores de proteção em relação ao uso de drogas, à criminalidade e à violência.
- Implantar programas específicos e diferenciados para situações de maior risco, tais como adolescentes que deixaram a escola ou para aqueles que têm rendimento escolar insuficiente.
- Implantar instrumentos e treinar equipes para programas integrados de prevenção universal, seletiva e indicada contra a violência, criminalidade e uso de drogas.

- Treinar equipes para utilização de instrumentos diagnósticos em relação aos adolescentes e seus familiares.
- Implementar um sistema de avaliação de todas as fases do processo, bem como dos resultados alcançados utilizando a CISS – escala de avaliação de George Christo (usada no Reino Unido e já validada para o Brasil), tendo em vista a sistematização de instrumentos e a metodologia de intervenção em condições de ser reproduzidas e implantadas por outras equipes, em outras áreas.
- Oportunizar a realização de pesquisas sobre temas específicos relacionados à prevenção da violência, criminalidade e uso de drogas.

4. Metas

- Capacitar, pelo menos, 50 pessoas indicadas pelas unidades da rede pública para atuarem nas atividades de prevenção (1° Curso de Capacitação).
- Capacitar pelo menos 10 pessoas de cada unidade para utilização de instrumentos de avaliação preliminar de adolescentes que apresentem rendimento escolar insuficiente ou que deixaram a escola.
- Em pelo menos 1 escola, em parceria com a Faculdade de Educação da UFF, capacitar pelo menos 10 pessoas para utilização de instrumentos de avaliação preliminar de crianças, conforme a Escala da Avaliação do Comportamento Infantil para o professor, EACI-P.
- Implantar sistematicamente a utilização de instrumentos diagnósticos em relação aos adolescentes e seus familiares, inclusive a CISS.
- Proceder ao diagnóstico de 100% dos adolescentes encaminhados ao CRIAA pelas unidades que integram o Programa.
- Proceder ao atendimento de até 150 jovens e suas famílias encaminhados ao CRIAA pela rede de unidades abrangidas pelo Programa.

5. Estratégia da intervenção

Primeiramente, delimitação da área geográfica abrangida pelo Programa, de modo a incluir três escolas e as unidades de saúde.

No que se refere às atividades de prevenção universal:

Apresentação do Programa em cada uma das unidades abrangidas. Realizada pela equipe do CRIAA-UFF, essa apresentação poderá variar de acordo com as características e demandas específicas de cada unidade.

Realização, pelo CRIAA-UFF, do 1° Curso de Capacitação com o pessoal indicado pelas unidades – nas escolas, se possível incluindo o SOE, nos postos de saúde e com profissionais do programa Médico de Família, preparando as equipes que irão executar as atividades de prevenção nas suas respectivas unidades. Este curso divide-se em duas etapas, uma de embasamento teórico sobre a prevenção do uso de drogas e das práticas de violência, e outra em que cada equipe define as atividades de prevenção que irá implementar com a sua clientela e, de preferência, também com os familiares, além de – sempre que possível – com a própria comunidade em que se inserem.

Durante a execução das atividades de prevenção programadas, será desenvolvido um assessoramento às equipes das unidades envolvidas.

Em um segundo momento (cerca de três meses após o início da execução das atividades programadas pelas unidades), realização, pelo CRIAA-UFF, do 2° Curso de Capacitação com o pessoal indicado pelas unidades, preparando-o para efetuar avaliações preliminares com as suas respectivas clientelas de crianças, adolescentes e jovens, de modo a identificar aqueles que têm necessidade de atenção especial individual. Preocupados com práticas largamente difundidas de avaliações eivadas de julgamentos marcadamente subjetivos e preconceituosos, que mais conduzem à estigmatização do que à superação de possíveis dificuldades, o CRIAA-UFF propõe, para essas avaliações, sempre considerando-as preliminares, procedimentos sistematizados, segundo critérios embasados teoricamente e atentos à sua dimensão ética. Ressalte-se, ainda, que tais avaliações preliminares têm como primeiro objetivo a imediata tomada de providências na própria unidade, no sentido de maior atenção ao cliente por parte de seus profissionais, constituindo, portanto, um valioso subsídio ao gerenciamento interno da unidade (escola, posto de saúde etc).

Durante a execução das avaliações preliminares nas unidades, será desenvolvido um assessoramento às equipes locais, até que estejam seguras da utilização dos procedimentos avaliativos indicados.

Encaminhamento ao CRIAA-UFF dos casos detectados que necessitarem de atenção especial individual, dando-lhes a oportunidade de diagnóstico médico-sócio-cultural, bem como de estabelecimento de um plano de atividades (se necessário, de tratamento) individualizado que considere necessidades e possibilidades suas e de sua família, atividades capazes de lhes oferecer propostas de organização de projetos de vida alternativos construídos a partir do lugar de exclusão a que foram confinados.

No que se refere às atividades realizadas com os adolescentes dentro do CRIAA-UFF, já no âmbito da prevenção seletiva e indicada:

Todos os adolescentes serão avaliados em suas condições gerais, sendo formulado um diagnóstico dos problemas familiares e sociais, das condições psíquicas e, inclusive, do desenvolvimento escolar.

Os adolescentes com vínculos escolares passarão um período do dia no CRIAA em atividade que incluirá, obrigatoriamente, a realização de reforço escolar, integrado com a programação da escola, atividades esportivas e culturais, visando ao desenvolvimento de maiores recursos cognitivos e de representações das situações vividas. *Essa intervenção será monitorada por protocolos de acompanhamento entre as escolas e o CRIAA, enviados semanalmente.*

Adolescentes sem vínculos com a escola desenvolverão um trabalho mais intenso no apoio pedagógico com ênfase na melhora das condições de estudo, alfabetização, recuperação, e no aprendizado de cursos profissionalizantes. *Aqui deverá ser implantado o programa de Tele Sala, Tele-centro e os esforços na capacitação profissional.*

Os adolescentes que usam de drogas seguirão o programa já desenvolvido no serviço.

A importância de existirem várias atividades centradas em um mesmo espaço é intensificar a formação de vínculos entre os adolescentes participantes e entre esses e a equipe, sendo considerado esse procedimento, tratar no mesmo lugar, como um princípio eficaz pelos trabalhos apresentados nos EUA e Canadá. Nesse sentido, é imprescindível organizar um espaço de representação que não se restrinja às concepções de domínio (repressivas), definindo o papel do funcionário a partir da utilização de técnicas para desenvolver uma relação de eficiência e de confiança com os clientes.

CRIA
Centro Regional Integrado de Atendimento ao Adolescente – UFF

CONTRATO DE TRATAMENTO

O objetivo do CRIAA é, dentro de um espaço coletivo, fornecer apoio ao adolescente e seus familiares.

A equipe técnica se compromete a oferecer um tratamento adequado ao adolescente a partir de um plano terapêutico individualizado, que será discutido com os familiares e/ou as instituições responsáveis pelos adolescentes. Caso ele necessite ser alterado, os responsáveis serão ouvidos e comunicados.

Os familiares ou responsáveis legais deverão participar e se comprometer do projeto terapêutico:

a– seguindo as diretivas da equipe terapêutica que lhes diga respeito;

b– comparecendo ao CRIAA nos horários marcados ou quando a sua presença for solicitada;

c– comunicando qualquer mudança na vida cotidiana do adolescente ou da família para que o plano terapêutico continue compatível;

d– fornecendo, através de documento próprio, autorização para as atividades externas que venham a fazer parte do plano terapêutico.

É indispensável que:

– ao chegar ao CRIAA, o adolescente guarde seus pertences em local reservado para isto;

– será tolerado um atraso de, no máximo, 15 minutos para as consultas marcadas. Após esse prazo será considerada falta e o adolescente não poderá participar das demais atividades marcadas para aquele dia.

– 3 faltas seguidas ou 5 faltas alternadas às atividades programadas, sem aviso prévio, configurarão abandono do compromisso e, conseqüente, suspensão do tratamento.

– as faltas não serão consideradas se devidamente justificadas com antecedência. No caso de abandono, o adolescente, para permanecer no programa, deverá passar por nova avaliação.

Para o sucesso do nosso tratamento é fundamental que, além do respeito mútuo, necessário à continuidade das relações, as seguintes regras sejam consideradas:

1– É vetado andar com qualquer espécie de arma ou parte das mesmas, bem como objeto cortante, nas dependências do CRIAA e, é claro, em todas as atividades externas orientadas pela equipe, de acordo com o plano terapêutico;

2– É inaceitável qualquer ato de violência física ou verbal em função do convívio social;

3– É vetado o porte ou o uso de droga (lícita ou ilícita).

4– É contrário ao funcionamento do programa ausentar-se das dependências do CRIAA durante o horário combinado para as atividades, sem permissão expressa;

5– É vetada a prática de atos sexuais nas dependências do CRIAA.

O descumprimento dessas regras implicará em suspensão do adolescente das atividades e, até mesmo, o seu desligamento se houver recusa em acatá-las, por representar um desrespeito ao acordo coletivo, indispensável ao nosso funcionamento.

6– Todos devem manter e conservar o patrimônio do CRIAA zelando por seus bens e equipamentos.

Niterói,_____ de _________ de 200

Técnico do CRIAA_________ Responsável _____________________
Adolescente______________________________

INVENTÁRIO CHRISTO PARA SERVIÇOS DE TRATAMENTO DE ABUSO DE SUBSTÂNCIAS: CISS

Validação para o português: Vilma A. da Silva & George Christo

Avaliador .... Data: ....

Cliente .... Data nascimento .... Gênero: M F Avaliação de Entrada: S N

Drogas de Escolha.......................................(e.g.cola, álcool, cocaína, maconha, nicotina,)Outras:
Avaliação de seguimento: meses

Residência...(e.g. abrigo, prisão, internação, rua, hospital)

Serviços Anteriores	Nome	data de entrada	data de saída	razão da saída
....	....	....	....	....

Este formulário destina-se somente a propósitos de avaliação e controle de qualidade clinico da própria instituição e é um indicador superficial da **impressão** profissional de problemas recentes do paciente relacionados a drogas/ álcool **no último mês.** São listadas situações e comportamentos específicos somente como exemplos de referência e **podem não refletir** os comportamentos e situações exatas do cliente. (Por favor, assinale com um circulo um número abaixo em cada tópico)

Funcionamento social

0... e.g. o cliente tem um lugar estável para viver e amigos ou parentes que o apoiam e que não usam drogas ou alcool

1... e.g. a situação onde o paciente vive pode não ser estável **ou** ele pode estar associado com usuários de drogas ou bebedores pesados.

2... e.g. a situação onde o paciente vive não é estável **e** já diz que não tem amigos ou seus amigos são usuários de drogas ou bebedores pesados.

Saúde geral

0... e.g. o cliente não apresenta problemas de saúde significantes.

1... problemas de saúde moderados, e.g. problemas com o sono ou com os dentes, dor de estômago ocasional, veias colapsadas, hepatite B, C ou HIV assintomáticos.

2... problemas maiores e.g. perda de peso extrema, icterícea, infecções / abcessos, tosse com sangue, febre, overdoses, desmaios, convulsões, perda de memória significativa, dano neurológico, sintomas de HIV.

Risco comportamental sexual / de injeção

0... e.g. o cliente diz não injetar ou fazer sexo sem proteção (exceção em relação monogâmica com parceiro duradouro, esposa / o)

1... e.g. pode admitir encontros sexuais ocasionais "sem segurança" , ou há suspeita de estar injetando drogas mas nega compartilhar seringas, agulhas e outros apetrechos.

2... e.g. o cliente pode admitir ter encontros sexuais regulares "sem segurança" ou recentemente injetou e compartilhou material de injeção.

Psicológico

0... e.g. o cliente parece bem ajustado e relativamente satisfeito com o caminho que sua vida está tomando.

1... e.g. o cliente pode ter baixa auto estima, ansiedade geral, dificuldade em dormir, pode estar infeliz ou insatisfeito com o destino.

2... o cliente tem um transtorno neurótico e.g. ataques de pânico, fobias, TOC, bulimia, tentativa recente ou seriamente considerada de suicídio, auto injúria, overdose, ou pode estar clinicamente deprimido. Ou o cliente pode ter transtornos psicóticos, paranóia (e.g. todos estão tramando contra ele) , crenças ilusórias ou alucinações (e.g. ouvindo vozes).

Ocupação
0... o cliente está ocupado o tempo todo e.g. dona de casa, cuidado de filhos, empregado, ou estudante.
1... e.g. o cliente trabalha em tempo parcial cuidando de seus filhos, trabalho profissional ou voluntário.
2... e.g. o cliente é totalmente desocupado de qualquer atividade aceitável socialmente.

Envolvimento com o crime
0... e.g., sem envolvimento com o crime (além da posse de drogas ilícitas para uso pessoal)
1... e.g., cliente suspeito de envolvimento ocasional com o crime, talvez pequenas fraudes, pequenos furtos, dirigir embriagado, tráfico em pequeno grau.
2... e.g., suspeito de envolvimento frequente com o crime, ou arrombar e entrar, roubo de carro, roubo, violência, assalto.

Uso de Drogas/Álcool
0... e.g. nenhum uso recente de drogas/ alcool
1... e.g. cliente suspeito de uso periodico de drogas/ alcool, ou também pode estar usando drogas socialmente que não são consideradas um problema, ou pode estar em uso de drogas prescritas mas não suplementando com outras fontes.
2... e.g. cliente suspeito de usos episódicos, "binge", ou regular de drogas/alcool.

Existência de suporte
0... e.g., comparecimento regular aos AA/NA, centros dia, aconselhamento, ou tratamento de reabilitação
1... e.g. comparecimento infrequente i.e., menos que uma vez por semana a pelo menos um dos acima.
2... e.g. cliente não parece estar usando qualquer tipo de suporte estruturado.

Adesão
0... e.g., comparece a todas as consultas e compromissos na hora, segue sugestões, ou adere às exigências do tratamento
1... e.g., não muito confiável , ou pode ser percebido como tendo um problema de atitude ou outras dificuldades com a equipe
2... e.g., caótico, abandonou o tratamento contra a opinião da equipe ou recebeu alta administrativa e.g. por uso de drogas, problemas de conduta.

Relacionamento terapêutico
0... relativamente fácil de lidar e.g., entrevistas fáceis, trabalhar com ele não consome muito tempo ou energia.
1... Moderadamente desafiador e.g., demanda um pouco ou consome tempo, mas não excessivamente
2... Bastante desafiador e.g., exige muito, trabalho duro, consome tempo, vê-lo desgasta emocionalmente ou é estressante para o profissional.

Pontuação Total = 2001 Vilma A. da Silva
Md. PhD. & George Christo PhD. PsychD.

Companhia de Freud
editora

OBRAS PUBLICADAS

Psicanálise e Tempo
Erik Porge

Psicanálise e Análise do Discurso
Nina Leite

Letra a Letra
Jean Allouch

Mal-Estar na Procriação
Marie-Magdeleine Chatel

Marguerite ou "A Aimée" de Lacan
Jean Allouch

Revista Internacional nº 1
A Clínica Lacaniana
A Criança na Clínica Psicanalítica
Angela Vorcaro

A Feminilidade Velada
Philippe Julien

O Discurso Melancólico
Marie-Claude Lambotte

A Etificação da Psicanálise
Jean Allouch

Roubo de Idéias?
Erik Porge

Os Nomes do Pai em Jacques Lacan
Erik Porge

Revista Internacional nº 2
A Histeria

Anorexia Mental, Ascese, Mística
Éric Bidaud

Hitler – A Tirania e a Psicanálise
Jean-Gérard Bursztein

Littoral
A Criança e o Psicanalista

O Amor ao Avesso
Gérard Pommier

Paixões do Ser
Sandra Dias

A Ficção do Si Mesmo
Ana Maria Medeiros da Costa

As Construções do Universal
Monique David-Ménard

Littoral
Luto de Criança

Trata-se uma Criança – Tomos I e II
Congresso Internacional de Psicanálise e suas Conexões – Vários

O Adolescente e o Psicanalista
Jean-Jacques Rassial

— Alô, Lacan?
— É claro que não.
Jean Allouch

A Crise de Adolescência
Octave Mannoni e outros

O Adolescente na Psicanálise
Raymond Cahn

A Morte e o Imaginário na Adolescência
Silvia Tubert

Invocações
Alain Didier-Weill

Um Percurso em Psicanálise com Lacan
Taciana de Melo Mafra

A Fantasia da Eleição Divina
Sergio Becker

Lacan e o Espelho Sofiânico de Boehme
Dany-Robert Dufour

O Adolescente e a Modernidade – Tomos I, II e III
Congresso Internacional de Psicanálise e suas Conexões – Vários

A Hora do Chá na Casa dos Pendlebury
Alain Didier-Weill

W. R. Bion – Novas Leituras
Arnaldo Chuster

Crianças na Psicanálise
Angela Vorcaro

O Sorriso da Gioconda
Catherine Mathelin

As Psicoses
Philippe Julien

O Olhar e a Voz
Paul-Laurent Assoun

Um Jeito de Poeta
Luís Mauro Caetano da Rosa

Estética da Melancolia
Marie-Claude Lambotte

O Desejo do Psicanalista
Diana S. Rabinovich

Os Mistérios da Trindade
Dany-Robert Dufour

A Equação do Sonhos
Gisèle Chaboudez

Abandonarás teu Pai e tua Mãe
Philippe Julien

A Estrutura na Obra Lacaniana
Taciana de Melo Mafra

Elissa Rhaís
Paul Tabet

Ciúmes
Denise Lachaud

Trilhamentos do Feminino
Jerzuí Tomaz

Gostar de Mulheres
Autores diversos

Os Errantes da Carne
Jean-Pierre Winter

As Intervenções do Analista
Isidoro Vegh

Adolescência e Psicose
Edson Saggese

O Sujeito em Estado Limite
Jean-Jacques Rassial

O que Acontece no Ato Analítico?
Roberto Harari

A Clínica da Identificação
Clara Cruglak

A Escritura Psicótica
Marcelo Muniz Freire

Os Discursos e a Cura
Isidoro Vegh

Procuro o Homem da Minha Vida
Daniela Di Segni

A Criança Adotiva
Nazir Hamad

Littoral
O Pai

O Transexualismo
Henry Frignet

Psicose, Perversão, Neurose
Philippe Julien

Como se Chama James Joyce?
Roberto Harari

A Psicanálise: dos Princípios
Ético-estéticos à Clinica
W.R. Bion – Novas Leituras

O Significante, a Letra e o Objeto
Charles Melman

O Complexo de Jocasta
Marie-Christine Laznik

O Homem sem Gravidade
Charles Melman

O Desejo da Escrita em Ítalo Calvino
Rita de Cássia Maia e Silva Costa

O Dia em que Lacan me Adotou
Gérard Haddad

Mulheres de 50
Daniela Di Segni e Hilda V. Levy

A Transferência
Taciana de Melo Mafra

Clínica da Pulsão
Diana S. Rabinovich

Os Discursos na Psicanálise
Aurélio Souza

Littoral
O conhecimento paranóico

Revista Dizer – 14
A medicalização da dor

Neurose Obsessiva
Charles Melman

A Erótica do Luto
Jean Allouch

Um Mundo sem Limite
Jean-Pierre Lebrun

Comer o Livro
Gérard Haddad

Do Pai à Letra
Héctor Yankelevich

A Experiência da Análise
Norberto Ferreyra

A Fadiga Crônica
Pura H. Cancina

O Desejo Contrariado
Robert Lévy

A SEREM EDITADOS:

Os Nomes Indistintos
Jean-Claude Milner

O Caminhante Analítico
Victor Smirnof

Gide-Genet-Mishima
Catherine Millot

Figuras do Real
Ginette Michaud

O Amor do Outro ao Amor de Si
Patrick Delaroche

A Topologia de Lacan
Jean-Paul Gilson

O Conhecimento Paranóico
Revista Litoral

Letra e Pulsão de Morte
Andre Green

A Arte de Reduzir as Cabeças
Dany-Robert Dufour

Enigma do Incesto
Laure Rozen

O Inferno do Dever
Denise Lachaud

A Quarta Mulher
Paul Tabet

O Sexo Conduz o Mundo
Colette Chiland

Lacaniana
Moutapha Safouan

Dez Conferências de Psicanálise
Moustapha Safouan

Estados de Abandono
Jacques André

Transferência e Estados Limites
Jacques André

Da Paixão
Jacques André